本成果由国家社会科学基金一般项目（18BTY069）和中央高校基本科研业务费NO.CDJSKCB04资助

COMPARATIVE
AND
INTERNATIONAL SPORT LAW

比较与国际体育法系列

总主编 张春良

冬奥赛事争议
仲裁研究

RESEARCH ON ARBITRATION OF
WINTER OLYMPIC GAMES DISPUTES

黄 晖 著

厦门大学出版社 国家一级出版社
XIAMEN UNIVERSITY PRESS 全国百佳图书出版单位

图书在版编目（CIP）数据

冬奥赛事争议仲裁研究 / 黄晖著. -- 厦门：厦门
大学出版社，2023.10
（比较与国际体育法系列）
ISBN 978-7-5615-9106-2

Ⅰ. ①冬… Ⅱ. ①黄… Ⅲ. ①冬季奥运会-运动竞赛
-争议-国际仲裁-研究 Ⅳ. ①G811.212
②D912.160.4

中国版本图书馆CIP数据核字(2023)第167336号

出 版 人	郑文礼
责任编辑	李　宁
美术编辑	李嘉彬
技术编辑	许克华

出版发行　厦门大学出版社

社　　　址	厦门市软件园二期望海路 39 号
邮政编码	361008
总　　机	0592-2181111　0592-2181406(传真)
营销中心	0592-2184458　0592-2181365
网　　址	http://www.xmupress.com
邮　　箱	xmup@xmupress.com
印　　刷	厦门集大印刷有限公司

开本	720 mm×1 020 mm　1/16
印张	14.5
插页	2
字数	252 千字
版次	2023 年 10 月第 1 版
印次	2023 年 10 月第 1 次印刷
定价	86.00 元

本书如有印装质量问题请直接寄承印厂调换

厦门大学出版社
微信二维码

厦门大学出版社
微博二维码

总　　序

庚子鼠年，风雨如晦。在这个非常时期，笔者牵头组织撰写的"比较与国际体育法系列"丛书开启了它注定非常的生命旅程。

非常系列，非常特色。本丛书是在西南政法大学资助和国际法学院的支持下立项实施的，其初心是整合我校在国际法和体育法交叉领域的研究力量，开辟西南法学学派的新的学术增长点，铸就西南国际法研究的特色增长极。有史以来，西南政法大学以其厚重的法学研究品质蜚声学界。学界公认，歌乐出品，必是精品！毋庸讳言，基于地缘格局和情势变更的客观影响，西南学派的国际法研究虽时有亮点，但特色待彰。为破局西南国际法研究的特色之困，既需要国际法学科进行科学和前瞻性的顶层布局，也需要学科研究人员的厚积薄发，还需要支撑特色研究的特色实践有其规模化的长足发展。现在看来，这些条件业已成就。有学校和学院的统筹规划，有一批致力于国际体育法研究的学术新锐，更有中国在奥运会赛事举办上"梅开二度"的举国投入与实践，天时、地利、人和诸要素均已具足，启动西南学派"比较与国际体育法系列"丛书的建设，形成该领域研究的西南气象和特色适逢其时。因之，相比于传统法学研究而言，本套丛书作为非常系列，有其非常特色！

非常系列，非常使命。2020 年 2 月 28 日，这是一个值得中国竞技体育界和国际法学界刻骨铭心的时刻。是日，有体育世界最高法庭之称的国际体育仲裁院一纸裁决，对中国当代泳坛天骄孙杨处以 8 年顶格禁赛处罚。针对个别运动员的个案处罚大惊小怪似有过于矫情之嫌疑，然而正如该仲裁裁决所指称的，运动员对规则的认知、事件的处理和责任的担当方面都是令该案仲裁庭感到"惊讶""印象深刻"的若干问题。这多少揭示了我国竞技体育圈在相当程度上属于"法治洼地"的令人不堪但可能足够客观的现状。也因此，本系列丛书还以借力法治促进中国体育从大国向强国转型、从法治洼地向法治高地提升为不言而喻的使命和情怀。就此而言，本套丛书作为非常系列，有其非常使命。

非常系列，非常期待。体育是大众的实践，体育法却是小众的修行。这至少在当前之中国而言是如此。体育法研究和实践在中国的小众化是与体育在中国作为大众实践不相符的，更是与正处于伟大复兴和崛起进程中的中华民族朝气蓬勃之气象不相称的。现代奥林匹克之父顾拜旦曾言："一个民族，老当益壮的人多，那个民族一定强；一个民族，未老先衰的人多，那个民族一定弱。"这是关于体育之于民族盛衰兴亡的意义之睿智断言：体育强，则民族强；体育弱，则民族弱。我们仍然还记得《体育颂》中作者以无上的热切和虔诚，将体育视为是"天神的欢娱，生命的动力"，是集美丽、正义、勇气、荣誉、乐趣、进步、和平和培育人类的沃土等万千美德于一身的存在。体育，既是世界的选择，也应是中华民族的选择，是各国人民通往真善美的"大乘"之道。可预期的是，体育应当也必然是伟大复兴后的中华民族不可或缺的生命实践和生活方式！遵循经济基础决定上层建筑这一从不过时的因果，体育强，则体育法盛！这也当是"比较与国际体育法"的时也、命也！有鉴于此，本套丛书作为非常系列，有其非常期待。

其实，本套丛书被定位为西南国际法研究的非常之"特色"，也反道出其处境的维艰，它不是主流也不是常态，这显然并非组织者的"野心"。以非常之态，走非常之道，最终归于法学研究和实践的常态和常道，这才是本丛书的"小目标"。

风雨如晦，却不见得就是困境。反者道之动，这如晦风雨反倒极可能是"福人"之"微祸"。先贤曾言：天欲祸人，必先以微福骄之，要看他会受；天欲福人，必先以微祸儆之，要看他会救。扼住命运之喉咙，旋转祸福之乾坤的，仍然是那斯芬克斯之谜的谜底。自助者，天助之！以此献给风雨如晦时期的抗疫人民，并与为体育法的繁荣昌盛而"烦心""操劳"之士共勉！

以此为序！

丛书总主编　张春良

2020 年 4 月 17 日

重庆·众妙之门

前　言

经济全球化和体育国际化持续推进,体育产业承载的经济、政治和文化意义逐步增多,相伴而生的一是体育产业全球化、商业化模式成型,一是国际体育纠纷法律治理诉求与日俱增。在国际体育纠纷频增的背景下,国际体育仲裁院(Court of Arbitration for Sport,简称 CAS)以其高效专业、形式灵活的优势,成为解决体育纠纷的权威,被誉为"体育界的最高法院"。虽然,"遵循先例原则"并非 CAS 的一项基本原则,CAS 也并未对这一原则进行明文规定,但是在实践过程中 CAS 仲裁庭在仲裁裁决中较为频繁地援引在先案例,事实上部分地确认了"遵循先例原则"的重要地位。特别是,当审理争议问题的条文依据不足,或者需要进行规则的解释时,CAS 仲裁庭对先例的依赖程度会明显增高,以此保证法律适用的一致性,增加当事人的可预见性与确定性。

继 2008 年成功举办夏季奥运会之后,北京再次成功举办 2022 年冬奥会,成为史上第一个"双奥之城",国内体育热潮持续高涨。"一起向未来"的成功达成,除了健全制度、完善组织等基本因素的加持外,还需要补足"法治功课"的短板,需要我们"以全局谋一域,以一域谋全局"的总体观和体系观予以总结。晚近 CAS 受理并裁决的"世界反兴奋剂组织诉孙杨与国际泳联案"更是以点带面地凸显了冬奥类赛事仲裁不能避免也无法避免的、必须补做的重点"功课",即冬奥会期间的特别是与冬奥会竞赛项目相关的"法治功课"。

冬奥会的法治功课一般被理解为包括静态的法制架构与动态的法治运行两个维度。冬奥会静态法制架构也是奥运会规则体系,主要包括国际奥委会、国家奥委会、国际单项体育协会等奥运赛事组织主体制定的体育法规、纪律条例等在体育领域内具备强制拘束力的"硬法",为体育赛事主体和赛事行为划定规范边界。除此以外,一系列工作指南、示范性文件作为体育领域的软法也在积极引领体育治理的自我完善和现代化改革,弥补硬法在治理方面的滞后性不足,是国际体育赛事框架的重要组成部分。动态的法治运行则主要指静态法规的法律适用、法律解释以及裁决的承认和执行的整个过程。此类赛事法治为 CAS 冬奥会案件仲裁奠定了基础。

冬奥会的法治功课是一个庞大的体系,但作为解锁整个冬奥会法治体系之钥匙的则是 CAS 有关冬奥类项目的仲裁裁决。CAS 被誉为体育世界的最高法庭,掌握着裁断冬奥类项目领域参与主体权利义务的最高准则,并通过其能动的"司法"行为发展和创制着体育判例法。基于 CAS 在仲裁法律适用中对"遵循先例原则"的重视,在 2022 年北京冬奥会成功举办之后,对 CAS 冬奥类项目的案件仲裁进行统计分析,厘定高风险赛事项目和高频率赛事争议在整体上的宏观分布态势,可在预判冬奥会赛事争端发生可能性的基础上,为冬奥会赛事案件风险的法律防范与应对提供方向上的指引。

由于 CAS 裁决中判例的重要作用,对 CAS 有关冬奥类项目的仲裁裁决进行体系化的类型分析和理性探讨,可以成为动态观察冬奥会法治体系的窗口。本书囊括 CAS 涉冬奥类项目的 128 件裁决,在对所收集的案件进行类型分析的基础上,定位所涉问题的具体方位,较为完整地呈现该领域已经和正在涌现的关键争点,以及 CAS 据以裁判的仲裁准则。按"凡是过往,皆为序章"的思路,有助于预判冬奥类赛事可能发生的主要争议,助力未来奥运会赛事案件风险的法律防范与应对工作的走深落实,并据 CAS 之仲裁准则预拟应对术略。

目　　录

第一章

冬奥赛事仲裁的统计分析

　　为更为完整地呈现冬奥会赛事纠纷的类型和争点,本书的关注视域不局限于 CAS 有关冬奥会的赛事争议裁决,而是以冬奥会所涉及的各类运动项目为场域,全面考察冬奥会内、外与此类运动项目有关的赛事争议 CAS 裁决。在逻辑上,凡属冬奥会运动项目类的争议都可能形成冬奥会赛事争议,单纯考察冬奥会赛事期间的争议裁决在预判未来纠纷发生之风险和应对经验的提取方面具有相当局限的意义。

一、冬奥赛事仲裁的项目类型

　　冬奥类赛事仲裁涉及的项目类型有两种主要的划分模式:一是以国际奥林匹克委员会(International Olympic Committee,简称 IOC)为代表的类型划分模式。IOC 首先对冬、夏两季运动项目进行了官方的类型划分,在此基础之上进一步分别列示了冬、夏两季运动项目的具体类型。其中,冬季运动项目包括高山滑雪(alpine skiing)等,在类型上共分 15 类。[①] 二是以 CAS 为代表

　　[①]　IOC 官网列示的 15 类冬奥会运动项目包括:高山滑雪(alpine skiing);冬季两项(biathlon),即越野滑雪和射击比赛;雪车(bobsleigh);越野滑雪(cross-country skiing);冰壶(curling);花样滑冰(figure skating);自由式滑雪(freestyle skiing);冰球(ice hockey);雪橇(luge);北欧两项(nordic combined);短道速滑(short track);钢架雪车(skeleton);跳台滑雪(ski jumping);单板滑冰(snowboard);速度滑冰(speed skating)。参见 https://www.olympic.org/sports,最后访问日期:2022 年 12 月 16 日。

的类型划分模式。CAS 在其裁决分类中,并未按照冬、夏两季运动项目进行分类,只有单纯的运动项目类型划分。本书根据 IOC 有关冬季运动项目的类型划分对 CAS 裁决进行了分类归整,进一步发现在这些冬季运动项目的裁决分类中,CAS 也并未完全沿袭 IOC 的项目分类标准,它以后者的分类为基础对相关项目类型进行合并,最终将 15 类冬季运动项目合并为 8 类项目,具体包括:滑冰(skating);滑雪(skiing);雪橇(luge);冰球(ice hockey);钢架雪车(skeleton);冰壶(curling);雪车(bobsleigh);冬季两项(biathlon),即越野滑雪和射击比赛。① 鉴于本书研究旨在回溯 CAS 有关冬季运动项目的裁决状况,归纳其争点并提炼其仲裁准则,因此此处以 CAS 的裁决分类为基础,按照其所涉运动项目类型对相关案件进行类型化统计。经整理归类,冬奥会运动项目的类型及各类型 CAS 裁决数量统计显示如图 1-1。

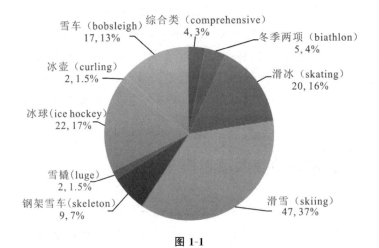

图 1-1

对图 1-1 数据需要做如下两点说明:第一,在 CAS 裁决中涉及的冬奥会运动项目类型只有 8 类,图 1-1 中共有 9 类项目,这主要是由于有 4 件平昌冬奥会案件,其涉及的是因俄罗斯集体兴奋剂事件而引发的多名未获参赛资格

① 经整理,IOC 官方冬季运动项目分类中,未出现在 CAS 裁决类型划分的有:高山滑雪、越野滑雪、花样滑冰、自由式滑雪、北欧两项、短道速滑。原始数据参见 CAS 官网,http://jurisprudence.tas-cas.org/Shared%20Documents/Forms/PerSport.aspx,最后访问日期:2022 年 12 月 20 日。这些未出现的项目存在两种情形:一类是被纳入其他裁决类型中,主要是滑雪和滑冰类;一类是尚未出现相关 CAS 仲裁裁决。

的运动员与 IOC 之间的仲裁。[①] 由于这些运动员人数及所涉运动项目较多,[②]不能简单归入某一类冬奥会运动项目,故统一将其独立为第 9 类,即"综合类"(comprehensive)运动项目。

第二,本书所统计的仲裁案件有如下三方面的限制:一是只能以被公开的 CAS 仲裁裁决为基础。尽管 CAS 仲裁越来越具有透明性,且其仲裁裁决以公开为原则,以不公开为例外,但仍存在当事人不愿意公开从而无法统计的情形。二是主要以 CAS 官网统计的裁决为基础。CAS 官网在统计裁决时具有严格的时间段,查其最早公开的仲裁裁决始自 1986 年[③],因此本书统计的各冬奥类项目的案件数量也限于该时点之后的案件量。三是 CAS 官网只统计至 2018 年作出的仲裁裁决,本书另行对该年度之后至今的冬奥类项目 CAS 裁决进行了补充统计,但仍然存在统计缺失的可能。[④]

根据图 1-1,除综合类项目共有 4 件 CAS 仲裁案件外,其余 8 类项目中,涉及 CAS 裁决的案件数量和占比依次降序排列如下:滑雪(47 件,占比 37%),冰球(22 件,占比 17%),滑冰(20 件,占比 16%),雪车(17 件,占比 13%),钢架雪车(9 件,占比 7%),冬季两项(5 件,占比 4%),雪橇(2 件,占比 1.5%),冰壶(2 件,占比 1.5%)。这一统计比例显示出,在过去的冬奥类项目领域中,高频争议项目集中在四大领域,分别是滑雪、滑冰、冰球类、雪车。尤其是滑雪类项目在数量和占比上最高,这可能与其在冬奥类项目中的子类项目较多,且作为冬奥会主要运动项目的性质和地位有关。这也以历史统计数据提示了,这四大领域会成为包括北京 2022 年冬奥会等在内的冬奥类赛事活

---

① 此四类案件为:CAS OG 18/03 Alexander Legkov et al. v. International Olympic Committee,CAS OG 18/04 Tatyana Borodulina et al. v. IOC;CAS OG 18/02 Victor Ahn et al. v. IOC,CAS OG 18/05 Pawel Abratkiewicz et al. v. IOC。

② 此四类案件中仲裁申请人均为多人,个别案件甚至多达 32 人。具体列示如下:CAS OG 18/03 Alexander Legkov et al. v. International Olympic Committee 案中,仲裁申请人有 16 人;CAS OG 18/04 Tatyana Borodulina et al. v. IOC 案中,仲裁申请人有 6 人;CAS OG 18/02 Victor Ahn et al. v. IOC 案中,仲裁申请人多达 32 人;CAS OG 18/05 Pawel Abratkiewicz et al. v. IOC 案中,仲裁申请人有 7 人。

③ CAS 裁决数据库官网统计的仲裁裁决时间段为 1986 年至 2018 年。第一例被 CAS 官网公开的仲裁裁决系冰球类仲裁裁决,即 Arbitrage TAS 86/1 HC X./Ligue Suisse de Hockey sur Glace (LSHG), sentence du 30 janvier 1987 案。

④ 本书主要是根据 CAS 官网中未被纳入其裁决数据库的"最近裁决"(recent decisions)进行了逐一筛选。

动中赛事参与者、组织者和 CAS 仲裁庭进行重点风险分析、风险防范设计和预警应对的四大高风险板块。

二、冬奥赛事仲裁的争议类型

在所统计的 128 件与冬奥类项目相关的 CAS 裁决中,就其所涉争议看,可在整体上概括为五大类型,即兴奋剂类、参赛资格类、国际体育协会内部治理类、程序类,以及债类。[①] 这些争议类型所涉案件数量及各自的占比,经统计可显示如图 1-2。

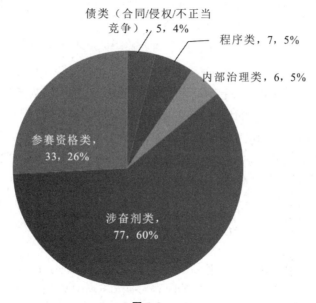

图 1-2

由图 1-2 可见,涉兴奋剂类的案件最多,占比最大,有 77 件并占全部案件的 60%;其次则是参赛资格类案件,有 33 件并占全部案件的 26%。上述两类案件构成 CAS 有关冬奥类项目仲裁案件的绝对主体,两者共有 110 件,在全部案件中占比高达 86%。其余程序类、内部治理类和非纪律处罚性争议的债

---

① 需要指出的是,在这些案件中存在部分重叠的类型,例如兴奋剂问题可能涉及参赛资格、内部治理。在出现此种情形时,主要以 CAS 的官方分类为主,同时结合案件所涉争议类型的主次关系,对争议类型重叠的案件予以调整,按主要争议类型进行归集。

类案件均在个位数以下,占比在 4%~5%。由此可见,涉兴奋剂类和非兴奋剂相关的参赛资格类案件,仍然是 CAS 有关冬奥类项目案件中两大争议类型,这也是冬奥类赛事中两大高频率争议类型。

三、冬奥赛事仲裁的争点类型

从运动项目类型和争议类型对 CAS 涉冬奥类项目的 128 件裁决进行统计分析,得到高风险赛事项目和高频率赛事争议在整体上的宏观分布态势。此种宏观态势分析为冬奥会赛事案件风险的法律防范与应对提供了方向上的指引。为进一步明确各具体问题的方位,我们要深入检讨、遴选并锁定这些冬奥类赛事仲裁案件中主要的关键争点问题,并溯踪把握和精准提炼 CAS 仲裁庭针对这些关键争点的仲裁准则,倒转历史经验的作用方向,为后续各类冬奥赛事活动的举办提供案件风险预判和法律应对,特别是为法治意识需要进一步提升、亟须专业法律服务的中国相关体育协会、参赛运动员,以及其他相关人士提供具有可预见性的行为指南。

在争点划分的类型统计上,无法按照"一案一争点"的方式进行划分和统计,因为仅仅呈现一个问题争点的案件非常少见。通常是涉及程序问题的案件才会仅有一个问题争点,例如当仲裁申请人在裁决前向 CAS 仲裁庭申请临时措施,要求暂停执行被上诉决定或裁定,否则将会对其产生不可弥补的损害时,此类案件往往只有一个争点,即是否签发命令(order)或裁定(decision),以便给予上诉申请人以临时措施的先行救济(preliminary relief)。在其他绝大多数案件中,往往是"1+X"的争点分布形态,即一个案件涉及若干个争点。在这些若干争点中,虽然部分案件可以离析出 1 个核心争点,但仍然有相当多数的案件同时具有多个重要的争点。为更完整地呈现冬奥会赛事仲裁案件的重要争点,对可能的案件重要风险点进行尽可能的概括,此处聚焦于案件问题争点的数量,以各案件所涉及的问题争点类型为单位[①],通过总比

① 需说明的是,鉴于问题争点较为琐细,此处以问题争点的类型为单元进行统计,更精细的问题争点统计分析,在下文各争点类型的逐一解析中再为呈现。鉴于 CAS 仲裁案件较为主流和经典的问题类型划分是采取管辖权问题、实体问题和程序问题的三分法,且实体问题又进一步分为事实认定和法律适用两大问题,故此处以管辖权、事实认定、法律适用和程序问题为争点单元进行统计。特此说明。

（与 128 起案件总量之比）与横比（各问题争点的数量之比）进行两个维度的统计分析。

首先，总比比例将揭示出特定类型的问题争点发生的概率及其表征的当事人讼争频率和热度。其计算方式是，统计并计算各问题争点在各类型上的数量，并将其与案件总量进行比例计算（X/128）。该比例可揭示出仲裁当事人在 128 起仲裁案件中发生争论的概率，数值越大，概率越大，也就意味着该争点的热度越高；反之亦然。据上述计算方式，可得出管辖权问题、程序问题、事实认定类实体问题和法律适用类实体问题①的各自比例，其结果依次为：15％、25％、50％、80％。可见，在 100 起 CAS 涉冬奥项目的案件仲裁中，有 80 起案件与法律适用相关，有 50 起案件与事实认定相关，有 25 起案件与程序问题有关，有 15 起案件则与管辖权问题有关。仲裁案件当事人之间的讼争仍然绝对地聚焦于案件所涉法律的适用；涉及事实认定的问题和程序措施的问题则基本相当；管辖权问题也占有一定的比例，是一个不容忽视的重点问题。

其次，横比比例则将进一步量化出各问题争点彼此之间在类型上的发生相对值。其计算方式是，统计并计算各问题争点在类型上的数量，并计算彼此之间的比例。据此，可统计得出各问题争点的类型数量及其相对比值，分布图如图 1-3。

由图 1-3 可以得出如下几点结论：第一，在管辖权问题、实体问题（事实认定和法律适用）和程序问题三大板块中，各问题争点类型的案件比例为 19：167：32，其中，实体问题争点占据绝对份额，其存在的案件总量和相对其他争点类型的横向占比分别为 167 件和 76％。其后依次是程序问题争点，共出现在 32 件案件中，横向占比为 15％。再就是管辖权问题争点，共出现在 19 件案件中，横向占比为 9％。第二，在实体问题争点类型中，即有关事实认定和法律适用的争点中，关于法律适用的问题争点则是重中之重，在 128 起统计案件中共出现在 103 起案件中，其横向占比为 47％；关于事实认定的问题争点在 128 起统计案件中共出现在 64 起案件中，其横向占比为 29％。

---

① 需指出的是，本书中，冬奥类赛事仲裁所涉及的"法律适用"是广义上的规则适用，因为此类案件仲裁时常涉及一些非严格意义上的法律规范的适用，例如运动项目协会的内部章程、CAS 仲裁规则等。

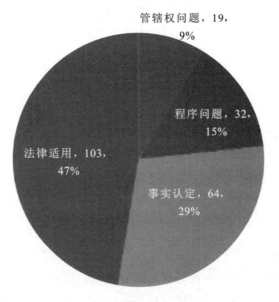

图 1-3

综上所述,通过对 CAS 涉冬奥类运动项目 128 起案件在项目类型、争议类型和争点类型等方面进行统计分析,笔者揭示出在冬奥类项目上发生的案件具有如下三个特征:(1)四大高风险项目,分别是滑雪、滑冰、冰球类、雪车。(2)两大高频率争议,分别是兴奋剂争议和非兴奋剂的资格类争议。(3)三大高概率争点,分别是管辖权问题、实体问题和程序问题。下文将循此宏观的方向提示,进一步按照管辖权、程序问题与实体问题等三大类型展开对关键争点的延伸分析。

第二章

冬奥赛事仲裁争点(一):管辖权

管辖权是冬奥类项目首先触及的关键问题,历来为讼家必争之地。从对过去案件统计的回归分析中可以发现其存在15%的概率,而且管辖权问题作为实体和程序问题得以展开的前提,其在逻辑和程序进行上也是当事运动员、各国家体育运动协会(National Federations,简称NFs)和国际单项体育协会(International Federations,简称IFs)、国际奥委会(International Olympic Committee,简称IOC)、国家奥委会(National Olympic Committees,简称NOCs)等主体和CAS所面对的第一个问题。据实证案例考察,管辖权问题是一个较为错综复杂的问题,它可能基于本质上分别或复合属于程序和实体方面的问题但在形式上呈现或表征为管辖权的问题,从而使管辖权问题的确定不得不转而探讨其所涉及的实体和程序问题。在冬奥类项目的仲裁案件中,与CAS管辖权相关的问题主要细化在如下三个争点上:管辖依据问题、时际管辖问题、事际管辖问题。

一、CAS 的管辖依据

体育仲裁作为与司法诉讼并列的争端解决机制,其仲裁条款的存在和有效是CAS获得排他管辖权的依据,即便在欧洲处于至高位置的《欧洲人权公约》(European Convention on Human Rights,简称ECHR)也对此予以肯认。CAS仲裁庭在一则案件中就指出:"根据欧洲人权法院有关ECHR第6.1条和第7条的判例,应认为当事人以缔结仲裁协议的方式有效地放弃

(renounce)了他们享有的 ECHR 第 6.1 条所指意义上的接近公共法院的权利。"①CAS 获得冬奥类案件的仲裁管辖权通常是以两种方式实现的:其一,针对冬奥会期间的争议,IOC 依托以其为顶点的各国际体育协会之间形成的"IOC-IFs/NOCs-NFs-运动员"多元主体金字塔结构,由上至下植入 CAS 仲裁条款,形成"伞形"(umbrella)管辖依据。在具体的法律依据上,IOC 通过《奥林匹克宪章》第 61 条第 2 款作了最高的和最普遍兜底的 CAS 管辖授权:"任何产生于或关联于奥运会的争议应根据《与体育相关的仲裁法典》排他地提交至 CAS。"②IOC 不只在其宪章中作出单方面的宣示,还通过与各届冬奥会奥组委、举办城市签订协议,以及要求各 NOCs、相关的 IFs 和 NFs 在其章程或条例中延伸该仲裁条款,尤其是在运动员参与冬奥会的报名表(entry form)中明确载入 CAS 仲裁条款,以此巩固 CAS 管辖的合法性和正当性。

事实上,根据以往 CAS 仲裁实例,即便是在相关运动员尚未签署或接受 CAS 仲裁条款的情形下,只要该运动员参与了 IOC 组织的奥运类赛事,该参与行为与事实也被认定为对 CAS 仲裁条款的接受,从而应服从 CAS 的仲裁管辖。③

其二,针对冬奥会以外的冬奥类运动项目日常赛事中产生的争议,则由各国际体育协会在其章程中自由约定是否以及将哪些类型的争议提交 CAS 进行仲裁。通常情形下,鉴于冬奥会参赛资格的获得与各冬奥类项目在国家和国际两个层面的常规竞赛的积分相关,因此通过参赛资格的积分形式,CAS 仲裁条款就以上述第一条路径获得了绝大多数冬奥类运动项目常规竞赛的赛事争议管辖权。即便存在部分与冬奥会无关的赛事争议,各 NOCs、IFs 和 NFs 也几乎都将全部或大部分案件争议约定提交 CAS 进行仲裁裁决。IOC 同样如此,其《奥林匹克宪章》第 61 条第 1 款即规定:"IOC 的裁决是终局的。任何关于此类裁定的适用或解释的争议可由 IOC 执行理事会,以及在特定案

---

①　See CAS 2010/A/2311 & 2312.

②　参见 2019 年 6 月 26 日生效实施版本。该条原文规定如下:"Any dispute arising on the occasion of, or in connection with, the Olympic Games shall be submitted exclusively to the Court of Arbitration for Sport, in accordance with the Code of Sports-Related Arbitration."

③　刘想树主编:《国际体育仲裁研究》,法律出版社 2010 年版,第 213 页。

件中,由 CAS 进行排他的裁决。"①

尽管 CAS 通过上述两种方式体系性地获得了对冬奥类领域的争议管辖权,但并不意味着在赛事实践中就不会出现对其管辖权的异议。实践中,基于上述路径的实现特征,某些环节成为仲裁申请人火力集中的靶点,仲裁申请人试图通过这些环节否定 CAS 仲裁条款的存在与效力,继而对 CAS 管辖权予以致命一击。归集起来,易为当事人锁定并挑战的靶点主要表现为 CAS 仲裁协议事实上是否存在,以及法律上是否有效两类情形。

(一)仲裁协议存在与否

CAS 仲裁条款的体系性安排可谓是滴水不漏,从逻辑上而言并不存在仲裁条款缺失的漏洞,然而在冬奥会实践中,CAS 仲裁条款最终落地的环节,即体现 IOC 与参赛运动员之间赛事争议管辖归属约定的报名表签署问题,成为作为当事人的运动员时常否认仲裁条款存在的依据。完善的报名表签署实践,应是运动员本人亲自签署,但实践中较为常见也因此触发争议的情形是,他人代签或者没有任何签署行为。在此两类情形下,运动员可否依据《奥林匹克宪章》中的 CAS 仲裁条款提请仲裁?换言之,《奥林匹克宪章》中的 CAS 仲裁条款是否构成所有冬奥会赛事争议当事人之间的仲裁管辖依据?整理 CAS 涉冬奥类仲裁裁决,其呈现的仲裁准则可提炼为以下数条。

1.身份认可规则

身份认可规则是指未经 IOC 及其授权的 NOCs 认可的国际体育协会、运动员与 IOC 之间不存在仲裁条款,对与冬奥会赛事相关的争议不能依《奥林匹克宪章》中的 CAS 仲裁条款请求仲裁。体现此仲裁立场的案件是 Puerto Rico Ski Federation & David Quinn Steele, Jr v. International Olympic Committee (IOC)②。该案发生在 1998 年日本长野冬奥会。1998 年 2 月,运动员 David Q. Steele 和波多黎各滑雪联合会以 IOC 为被申请人向 CAS 提出仲裁申请,请求 CAS 签发"禁令救济"(injunctive relief)措施,停止执行 IOC

---

① See Article 61.1, Olympic Charter: The decisions of the IOC are final. Any dispute relating to their application or interpretation may be resolved solely by the IOC Executive Board and, in certain cases, by arbitration before the Court of Arbitration for Sport (CAS).

② See CAS ad hoc Division (OG Nagano) 98/001.

发布的参赛标准。两位申请人认为,IOC 在 1996 年 11 月签署的《1998 年长野第十八届冬奥会:参赛与资格标准》中有关滑雪方面的标准违背了《奥林匹克宪章》第 54 条、第 56 条和第 57 条的规定及相关条例,其结果不当地排除了 David Q. Steele 的参赛机会,该标准应认定为无效。经仲裁庭庭审确认:第一,波多黎各国家奥委会并未认可波多黎各滑雪联合会为冬季运动项目的机构,其只认可了波多黎各冬季运动协会(Puerto Rico Winter Sport Federation)的资格;不仅如此,波多黎各滑雪联合会是不是一个法律实体也并未得以证实。第二,David Q. Steele 同时以波多黎各滑雪联合会秘书长身份向 CAS 提请仲裁,但其是否具有此种法律资格也并未得到证实。鉴于此,仲裁庭否定了两申请人的管辖权资格。CAS 在裁决书中对此问题进行了详细展开。

首先,对于申请人 David Q. Steele 的管辖权问题。仲裁庭认为其并非冬奥会认证的运动员,其仲裁申请的利益点是请求仲裁庭确认 IOC 发布的参赛资格标准是否有效的问题,该申请并不是一个未被冬奥会所认证的运动员应该提出的申请。同时鉴于该申请人所隶属的国际体育协会并非经相关 NOCs 认可的协会,因此,该申请人提出的异议并非以与奥运会相关的运动员身份提出的,而仅仅是以一名对滑雪特别是对长野冬奥会和国际滑雪联合会(International Ski Federation,简称 FIS)赛事运行感兴趣的公众人员的身份提出的。因此,该申请人不能向仲裁庭主张其存在一个与奥运会相关的争议,也没有相关的 CAS 仲裁条款支持其向 CAS 提起仲裁申请。鉴于此,仲裁庭裁定,根据《奥林匹克宪章》第 74 条的规定,该庭没有对 David Q. Steele 提起的仲裁申请进行仲裁管辖的依据和权力。

其次,对于波多黎各滑雪联合会的管辖权问题。仲裁庭主要根据三点理由进行了否定:一是该组织是不是一个法律实体并未得到证实;二是该组织即便是一个法律实体,也未得到波多黎各国家奥委会的认可;三是 David Q. Steele 是不是该组织的秘书长,以及是否有代表该组织提起仲裁的资格也未得到证实。鉴于此,仲裁庭裁定,根据《奥林匹克宪章》第 74 条的规定,该庭没有对其申请进行仲裁的管辖权。

2.双重覆盖规则

双重覆盖规则是指《奥林匹克宪章》第 61.2 条和运动员签署的报名表所含 CAS 仲裁条款,共同构成 CAS 冬奥会特设仲裁庭行使管辖权的依据,缺一不可。换言之,运动员不能仅凭《奥林匹克宪章》第 61.2 条的 CAS 概括仲条款即可向冬奥会特设仲裁庭提出仲裁,必须同时签署含有 CAS 仲裁条款的报名表。这一要求对当事人提交 CAS 仲裁提高了一定的门槛。

体现这一仲裁立场的是 Troy Billington v. Fédération internationale de Bobsleigh et de Tobogganing (FIBT) [①]。该案申请人系美属维尔京群岛冰橇运动员,其本无资格入选盐湖城冬奥会,但因其他国家有资格运动员的退出而留有空位名额,申请人特向国际冰橇联合会(Fédération internationale de Bobsleigh et de Tobogganing,简称 FIBT)追加申请参赛资格。该协会驳回申请人的申请。申请人遂以 FIBT 为被申请人向 CAS 提起仲裁,具体案情及仲裁过程如下。

由 FIBT 组织的挑战杯于 2002 年 1 月在德国阿尔滕贝格举行。这项活动的主要目的是从钢架雪车运动还不太发达的国家中挑选 8 名运动员参加 2002 年的冬季奥运会。根据规则,每个国家只能有 1 名运动员参赛。根据上述规定,在挑战杯比赛中车手排名在 1~8 名的国家可以报名参加冬奥会,申请人获得了第 11 名。在排名前八的运动员中,有 2 名来自拉脱维亚的运动员和 2 名来自捷克共和国的运动员,根据申请人的解释,由于各国只能派出 1 名运动员参赛,因此他实际上在奥运会资格排名上排名第 9。随后,南非因客观原因没有派出该国在挑战杯中名列第 6 的运动员参加奥运会。根据申请人的解释,由于南非弃权,他应顺位获得参与冬奥会的名额。因此,申请人要求在空缺的位置上"加位"。

FIBT 拒绝了他的请求,理由是尽管一些国家退出比赛,但 FIBT 已经决定不能在资格排名赛后"提拔"未入选运动员到前 8 名。申请人随后向 FIBT 内部仲裁庭提出请求。2002 年 2 月 16 日,FIBT 内部仲裁庭驳回了申请人的请求,并认为根据《FIBT 规则》处理申请人的案件是适当的,FIBT 官员作出的决定是正确的,并没有偏袒或偏见。然而,FIBT 内部仲裁庭建议,申请人应当被邀请作为"先行者"(forerunner)参与冬奥会的钢架雪车比赛。与此同时,在报名截止日期之前,维京群岛奥委会让申请人以行政官员的身份参加冬季奥运会,其唯一目的是让他住在奥运村,为钢架雪车比赛做准备。随后,申请人获得了盐湖城奥运会授予的行政官员认证。

2002 年 2 月 17 日下午,申请人在维京群岛奥委会和美属维尔京群岛雪车联合会的支持下,向 CAS 特设仲裁庭提出申请,要求填补奥运会参赛空缺

---

① See CAS ad hoc Division (O.G. Salt Lake City) 02/005.

席位,允许他参加钢架雪车项目。申请人还要求获得两项临时救济:第一,向其颁发运动员资格证;第二,发布命令允许其在案件结果出来之前进行训练和参赛。同日,CAS奥运特设仲裁庭庭长任命罗伯特·埃利科特先生(澳大利亚)、专家组组长德克·雷纳·马滕斯先生(德国)和奥利·劳斯特先生(芬兰)为仲裁员。2002年2月17日,双方被传唤出庭。2002年2月18日凌晨,听证会结束且仲裁庭对案件进行审议后,向被申请人发出裁决,驳回申请人的仲裁申请,并表示将在当天稍晚一些以书面形式说明理由。

　　CAS特设仲裁庭对当事人提出的问题归纳为两个层面:第一,仲裁庭对申请人的申请是否拥有管辖权? 第二,如果仲裁庭有管辖权,则申请人是否有权获得仲裁庭命令,参加即将开始的相关比赛? 申请人认为,由于其他国家的NOCs退出而出现参赛名额空缺,其有权替补获得参赛资格。被申请人认为,根据《FIBT规则》,只有最佳的、来自不同国家的8名运动员才具有参赛资格,申请人不满足这一条件。

　　针对第一个管辖权问题,被申请人强烈反对,认为仲裁庭没有管辖权,并援引CAS特设仲裁分庭在另外一个案件中的裁决;申请人则持相反意见。该问题的本质是当事人之间是否存在CAS仲裁条款。从仲裁庭的裁定思路看,其主要采取了两步测试法:第一步,本案是否属于《奥林匹克宪章》第74条所涵盖的范围? 上文已述,《奥林匹克宪章》第74条是一个最高和普遍的兜底规定,即只要是产生于或关联于奥运会的任何争议,均由CAS仲裁。显然,本案系有关盐湖城奥运会冰橇项目参赛资格的案件,因此属于该条所涵盖的范畴。然而,本案仲裁庭并不认为《奥林匹克宪章》第74条就构成本案仲裁庭的管辖依据,而是再次考察了CAS就奥运会推出的《奥运会特设仲裁规则》之规定。

　　第二步,本案是否进一步属于《奥运会特设仲裁规则》第1条涵盖的范围? 该条是基于运动员和体育运动的利益,通过仲裁解决《奥林匹克宪章》第74条所涵盖的任何争议,依据是植入奥运会报名表中的仲裁条款。[①] FIBT据此认为,仲裁庭只能够对以参赛运动员之身份签署了报名表的申请人之仲裁请求

---

① The purpose of the present Rules is to provide, in the interests of the athletes and of sport, for the resolution by arbitration of any disputes covered by Rule 74 of the Olympic Charter and by the arbitration clause inserted in the entry form for the Olympic Games (the "OG"), insofar as they arise in the host country of the OG between 1 February 2002, and 24 February 2002.

行使管辖权。但本案申请人只是作为行政人员进入冬奥会,而本案的争议是运动员的参赛资格问题。因此,本案仲裁庭没有管辖权。

FIBT 认可 CAS 根据《与体育相关的仲裁法典》第 R47 条的规定,在普通上诉程序中对申请人针对 FIBT 内部仲裁院提出的上诉申请具有管辖权,但本案并不属于此种情形。本案仲裁庭是根据《奥运会特设仲裁规则》组建的,其管辖权必须依据《奥林匹克宪章》第 74 条和《奥运会特设仲裁规则》第 1 条联合行使。后者规范管辖权问题,并明确了仲裁庭管辖权的两个条件:一是为《奥林匹克宪章》第 74 条所涵盖,二是在相关报名表中设有仲裁条款。简言之,FIBT 认为,奥运会特设分庭可以行使管辖权的案件,不仅必须为《奥林匹克宪章》第 74 条所涵盖,还必须同时为《奥运会特设仲裁规则》第 1 条所指报名表中的仲裁条款所涵盖,缺一不可。

仲裁庭认为,《奥运会特设仲裁规则》第 1 条所用词语"和"(and)的含义存在解释困难,为此需要考察先例并最终认定"和"(and)是否在并用意义上使用。鉴于此,仲裁庭要对本案具有管辖权必须是案涉争议须同时为参赛运动员签署的报名表所涵盖。由于本案没有此种报名表,因此,本仲裁庭没有管辖权。值得关注的是,仲裁庭随后也指出了本案申请人的困境。仲裁庭认为:如果采取上述解释,可能对主张作为竞技者参与奥运会的运动员带来不公平和困难之处,例如,如果运动员被其 NOC 在《奥林匹克宪章》第 2.2 条范围内歧视对待,且就因为这一原因而未能进入奥运会,则该运动员将没有权利向 CAS 特设仲裁庭申请仲裁。因此,本案仲裁庭建议,应该重新考量《奥运会特设仲裁规则》第 1 条的内容。即便如此,本案仲裁庭最终仍然裁定,CAS 对本案没有管辖权,理由是不存在作为 CAS 管辖依据的运动员报名表。

这一观点在另一则类似的案件中有更明晰的论证。① 该案的基本案情如下:申请人 Gaia Bassani-Antivari 是一名 23 岁的格林纳达国民,自 1998 年以来一直代表格林纳达参加国际滑雪比赛。她曾在格林纳达国际体育基金会的赞助下参加比赛,该基金会于 1997 年申请加入格林纳达奥林匹克协会。1998 年 5 月,FIS 在其第 41 届大会期间接纳格林纳达国际体育基金会为 FIS 成员。本案申请人虽然是意大利国民,但从未代表格林纳达之外的其他国家参加奥运会。申请人在 2001 年国际滑冰联合会(International Skating Union,简称 ISU)积分榜上排名第 474 位,符合 FIS 第 19 届盐湖城冬季奥运会参赛

---

① See CAS ad hoc Division (O.G. Salt Lake City) 02/003.

资格标准,并且申请人从未因任何违反规则行为而受到处罚。2001 年 8 月,格林纳达国际体育基金会主席向格林纳达奥林匹克协会提交了本案申请人参加奥运会所需的文件,该协会没有向盐湖城奥委会发送申请人的报名表。2001 年 12 月,该协会主席通知盐湖城奥委会,格林纳达不参加本届奥运会。2002 年 1 月,格林纳达奥林匹克协会通知格林纳达国际体育基金会,无法批准申请人参赛,因为格林纳达国际体育基金会不是格林纳达奥林匹克协会的附属机构。迄今为止,格林纳达奥林匹克协会尚未接受格林纳达国际体育基金会的隶属关系申请。为了解决有关参加奥运会资格的未决问题,申请人直接向盐湖城奥委会提交了日期为 2002 年 2 月 1 日的 NOCs 使用的盐湖城奥运会报名表,其上载有她和她教练的签名。2002 年 2 月 4 日,申请人飞往犹他州盐湖城,希望代表格林纳达参加奥运会,并在格林纳达旗帜下参加奥运会开幕式。然而,在抵达盐湖城后,IOC 的图尔森先生告诉申请人,格林纳达奥林匹克协会从未代表她向盐湖城奥委会提交报名表。申请人联系格林纳达奥林匹克协会,以查明她无法参加奥运会的原因。2002 年 2 月 7 日,申请人与格林纳达奥林匹克协会秘书长沟通后,后者表示格林纳达奥林匹克协会不会改变其决定,也不会为申请人向盐湖城奥委会提交报名表。2002 年 2 月 7 日,申请人向 IOC 提出上诉,要求 IOC 推翻格林纳达奥林匹克协会不参加奥运会的决定,并宣布申请人有资格参加奥运会。2002 年 2 月 10 日,IOC 援引《奥林匹克宪章》第 49 条第 1 款的规定指出,在没有 NOCs 对其负责的情况下,允许个人参赛者直接参加奥运会是不行的,格林纳达奥林匹克协会也没有义务必须派出参赛者参加冬奥会。

在该案中,仲裁庭讨论了两个条款之间的关系,并认为《奥运会特设仲裁规则》第 1 条中的"和"(and)这个词是在并用(conjunctive)的意义上使用的,相关争议必须为两个条款所共同涵盖。仲裁庭还就此进行了更详尽充足的推理:本庭所面对的有关管辖权问题的争议集中在《奥运会特设仲裁规则》第 1 条的"和"(and)这个词上,即该词是以并用还是非并用的意义使用的。如果该词是在非并用的意义上使用,则仲裁庭甚至没有必要考虑一份有效的报名表的必要性,因为如同申请人所主张的,《奥林匹克宪章》第 74 条本身就赋予 CAS 特设仲裁庭以管辖权。如果该词是在并用意义上使用的,仲裁庭的管辖权就必须以《奥林匹克宪章》第 74 条和有效提交的报名表所含仲裁条款为依据。在奥运会语境下,本庭并不难以认定,"和"(and)一词是在并用意义上使用的。仲裁庭还在法语版本的《奥运会特设仲裁规则》文本中寻找支持,发现

15

其对应的用语是"以及"(ainsi que)。因此,只是根据《奥林匹克宪章》第 74 条之规定而不要求与奥运会存在关联,如通过有效背书的报名表所含仲裁条款,就让参赛运动员接受 CAS 特设仲裁庭管辖权(如同普通 CAS 仲裁程序那般),这是不合逻辑的。

3.有效代理规则

有效代理规则是指奥运会报名表无需运动员本人签署,其所属国家体育协会可直接授权 NOCs 代表协会签署报名表并获得相关 IFs 的批准,则该报名表中所载包括 CAS 仲裁在内的条款均对运动员有效。

在一则案件中,申请人是奥地利滑雪运动员,被提名参加 2006 年 2 月 19 日举行的都灵奥运会四人接力滑雪赛。^① 在赛事前一日,即 2006 年 2 月 18 日,意大利警察根据一份房屋搜查和没收令,对申请人住宿的房屋进行了搜查,并搜查出禁用物质和适用于违禁方法的物品,包括注射器和血袋(其中一些被使用过),静脉注射用蝶形阀,注射针,盐瓶,一个测量血红蛋白水平,一个确定血样血型的装置。同屋居住的还包括滑雪运动队的队员及后勤保障人员。2006 年 2 月 19 日,申请人与其他滑雪运动员一同参加了四人接力滑雪赛。赛后,奥地利国家奥委会成立调查委员会调查奥地利滑雪队在都灵奥运会的行为,奥地利滑雪联合会纪律委员会也实施了调查。2007 年 3 月 1 日,IOC 通过邮件通知申请人,其正成立 IOC 纪律委员会调查申请人住所出现的,持有、使用禁用物质或实施违禁方法,或共谋违背适用于第 20 届都灵冬奥会的《IOC 反兴奋剂规则》的证据,并对向申请人实施处罚的适度性进行调查。IOC 纪律委员会于 2007 年 4 月在其建议中一致认为,申请人违反《IOC 反兴奋剂规则》第 2.6.1 条和第 2.8 条的规定,并建议 IOC 执行委员会(executive board)采取一系列的处罚措施。IOC 执行委员会在 4 月对仲裁申请人作出取消赛事成绩和永久禁止参加所有奥运会赛事的处罚。申请人遂于 2007 年 5 月向 CAS 提出上诉,并在上诉摘要中要求 CAS 对本案行使管辖权,变更 IOC 执行委员会终身禁赛的处罚为禁赛一年。IOC 则答辩,请求驳回申请人的上诉申请。

仲裁庭于 2007 年 11 月在瑞士洛桑开庭审理本案。该案的争议焦点之一即 CAS 管辖权问题。仲裁申请人认为,他本人从来没有签署奥运会报名表,这可能对《奥林匹克宪章》和《IOC 反兴奋剂规则》在本案中的适用性,以及对

---

① See CAS 2007/A/1290.

CAS 根据这些规则获得的管辖权产生相应后果。据此,申请人公开提出了仲裁庭的管辖权问题,但没有正式请求仲裁庭宣布其自身对本案没有管辖权。《报名表资格条件》(Entry Form Eligibility Conditions)第 9 条规定如下:NOC 在此确认和确保所有相关规则,包括上述所有规则,业已告知参赛者;并确认和确保 NOC 已获相关国家体育协会的授权代表其签署本报名表,并经相关 IF 批准。在本案中,奥地利滑雪联合会于 2007 年 1 月 30 日已经正式签署报名表,奥地利国家奥委会的签署代表了包括本案申请人在内的所有奥地利运动员。因此,《IOC 反兴奋剂规则》和《奥林匹克宪章》适用于仲裁申请人,CAS 根据《与体育相关的仲裁法典》第 R47 条、《IOC 反兴奋剂规则》第 12 条和《奥林匹克宪章》第 59 条取得了本案的管辖权。不仅如此,在上诉和答辩摘要中,当事人明确认可 CAS 管辖权,仲裁申请人也没有正式对 CAS 管辖权提出管辖异议,程序令中也对此进行了确认,且双方当事人均适当签署。因此,CAS 对本案有仲裁管辖权。

就其审查权力而言,仲裁庭认为,本庭按照《与体育相关的仲裁法典》第 47 条进行,特别是《与体育相关的仲裁法典》第 R57 条授予仲裁庭以审查事实和法律的宽泛权力。仲裁庭因此可以作出新的裁决,取代被上诉的裁决,或者撤销后者,或者将案件发回此前机构予以重审。对本案仲裁管辖权之有无的问题,仲裁庭的裁判要点如下:《报名表资格条件》第 9 条规定,NFs 可授权 NOC 代表运动员在报名表上签字。据此,《IOC 反兴奋剂规则》和《奥林匹克宪章》适用于被代表签署报名表的运动员,即使该运动员并未亲自签署。CAS 的管辖权源于《与体育相关的仲裁法典》第 R47 条、《IOC 反兴奋剂规则》第 12 条和《奥林匹克宪章》第 59 条规定。

当然,需要指出的是,本案仲裁庭虽然肯认了有效代理原则,认定相关运动员所属体育组织可授权 NOC 代为签署奥运会报名表,但同时也采取了仲裁异议弃权原则进行强化论证。从仲裁庭裁判说理看,除非存在充足的证据显示运动员反对所属体育组织和 NOC 签署报名表,否则即应视为有效代理。这既符合奥运会赛事参与的实践,也成为 CAS 仲裁的一个基本判断。

综上所述,关于冬奥会赛事争议中当事人之间是否存在 CAS 仲裁条款,争点主要是围绕运动员报名表的签署而展开,并从无到有地分为三个递进的层次和仲裁立场:(1)对于未经 IOC 和 NOC 认可而未被接受为赛事参与者的国际体育协会和运动员而言,由于根本没有获得参赛资格,也就谈不上签署报名表的问题,因此他们与 IOC 等奥运会相关主体之间不存在现行体系安排下的任何 CAS 仲裁条款,从而并无资格向 CAS 就冬奥会争议提请仲裁。(2)对于经 IOC 等合法认可的运动员,即便其提交的争议为《奥林匹克宪章》中的 CAS 仲裁条款所覆盖,如其没有被报名表所含 CAS 仲裁条款所覆盖,CAS 冬奥会特设仲裁分庭也会因缺乏完整仲裁条款而无管辖权。但该争议能否由 CAS 其他仲裁庭管辖,需要另行观察。(3)运动员亲自签署并非报名表所载 CAS 仲裁条款有效存在的必备条件,运动员所属 NFs 可授权 NOCs 签署并经相关 IFs 批准的,应认定 CAS 仲裁条款存在。

(二)仲裁协议有效与否

仲裁协议存在与否是客观的事实认定,仲裁协议有效与否则是存在与否问题之后的价值判断。只有在 CAS 仲裁条款存在且有效时,CAS 才具有对相关冬奥类项目争议的管辖权。经梳理,CAS 涉冬奥类项目的案件仲裁中,当事人围绕彼此之间是否具有有效 CAS 仲裁条款这一争点提出的异议理由主要涉及两种情形:仲裁条款的强制性问题,以及"病态"(pathological)或瑕疵仲裁条款问题。相应地,CAS 涉冬奥会案件仲裁实践则对此回应或确立了如下仲裁立场:

1.善施正义规则(good administration of justice)

所谓"善施正义",是指即便存在使 CAS 仲裁协议的有效性存在瑕疵并因此可能导致无效的情形,如果该瑕疵的存在并不背离正义的良好实施,则仍应认可 CAS 在奥运会赛事语境中管辖依据的有效性。这事实上就是"有利于有效"原则(in favor of validity)的体现。在具体仲裁实践中,善施正义原则主要是指 CAS 仲裁条款的强制性问题,其肇因之一即不平等磋商力量(unequal bargaining power)的问题。以下这则案例,集中涉及这个问题,并呈现了 CAS 仲裁庭对该问题的基本态度。①

该案中,第一被申请人在案件发生时是荷兰的一位未成年的滑冰运动员,第二被申请人是荷兰滑冰运动国家联合会,第一被申请人是第二被申请人的会员。2009 年 1 月 31 日,在比赛开始前,第一被申请人被抽中参加赛内的反兴奋剂检测。该测试由第一申请人进行。根据本案中使用的第一申请人的运动员通知表,被申请人被要求在当天指定时间前持有效身份证件到兴奋剂检查站报到。除此之外,该通知表还有如下内容:"不准时出现、不签署表格、不

---

① See CAS 2010/A/2311 & 2312.

配合兴奋剂检查程序和/或任何其他形式的拒绝遵守可能导致纪律处分。"赛后,在被申请人脱掉冰鞋时,兴奋剂检查官员(the doping control officer,简称DCO)找到被申请人,并向被申请人出示了通知表,要求他出示身份证明以证明其身份。由于被申请人身上没有相关的证明文件,DCO和被申请人找到了被申请人的父亲,要求查看身份证件。被申请人的母亲从车里拿出被申请人父亲的身份证,被申请人的父亲在 DCO 在场的情况下陪同被申请人前往兴奋剂检查站,填写了运动员通知表,在"身份证明"后注明了被申请人父亲的身份证以及他父亲的签名。被申请人和 DCO 都在该运动员通知表上签字。在完成被申请人的兴奋剂检查后,DCO 填写了第一申请人的兴奋剂检查表。该表包含以下内容:被申请人父亲用驾驶执照作为身份证明、被申请人对该程序表示满意、被申请人对兴奋剂检测没有任何保留以及被申请人父亲在整个兴奋剂检测过程中都在场。此外,该表上有被申请人、被申请人的父亲和 DCO 的签名。同时,在这些签名旁边还有如下内容:"通过签署本表,声明您熟悉本表正面和背面的信息,您将尿样的所有权转让给委托人,并同意反兴奋剂机构、检测实验室和国际体育协会对尿样进行检测并处理您与兴奋剂检查有关的详细信息。根据兴奋剂条例、纪律守则或类似条例的规定,您必须签署本表的副本。"随后,被申请人的尿样由世界反兴奋剂机构(World Anti-Doping A-gency,简称 WADA)认证的反兴奋剂实验室进行检测。实验室报告显示,被申请人存在兴奋剂违规,根据 2008 年《荷兰体育运动国家反兴奋剂条例》第13.1 条和第 13.2 条的规定,所涉兴奋剂清单适用于滑冰运动。并且被申请人没有治疗用药豁免(therapeutic use exemption,简称 TUE),也没有申请此种豁免。第一申请人告知被申请人不利分析结果以及其有权对另一样本进行分析。然而,被申请人没有对这封信作出回应,也没有要求对另一样本进行检测。随后,第一申请人根据《荷兰体育运动国家反兴奋剂条例》第 3.4 条的规定,主动要求对另一样品进行检测。检测显示,另一样本的检测结果与先前样本的结果一致。2009 年 2 月 13 日,第二申请人收到了关于被申请人的不利检测结果,并通过其纪律委员会对被申请人的行为作出兴奋剂违规的认定,处以两年禁赛。但在随后的内部上诉委员会程序中,上述委员会撤销了纪律委员会的处罚决定。本案两申请人遂向 CAS 提起仲裁,请求维持纪律委员会的处罚决定。

CAS 仲裁庭向双方当事人发送了问题清单,其中与被申请人的未成年人身份相关的是,要求被申请人就《儿童权利公约》和 ECHR 第 6.1 条、第 6.2

条、第6.3条、第7条等相关的隐私权未得遵守的事项进行论述。但被申请人及其代理人未作正式回答,只是用荷兰语以邮件形式强调了本案所涉及的两个关键点:第一,CAS没有管辖权。理由是CAS位于瑞士,并无资格仲裁涉及欧盟国民资格的未成年案件;且CAS并不是根据欧洲人权法院(ECHR)建立的法院,相反,CAS违了ECHR第6.1条的规定。CAS仲裁庭根据条例(而非国家立法)裁决争议的事实构成了对ECHR第7条的违背,其结果是CAS无权裁决本案。第二,CAS裁决其没有管辖权的案件,违背了ECHR第6条、第7条的相关规定。由于违背上述条款,CAS的管辖并不是一个"被承认的管辖"。特别是,CAS并非根据法律设立,也不位于被申请人住所地国,因此,ECHR第6.1条也被违背。之所以CAS管辖权违背ECHR第6.3(a)条,是因为被申请人因其能够理解的语言、被指控行为的性质和原因而被剥夺了知情权。之所以ECHR第7条被违背,是因为CAS是根据条例而非立法进行裁决。

CAS认为,一方可能比另一方有更强的谈判能力,但这一事实并不会否定通过缔结仲裁协议双方放弃诉诸公共法院的权利。根据欧洲人权法院(ECtHR)的判例,如果在法规规定了仲裁管辖权的情况下,ECHR第6.1条规定的诉诸法院的权利可能受到权衡,那么在谈判能力不平等的情况下也必须适用同样的规定。因此,只有在"善施正义"方面没有理由支持仲裁的情况下,才可以承认违反了ECHR第6.1条。

本案涉及管辖权的争议焦点有:(1)仲裁协议和公共法院的救济放弃;(2)不平等磋商力量与接近公共法院权利的放弃;(3)体育领域的仲裁优势;(4)荷兰法下的仲裁;(5)ECHR第6.3条在体育纪律处罚程序中的不可适用性。裁判要点如下:

第一,瑞士是ECHR缔约方,但该公约是否适用于仲裁或适用于特定的仲裁协议,这是一个未决的问题。瑞士联邦法庭的判例法缺乏明晰线索。ECtHR就该公约第6.2条和第7条的法理认为,通过缔结仲裁协议这一方式,当事人在公约第6.1条的意义上有效地否定了自己寻求公共法院救济的权利。

第二,一方当事人比另一方当事人更有磋商力量这一事实并不能使当事人通过签署仲裁协议放弃诉诸公共法院救济的权利这一事实无效。如果,根据ECHR的法理,ECHR第6.1条所确立的诉诸法院的权利受制于一种权衡,即立法规定的仲裁管辖权,那么这同样适用于非平等的谈判力量。因此,从"善施正义"角度而言并无任何理由认为,支持仲裁就被认为是对 ECHR 第6.1 条的违背。

第三,除了仲裁的上述一般优势,在体育领域仲裁还有特别优势。体育中的一致性原则是一个体育组织,特别是国际层面的体育组织的显著特征。为了在国际层面进行体育竞技,竞技必须根据相同和统一规则进行,因此规则和裁决的一致性是国际体育的实质特征。然而,各国司法机构的存在,使所适用的各国法律大量冲突,这导致国际体育一致性处于风险之中,不仅有悖于国际体育协会的利益,也有悖于各运动员的利益。运动员服从于体育协会的管辖,是因为其确信竞争对手同样受制于此。如果国际体育希望维持全球特征和一致性原则,就只能将管辖权通过仲裁形式集中于单一管辖机构。

第四,就仲裁而言,荷兰法律遵守一般欧洲法律标准。《荷兰民事诉讼法》的相关条款规定,即使当事人是儿童或未成年人,不论他是荷兰人还是其他欧洲公民,既不限制其将争议提交仲裁,也不限制仲裁机构在仲裁中强制性地使用荷兰语言。

第五,ECHR 第 6.3 条只适用于刑事程序。根据瑞士法律,国际体育协会针对运动员实施的体育相关的纪律性程序被识别为一种私法争议,不是一种刑事法律程序。这种立场也与稳定的 CAS 法理一致。

该案中 CAS 重点说明了如下问题,所涉问题规则和推理简述如下:第一,关于仲裁协议有效性的法律适用问题。由于本案属于国际仲裁,因此应适用《瑞士联邦国际私法法典》(Private International Law Act,简称 PILA)第 178(2)条的规定进行调整。根据该条规定,仲裁协议的实体问题,包括缔结问题,只要符合当事人选择的法律,或调整争议标的法律,特别是适用于主合同的法律,或瑞士法律的要求的,即有效。据之,仲裁协议只要符合瑞士法律即有效。被申请人没有主张仲裁协议违背瑞士法律。

第二,关于本案当事人不平等的磋商力量是否影响仲裁协议效力的问题。仲裁庭认为,一方当事人比另一方当事人拥有更大的磋商力量的事实,并不使仲裁协议无效。ECtHR 在一则案件中指出:被 ECHR 第 6.1 条所保护的诉诸法院的权利不是绝对的,而是可能受到限制的;这是被默示允许的,因为人权就其本质而言,要求国家进行监管,监管可能根据社区和个人的需要和资源在时间及地点上有所不同。① 在制定此类条例时,缔约国享有一定的判断余

---

① See Lithgow and others v. The United Kingdom, 8 July 1986.

地,但关于遵守 ECHR 要求的最终决定需要由法院作出。另外,所适用的限制不能采取损害、限制或减少个人权利的方式。此外,如果一项限制不是为了达到一个合法的目标,并且如果所采用的手段与寻求实现的目标之间没有合理的相称关系,那么这项限制就不符合 ECHR 第 6.1 条的规定。只要满足特定条件,法律规定的强制性仲裁是与 ECHR 第 6.1 条相容的。根据 ECtHR 的判例,ECHR 第 6.1 条所规定的诉诸法院的权利受到立法所规定的仲裁管辖权的限制,则这同样必须适用于当事人之间存在不平等的磋商力量的情形。因此,只有从"善施正义"出发并无任何理由支持仲裁时,对 ECHR 第 6.1 条的违背才能认可。

由上可见,善施正义原则是衡量当事人之间由于力量不对等而缔结的 CAS 仲裁条款有效性的仲裁准则。这一原则具有重要的实践意义,不但对于在磋商力量不对等的情况下缔结的仲裁协议有评估作用,而且对于未成年人缔结 CAS 仲裁条款、CAS 仲裁条款的格式化和强制性等在实践中多为当事人诟病的情形均具有指导意义。因为这些情形在本质上也是由于磋商力量的不平等、不对称而形成的。但善施正义原则也有其意义模糊之处,本案仲裁庭也进一步给出了其正当性理由,这就是体育领域,特别是国际体育领域的一致性(principle of uniformity)需求。① 按照仲裁庭的理解,国际竞技体育需要统一的规则和规则的统一解释与适用,只有将相关争议的管辖权通过仲裁方式统一集中于一个机构即 CAS 才能实现这一目标,否则国际竞技体育将会因管辖权的四分五裂而无法按照统一的标准和规则进行。这在本质上就瓦解了国际竞技体育。

据上所述可得出如下几点有意义的结论:(1)CAS 仲裁条款不论是以不平等的磋商力量缔结,还是以格式化条款方式供给,又或者是通过国际体育协会章程或规范予以体系化延伸,都不能仅因此而认定其为强制性仲裁条款而无效。(2)认定此类仲裁条款有效是基于善施正义原则。(3)善施正义原则并不是对国际体育协会及其所择定的 CAS 仲裁管辖的优待,尤其是不涉及对作为相对人的运动员和其他仲裁机构的歧视对待,而是基于国际体育的"一致性"原则。正如本案仲裁庭所言:如果体育因此希望保持其全球化的特征和统一性原则,只有通过将管辖权以仲裁形式集中于一个单一的管辖机构的方式才能使其成为可能。

---

① See CAS 2005/A/983 & 984.

2.信任原则(principle of confidence)

信任原则是一种关于契约条款,包括仲裁条款的客观解释规则。其基本立场是,在仲裁协议当事人对仲裁条款的表述及其意义有不同解释时,应按照意思表示相对方对该意思表示的理性和诚实理解为准。正如仲裁庭在有关 X. v. HC Y.冰球竞赛处罚决定的案件中[①]所指出的,为了评估合同条款,需要考虑合同双方的实际意愿和共同意愿,而不应只停留在当事人使用不准确的表示和概念之上。因此需要对意思表示和意愿表达的范围进行确定。如果合同签订人对合同条款意思的理解与合同拟定人的意思表达不一致,那么该争议就应根据信任原则进行处理,这就是任何人向另一相关人员作出意思表示时,要根据合同签订人能够并应该通过理性和诚实理解出的意思来进行表达。简言之,信任原则特别适合于对 CAS 仲裁条款的解释,因为 CAS 仲裁条款就是属于国际体育协会拟定并提供,而由运动员作为另一方以接受的条款。在运动员对这些条款存在理解和解释上的问题时,就需要按照理性和诚信原则予以解决。

关于这一问题的 CAS 冬奥类项目仲裁典型案件是 World Anti-Doping Agency（WADA）v. International Ice Hockey Federation（IIHF）& Florian Busch[②] 案。WADA 是一个瑞士私法基金会,位于瑞士洛桑,总部位于加拿大蒙特利尔。根据《WADA 章程》第 4.1 条,自 2005 年 4 月 11 日起,WADA 将在国际层面促进和协调一切形式的反对体育运动中使用兴奋剂的行动,包括比赛内外。根据《WADA 章程》第 4.4 条,WADA 应"鼓励、支持、协调并在必要时与相关公共和私人机构,特别是 IOC、IFs 和 NOCs 充分合作,组织未经通知的赛外测试"。被申请人之一国际冰球联合会（International Ice Hockey Federation,简称 IIHF）是冰球运动的全球管理机构,与所有国际奥林匹克运动协会一样,也是《世界反兴奋剂条例》（World Anti-Doping Code,简称 WADC）的签署方,总部设在瑞士苏黎世。被申请人之二弗洛里安·布施先生是一名具有国际水平的德国冰球运动员,并作为德国国家冰球队成员参加了若干国际比赛。据 WADA 称,2008 年 3 月 6 日下午 12 点 30 分,一名 DCO 来到被申请人的住所外,准备进行赛外样本采集。被申请人拒绝接受样品采集。被申请人宣称,他对过于频繁的兴奋剂检测感到不安,并谴责选择运动员

---

① See sentence du 15 juillet 1989，Arbitrage TAS 87/10.

② See CAS 2008/A/1564.

进行赛外检测的方式。DCO警告被申请人,其拒绝测试可能会遭到严厉的纪律制裁,同时建议样本收集可以在被申请人公寓以外的地方进行。被申请人拒绝了这个提议,并确认其拒绝接受测试。尽管DCO多次向被申请人重申,被申请人可能会因其拒绝的行为而受到严厉的纪律处分,但被申请人仍然明确拒绝,并不允许DCO进入他的公寓。下午12点50分,DCO在要求被申请人以书面形式确认自己的立场后离开。大约在下午12点54分,被申请人给德国国家反兴奋剂机构(National Anti-Doping Agency of Germany,简称NADA)打电话,并告知了此事。下午2点16分,被申请人再次打电话给NADA,表示其已经改变主意,希望继续采集样本。NADA告诉被申请人,不可能重复进行兴奋剂检测,因为这违反了"不事先通知检测"的原则。在2008年3月6日下午5点左右,被申请人主动接受德国冰球联合会安排的兴奋剂检测。样本分析结果显示,没有任何禁用物质或使用违禁方法。2008年3月7日,NADA通知并发送了所有相关文件给德国冰球联合会,后者是负责对被申请人进行成绩管理的机构。2008年3月19日,德国冰球联合会通知NADA,其计划以公开警告的方式处罚被申请人,NADA称拒绝采样违反了NADA《反兴奋剂规则》第2.3条以及其他条款的规定。2008年4月9日,德国冰球联合会向NADA解释《反兴奋剂规则》或WADC规定的处罚是过度的,该处罚将侵犯运动员的基本人权,并破坏法治环境,因为拒绝药检不能等于已经发现使用兴奋剂。必须考虑的事实是,被申请人之后放弃了自己拒绝检测的立场,在拒绝接受兴奋剂测试之后接受了兴奋剂测试,关于这个问题,《反兴奋剂规则》存在空白。此外,在如此短的时间内所进行的兴奋剂测试的结果是阴性,这是减轻处罚的有利因素。因此,在这种情况下,公开警告已经是一项充分的处罚。另外,尽管NADA反对这种意见,但是确实不可能在5小时之内操纵样本的收集。2008年4月15日,NADA从媒体上得知,被申请人被德国冰球联合会的工作组处以公开警告、罚款5000欧元的处罚,并承担56小时的社区服务义务。NADA亦从媒体获悉,IIHF支持德国冰球联合会的决定,并将允许被申请人参加2008年5月2日至11日在加拿大举行的世界冰球锦标赛。

该案中,第二被申请人在首次拒绝NADA指定的DCO提取样本后,主动提议进行补充检测,在补充检测中未检测到禁用物质。随后NADA建议德国冰球联合会和IIHF按照拒检条款进行禁赛处罚,但后者认为根据案件情况可予以警告和罚款等减轻处罚。在IIHF等作出减轻处罚后,WADA通知其应按拒检条款进行禁赛处罚,在被拒后WADA向CAS提起案涉仲裁。

本案争议焦点之一即CAS仲裁条款的有效与否,即:(1)根据信任原则对不清晰或矛盾的仲裁协议的解释;(2)一个有效仲裁条款或仲裁协议的基本要件。CAS的裁判要旨如下:(1)根据瑞士法律,对包含有关仲裁协议基本要素,但存在不明确或相互矛盾的条款的仲裁协议,应以客观方式进行解释,这种客观方式为解释结果提供了中立性。如果一方当事人争辩,其以不同的方式理解了仲裁条款,则应适用信任原则。这意味着各方的意愿旨在确立为:应当是和必须是按照一份相关方所提交的声明进行善意解释。(2)要使仲裁条款或仲裁协议有效,就必须明确当事人的仲裁合意,界定仲裁合意的范围和边界,准确地涵盖当事人意欲提交仲裁的事项,并约定指定的争议解决方法和排他性。此外,参照《与体育相关的仲裁法典》,国际仲裁条款的建议要素应包括仲裁地、仲裁员的选择和数量以及仲裁语言。

由此可见,针对CAS仲裁管辖条款是否涵盖本案争议范围,即第二被申请人是在IIHF的赛外而非赛事内发生的争议,特别是针对第二被申请人是否因此接受CAS管辖,仲裁庭主要得出如下结论:第一,按照信任原则的客观解释,CAS仲裁条款有效适用于本案争议。案涉运动员签署的报名表第1条明确了相关事项的时间和实质范围并不局限于相关赛事本身,也适用于超出IIHF赛事但属于其活动和权力范围的事项,包括对WADA的WADC项下义务,诸如赛外和赛季外的控制。这些控制明显超出了IIHF赛事活动本身的范围。仲裁庭因此考虑到如下事实,即IIHF在瑞士注册,因此应适用瑞士PILA法律中有关仲裁条款或仲裁协议的规定,对于其中不清晰或矛盾的仲裁条款按照客观的方式进行解释,这种解释方式就解释的结果提供了一种中立立场。如同本案中,一方当事人主张其对仲裁条款有不同的理解,信任原则就应适用。这意味着当事人的相关意思应按照意思表示相对人以善意的本能必然如此理解的方式予以确证。第二,运动员签字同意遵守IIHF的相关规定,就接受了规定中的内部上诉程序及作为更高一级上诉程序的CAS的排他管辖权。运动员签署服从和遵守IIHF法规、规章(by-laws)和条例,以及特别是作为总体的IIHF包括其纪律性措施在内的决定,接受IIHF上诉程序,以及在穷尽此类程序后接受CAS的排他管辖权。不论是IIHF的报名表,还是该报名表指向的IIHF条例,都没有任何排除CAS管辖的因素。据此,CAS仲裁庭认为,案涉CAS仲裁条款是有效的。

需要强调的是,对CAS仲裁条款的信任原则解释准则应关注如下几点动态演变:第一,信任原则解释规则的适用是与仲裁条款实体问题的准据法的适用直接相关的,而这决定于其法律选择。本案适用瑞士法律,是由于 IIHF 注册地在瑞士,因此应关注案涉体育协会的注册地并跟踪分析注册地国有关仲裁条款实体问题的冲突规范。在大多数情形下,国际体育协会是在瑞士注册,因此必须高度关注瑞士相关法律即 PILA 法中有关仲裁条款实质问题的法律适用,这就是 PILA 第 178 条之规定。

第二,在考虑以瑞士国法作为仲裁条款实质有效性的法律适用规则的情况下,应注意作为法律解释规则的信任原则有向"有利于有效"原则发展的态势。根据 PILA 第 178 条的规定,有关仲裁条款的法律适用采取的是在若干个法律之间的"任一符合即为有效"的选法准则。这就意味着本来作为选项之一的瑞士法律在有关仲裁条款有效性的解释上处于支持和宽容的立场,而多个法律的任一有效规则更是放宽了对 CAS 仲裁条款的有效性支持。

第三,信任原则的解释方法还与上文所提到的善施正义原则具有异曲同工之妙。后者主要是补足磋商力量不对等下 CAS 仲裁条款的有效性,前者则是补善 CAS 仲裁条款的瑕疵以确保其有效性。就实施路径而言,二者是"异曲";就追求目标而言,二者则是"同工"。

综合而言,上述案例及其体现的仲裁庭的解释意向、仲裁立场都在正当化 CAS 仲裁条款相比于一般仲裁而言的非常之处,也逐渐为这一本属于 CAS 仲裁机制的"阿喀琉斯之踵"铸成金刚不坏之盾。这也就暗示了,未来任何基于此等情形而挑战 CAS 仲裁条款效力的异议将大概率被驳回。

二、CAS 的时际管辖

时际管辖是指 CAS 在时间维度行使管辖权的范围,它意指在特定时间范围内发生的争议由 CAS 管辖,在该时间范围之外的争议则不能提交 CAS 仲裁。一般而言,仲裁机构的管辖权是就争议事项的性质进行区分的,并无时间上的界限要求,但在 CAS 的奥运会赛事仲裁中则涉及这类特殊的时际管辖问题。在历届冬奥会赛事仲裁中,此类基于 CAS 冬奥会特设分庭的时际管辖而产生的争点也并不鲜见,[①]这主要是围绕 CAS 为奥运会赛事争议创设的特设分庭的特殊管辖机制而产生的。概言之,此类案件与《奥运会特设仲裁规则》

---

① See CAS OG 14/003;CAS OG 18/05.

所规定的"十日之规"直接相关。

(一)十日之规

所谓"十日之规"是指 CAS 在每届冬奥会赛事现场设立的 CAS 特设仲裁庭仅对产生于冬奥会开幕式举行之日前十日至冬奥会结束这一段时间内的争议事项行使管辖权,对于开幕式举行之日前十日以外的争议不行使管辖权。但当事人可以将不符合"十日之规"的案件提交 CAS 一般仲裁庭进行仲裁。

"十日之规"的设置并不是排除规定日期之外的、与冬奥会相关的争议提交 CAS 仲裁,而是为了减轻 CAS 冬奥会特设分庭的案件负荷,使其能够专注于冬奥会举办期间发生的迫切需要解决的争议。在该日期之外的其他与冬奥会相关的争议仍然可以按照其性质直接提交 CAS 的上诉、普通和反兴奋剂分庭。鉴于 CAS 冬奥会特设仲裁庭的时际管辖有严格的时限要求,因此在CAS 冬奥会特设分庭的仲裁实践中,与该问题相关的争点主要体现在这样几个问题上:第一,尽管根据《奥运会特设仲裁规则》的规定,起算时点是以争议发生之日计算,但如何确定争议发生之日? 第二,还有一个前提是,如何确定一个争议? 这些问题随着相关 CAS 冬奥会仲裁案件的发布而得到了较为清晰的实践呈现。

1. Andrea Schuler v. Swiss Olympic Association & Swiss-Ski 案

较为典型的案例是 Andrea Schuler v. Swiss Olympic Association & Swiss-Ski① 案。该案中,申请人是年满 30 周岁的瑞士国籍职业滑板运动员,也是巴塞尔滑雪俱乐部成员,并因此成为瑞士滑雪联合会的成员,该联合会是瑞士国家奥委会和 FIS 的成员。为竞争 2006 年都灵冬奥会的参赛资格,申请人参加了瑞士国家奥委会和瑞士滑雪联合会的选拔程序。本案所涉争议即该选拔过程中没有包含申请人最近参赛成绩。按惯例,瑞士滑雪联合会有权向瑞士国家奥委会提供参赛建议人选,但瑞士国家奥委会才具有最终的人选决定权力,该过程意味着这两个国际体育协会应进行频繁的协商并分担责任。瑞士国家奥委会执行委员会通过了《选拔方案成绩指南》(Achievement Guidelines for Selection Concepts),确定了适用于各团队和各体育赛事的有关运动员选拔标准的一般性原则。该指南随后为瑞士国家奥委会和瑞士滑雪联合会共同签署并发布,其后双方还发布了补充指南。根据指南确定的标准,

---

① See CAS ad hoc Division (OG Turin) 06/002.

2006年1月27日两被申请人最终确定了入围名单,并于次日即28日在官网公布了该名单,相关的官方发布会则在2006年1月31日举行。在发布会当日,申请人的代表向瑞士滑雪联合会和国家奥委会发了一封电子邮件,要求后者对申请人的落选提供书面解释。瑞士滑雪联合会和国家奥委会相关负责人在2006年2月1日进行了回复,回复中提供解释并指出不可能就此提起上诉。2月6日申请人向CAS特设仲裁庭提起仲裁,申请人认为,其满足被申请人确定的所有标准并因此有权参加2006年冬奥会;此外,申请人还对补充选拔方案提出了异议,认为该指南"违背了善意原则,是武断和有违法律的"。申请人还指出,被申请人适用的其他标准中,有关在世界杯期间积累的绩点或所谓的"获奖潜力"的标准从没有真正让申请人引起注意,并且,申请人认为运动员获得的积分应该决定于各种竞赛的级别。申请人还认为,尽管这个案件并非一个性别歧视的案件,但所适用的条例和指南并没有提供一个可让不同性别运动员之间竞赛成绩进行比较的机制。据此,申请人请求仲裁庭通过适用的条例和标准予以解释并创设临时规则。申请人的仲裁申请主要包括:第一,取消瑞士NOC于2006年1月27日有关运动员入围资格的决定;第二,裁定申请人入选本届冬奥会。两被申请人作出某些解释,并进行答辩请求:第一,驳回申请人请求;第二,仲裁费用及被申请人的相关法律费用均由申请人承担。

关于管辖权问题,仲裁庭认为:第一,被申请人的决定是2006年1月28日公布的,申请人的申请则是在2006年2月6日提交的。第二,本案被申请人是无可争议的具有运动员入围决定权的瑞士国家奥委会,但瑞士滑雪联合会作为利益关系方,本案裁决将涉及其运动员,因此经申请人同意而作为共同被申请人。不仅如此,CAS也通知其他五名入围运动员参与本仲裁,但后者没有参加庭审。第三,本程序由《奥运会特设仲裁规则》调整。第四,根据《奥运会特设仲裁规则》第1条、《奥林匹克宪章》第61条以及运动员签署的协议第11.4条的规定,仲裁庭有管辖权。第五,仲裁庭认为其具有管辖权,但必须裁定的是,本争议是否应提交常规的CAS上诉仲裁程序,或换言之,是否属于CAS特设仲裁庭的解决范围。

CAS特设仲裁庭行使管辖权的先决条件就是,相关争议产生于奥运会开幕式前10日之内,就本届赛事而言,开幕式日期应为2006年2月10日。仲裁庭因此需要认定,本案所涉争议是否在2006年2月10日前的十日之内,也就是1月31日及其后。被上诉的决定在2006年1月28日由被申请人在其官网进行正式公告,本案申请人收到书面解释之日是2月1日,因此,申请人通过其代理人于2006年2月6日提起本仲裁申请。仲裁庭认为,直到申请人决定进行上诉仲裁并提交仲裁通知之日争议才发生,该上诉通知是在开幕式前十日内发出的,也是常规CAS上诉仲裁庭所允许的21日之内。第二个先决条件是,该争议是在奥运会之际或与之相关而产生的。仲裁庭认为,本案也符合这个条件,因为申请人未被选拔入瑞士奥运队,并就此请求救济。相应地,仲裁庭认为CAS特设仲裁庭对本上诉仲裁具有管辖权。

由此可见,本案中特设仲裁庭认定奥运会"十日之规"的争议时点,不是以被上诉的决定作出或公布之日为准,而是以仲裁申请人提起仲裁申请之日为准。正如CAS所总结的那样:即使有争议的处罚决定是在奥运会开幕式10日前作出的,也不能认为争议已经产生,而是直到上诉申请人决定提起上诉并且递交上诉通知之日争议才发生。

2.2018年俄罗斯集体兴奋剂事件

2018年平昌冬奥会,因集体兴奋剂事件而产生的俄罗斯运动员集体与IOC之间关于参赛资格问题的系列仲裁案件中,有两例也涉及"十日之规"。在此两例中,CAS冬奥会特设仲裁庭通过"十日之规"的管辖权方式驳回了部分俄罗斯运动员的仲裁申请。

(1)Tatyana Borodulina et al. v. IOC[①]案

首先是CAS OG 18/04 Tatyana Borodulina et al. v. IOC案。该案中,所涉冬奥会开幕式之日为2018年2月9日,因此按"十日之规"本届冬奥会CAS特设仲裁庭的属时管辖之日应为2018年1月30日及其后。即使被申请人和其他CAS特设仲裁庭曾经有案例认为"十日之规"的问题属于可受理性(admissibility)的问题,但本案仲裁庭仍将此类问题视为管辖权问题,因为该问题直接与《奥运会特设仲裁规则》第1条所要求的管辖权条件有关。申请人声称2018年2月2日的通知才是被上诉的决定,因为申请人通过该通知知悉其未能受邀参加2018年冬奥会,因此申请人进一步主张,其对2月2日的通知提出的异议处于CAS特设仲裁庭的管辖范围内,"因为开幕式是在2月9日举行,提交异议的日期处于奥运会开幕式前十日内"。仲裁庭指出,申请人认为2月2日是IOC通知其决定之日,所以争议是在2月2日发生的,仲裁庭并不同意申请人的该主张:与CAS OG 14/03一样,关于争议构成的定义,仲裁庭

---

① See CAS OG 18/04.

援引国际法院反复明确的一个标准,即"争议是指有关法律或事实点的分歧,是法律观点或当事人之间利益的冲突"。[①] 据此,仲裁庭认为,本案中被申请人不将申请人列入入围名单的决定是在 2018 年 1 月 19 日签发的,被申请人向俄罗斯奥委会(Russian Olympic Committee,简称 ROC)发送名单也是在同日,该名单同样不包含申请人的名字。仲裁庭事实上也注意到,1 月 19 日的名单表明了正式批准受邀参加 2018 年冬奥会的运动员和官员的名单,即俄罗斯奥林匹克运动员(Olympic Athlete from Russia,简称 OAR)团队,该通知也包含"一份解释邀请审查小组决定的邮件"。仲裁庭据此认为,在申请人意识到其未入选时争议就发生了,因此,争议发生日是 2018 年 1 月 19 日,该日也是 IOC 将 OAR 名单告知 ROC 之日,位于开幕式前 10 日以前,据此仲裁庭认为其不具有管辖权。对于 2018 年 2 月 2 日的通知,仲裁庭认为其并非一个决定,该通知不包含任何发布决定的机构(即 IOC)试图影响该决定的收件人或其他当事人(即申请人)的法律状况的意图。基于以上分析,CAS 特设仲裁庭没有管辖权受理申请人在 2018 年 2 月 7 日提交的申请。

(2)Pawel Abratkiewicz et al. v. IOC[②] 案

另一则案例则是 CAS OG 18/05 Pawel Abratkiewicz et al. v. IOC 案。本案也是基于 IOC 暂停俄罗斯 NOC 遴选冬奥会参赛运动员的权力,并根据另行设定的标准单独选拔部分俄罗斯运动员、教练和后勤保障人员的大背景。本案中,针对 IOC 设定的遴选标准,申请人上诉至 CAS。2018 年 1 月 19 日,IOC 通知俄罗斯 NOC 被允许参加冬奥会的运动员名单,申请人不在其列。2018 年 2 月 1 日,CAS 发布了俄罗斯运动员就 2014 年索契冬奥会相关的决定针对 IOC 提起的 42 个案件中的 39 个案件的仲裁裁决。其中 28 个案件中,所搜集的证据并不足以证明相关运动员存在兴奋剂违规。在这 28 个案件中,仲裁申请被仲裁庭接受,相关处罚决定被取消,相关成绩则被维持。在另外 11 个案件中,证据显示存在兴奋剂违规,IOC 的决定被确认,但唯一的例外是:裁定运动员不得参与 2018 年冬奥会,以替换对运动员处以的终身禁止参加奥运会的处罚。2018 年 2 月 1 日,申请人的代理人向 IOC 发送一份电子邮件声明:"鉴于上述(CAS 仲裁裁决),因为这些运动员(含申请人)满足了 IOC 认定的标准,现在应具有参赛资格。因为我的当事人正在慎重地提起临时措

---

① See PCIJ, The Mavrommatis Palestine Concessions, August 30th 1924, p.11.
② See CAS OG 18/05.

施以保护自己的利益,因此如果 IOC 在明天之前能为我的当事人提供一个参赛名额,我的当事人将非常感谢。"IOC 在 2018 年 2 月 4 日对上述邮件予以回复,指出:"遴选小组在其程序中只会考虑 ROC 提出或维持的请求。迄今为止尚未收到相关回应,因此也没有采取相应的审查措施。"2018 年 2 月 7 日,就申请人未被邀请参加冬奥会之事,申请人向 CAS 特设仲裁庭提起仲裁申请。在得到特设仲裁庭的通知后,被申请人在 2 月 7 日请求其宣布仲裁庭不能受理仲裁申请。2 月 8 日,特设仲裁庭通知当事人仲裁庭的组庭情况。同日,仲裁庭通知当事人,仅仅根据所提交的书面材料,仲裁庭已经就管辖权作出首次裁定。当事人之间就仲裁庭组成、庭审权利和正当程序等事宜没有提出明确的异议。

本案的争议焦点之一即涉及 CAS 特设仲裁庭的管辖权问题。裁判要点如下:①在奥运会举办之际或与之有关的任何争端,应根据《与体育相关的仲裁法典》专门提交给 CAS。②如果要求针对 IOC、NOCs、IFs 的决定提起仲裁,则申请人必须在提出该请求之前用尽所有可利用的内部救济办法。根据有关体育协会的法规或条例,除非用尽内部救济需要时间,否则对 CAS 特设仲裁庭的仲裁申请将无效。③CAS 特设仲裁庭只有对"在奥运会期间或奥运会开幕式前十日之内引起的"争议才具有管辖权。④仲裁庭认为,申请人 2018 年 2 月 1 日的电子邮件仅可针对 2018 年 1 月 19 日发出的不邀请申请人参加 2018 年冬奥会的决定;因此,2018 年 2 月 4 日的被申请人来函只是告知申请人代理人,其尚未作出新决定,2018 年 1 月 19 日发布的不邀请申请人的决定仍然有效;因此,仲裁庭得出结论,2018 年 2 月 4 日的讨论并不构成 IOC 作出的决定。⑤基于以上分析,CAS 特设仲裁庭没有管辖权受理申请人在 2018 年 2 月 7 日提交的申请。

具体裁决说理展述如下:仲裁庭指出,CAS 特设仲裁庭只能对就"奥运会开幕式之日前十日内或奥运会期间产生的"相关争议提出的仲裁申请具有管辖权。换言之,本届冬奥会的开幕式是在 2018 年 2 月 9 日,按"十日之规",特设仲裁庭可以受理的是 2018 年 1 月 30 日之后产生的争议。即便被申请人与其他 CAS 特设仲裁庭过去曾经将"十日之规"的问题视为可受理性问题,但本庭将该问题视为管辖权问题,因为该问题直接与《奥运会特设仲裁规则》第 1 条所规定的管辖权相关。申请人声称,2018 年 2 月 4 日的通知是一个决定,因为该通知拒绝考虑申请人提出的参加 2018 年冬奥会的请求。申请人进而提交 CAS 裁决,认为对 2 月 4 日的通知提出的异议处于 CAS 特设仲裁庭管辖范围内,"因为 2018 年 2 月 9 日是奥运会开幕日,该通知是在奥运会开幕式前十日内发生的"。仲裁庭不同意申请人的这项请求。仲裁庭认为,如同在 CAS OG 14/03 案件中所指出的,国际法院关于争议构成的定义被持续重复:"一个争议是两人之间的有关法律或事实点的分歧、一个法律观点或利益的冲突。"①仲裁庭的观点是,本案中,不邀请申请人的决定是在 1 月 19 日签发的,被申请人也是在该日向 ROC 发送名单的,该名单中并不包括申请人。仲裁庭指出,事实上 19 日的通知中明确表明 OAR 的正式批准的运动员名单,也包含"一份解释该决定的邮件"。仲裁庭满意地认为,该争议在申请人意识到自己落选之日即发生,因此该争议之日应为 1 月 19 日,于冬奥会开幕式之日十日以前,因此仲裁庭裁定,其对本案申请没有管辖权。

仲裁庭最后指出,2018 年 2 月 4 日的通知并非一个决定,其只是回应 2018 年 2 月 1 日申请人代理人的邮件,通知其就他们所提及的问题并没有新的决定。由于 2 月 4 日的通知没有向 ROC 提出相应的请求,因此没有审查申请人是否能够被邀请的问题,1 月 19 日签发的有关申请人落选的决定仍然有效。据此,仲裁庭认为 2018 年 2 月 4 日的通知并不构成 IOC 的决定,只不过是对申请人地位未作重新考虑的确认。综上所述,仲裁庭最终裁定,其对本案没有管辖权。

(二)争议时点的认定

争议时点的认定具有重要的法律效果,主要与管辖权相关。一方面,由于奥运会赛事争议仲裁采取的是特设临时仲裁,特设仲裁庭对管辖争议在时间段上有严格的要求,所以争议时点的判定会影响某案是属于特设仲裁庭,还是属于 CAS 上诉仲裁庭管辖;另一方面,争议时点还会影响仲裁时效,决定案件是否具有可受理性。以下数例对此有针对性呈现。

1.Confederacao Brasileira de Desporto no Gelo（CBDG） v. Fédération Internationale de Bobsleigh et de Tobogganing（FIBT）②案

在该案中,双方当事人争议的焦点问题之一即如何认定争议产生的时间点。该案中,申请人是巴西冰上运动联合会,被申请人是 FIBT。申请人针对 FIBT 于 2010 年 1 月 26 日作出的决定提起上诉仲裁申请,关乎运动员参加

---

① See PCIJ, The Mavrommatis Palestine Concessions，August 30th 1924，p.11.

② See CAS ad hoc Division（OG Vancouver）10/002.

2010 年 2 月 12 日举行的温哥华冬奥会的提名资格问题。被上诉的决定已经成为另外一个案件的争议事项，并由 CAS 在 2010 年 2 月 9 日的裁决中部分撤销。该裁决中 CAS 决定，通过洲际代表规则爱尔兰运动队由澳大利亚运动队予以替代。在这些先行程序中，巴西冰上运动联合会作为利益方参与了仲裁，在本案仲裁中同意澳大利亚 NOC 有关规则的解释，并被仲裁庭所认可。在仲裁庭建议下，2010 年 2 月 10 日，IOC 执行委员会作出决定，"在女子雪车竞赛中增加一个运动代表队，以允许爱尔兰队参加 2010 年温哥华冬奥会"。2009 年 11 月 26 日，FIBT 执行委员会作出决定，法国队退出后爱尔兰队具有参赛资格，巴西队则因积分问题没有资格参加世界杯。

该决定通过电子邮件通知了爱尔兰运动员协会和 FIBT 世界杯竞赛处官员。因为参赛名单中列有爱尔兰队，巴西冰上运动联合会获知了允许爱尔兰队参加 2009 年 12 月 10 日举行的世界杯的决定。次日，巴西冰上运动联合会主席写信给 FIBT 执行委员会，询问包括爱尔兰队的参赛名单是否出错，并就该情形寻求官方确认。巴西冰上运动联合会认为，爱尔兰队没有资格参加该赛季的世界杯竞赛。该日之后，巴西冰上运动联合会主席再次写信给 FIBT 执行委员会，指出，参加世界杯的所有国家都需要在 2009 年 10 月 1 日截止日前确认其是否参赛，由于爱尔兰队没有在该截止日确认参赛，因此没有资格取代法国队，后者已经在该日之后退出竞赛。2009 年 12 月 16 日，FIBT 秘书长告知巴西冰上运动联合会，FIBT 的国际条例并没有就参赛团队必须确认或取消其参赛事宜设置任何时限。爱尔兰队是没有资格参赛的国家队中的第一名，因此在法国队退出后应替换其参加竞赛。

2010 年 1 月 8 日，巴西冰上运动联合会向 FIBT 仲裁院提交了仲裁申请，请求作出禁令，禁止被申请人 FIBT 允许爱尔兰雪车协会参加当前 2009/10 赛季 FIBT 女子雪车世界杯赛，以及重新分配因爱尔兰队参加 2009/10 赛季 FIBT 女子雪车世界杯竞赛而取得的积分。2010 年 1 月 15 日，FIBT 内部仲裁院签发了裁决书，其相应裁决如下：驳回仲裁请求。FIBT 仲裁院对本案没有管辖权，不能就 FIBT 采取或实施的决定签发进一步的声明。当事人确认该声明是 FIBT 仲裁院关于本事项的最后裁定。2010 年 2 月 6 日，巴西冰上运动联合会主席通知 CAS，巴西冰上运动联合会已经与 FIBT 穷尽了内部救济程序。2 月 8 日，巴西冰上运动联合会向 CAS 特设仲裁庭提交仲裁申请，并提及了在 AOC v. FIBT 案件中已经提交的相关资料。2 月 10 日，巴西冰上运动联合会通过邮件正式请求，先前提交的所有附件和材料应包括在本案的资料提交之中并作为庭审材料。在其最初的申请中,巴西冰上运动联合会没有提及被上诉的决定,也没有提及仲裁条款或确认一份应适用的规则和条例,但的确援引了 AOC v. FIBT 案相关的先前答复。2 月 8 日,被申请人提交了有关管辖权和案情的主张。CAS 特设仲裁庭是否对本案具有管辖权决定于争议时点的确认。该问题在此前的 CAS 仲裁庭中已经考虑过,其认为该争议在上诉仲裁申请提交之时发生。[①]

本案的争议焦点涉及 CAS 的管辖权。仲裁庭裁判要点如下:根据《奥林匹克宪章》第 59 条,CAS 管辖的案件包括产生于和关联于奥运会的案件,此种宽泛表述表明,CAS 管辖的案件有特定的范围,这些案件排除国家法院管辖;特设仲裁庭是否有管辖权决定于争议产生的时间点。如果 IF 可适用的规则对于世界杯参赛小组退出后的替换没有规定,且 IF 法规给予其执行委员会权限,以作出任何法规没有预见的裁定,则执行委员会有权决定是否替换,包括赛季开始后退出的小组如何替换的问题。不仅如此,由下一级别的小组替换退出小组的决定并非不合理和专断的。在管辖权问题上,本案上诉仲裁申请是在 2010 年 2 月 8 日提起的,本届冬奥会开幕式之日为 2010 年 2 月 12 日,因此处于开幕式之日前十日内。据此,仲裁庭认定,其对本案争议有管辖权。

2.Maria Belen Simari Birkner v. Comité Olímpico Argentino (COA) & Federación Argentina de Ski y Andinismo (FASA)[②]案

在该案中,焦点问题之一仍然是如何确定争议发生之日。具体案件事实如下:申请人是出生于 1982 年的阿根廷滑雪运动员,曾在 2002 年、2006 年和 2010 年参加冬奥会高山滑雪项目的比赛。第一被申请人是阿根廷国家奥委会(Comité Olímpico Argentino,简称 COA),第二被申请人是阿根廷滑雪联合会(Federación Argentina de Ski y Andinismo,简称 FASA),系阿根廷负责滑雪运动的全国联合会。2010 年 3 月,FASA 在阿根廷启动滑雪国家队项目,索契奥运会的参赛资格程序从 2012 年 7 月开始,一直至 2014 年 1 月 19 日结束。在此期间,申请人参加了许多 FIS 赛事。2013 年 12 月 6 日,申请人在提出口头请求之后,申请人的教练又提出书面请求,要求确定奥运会运动员的选拔标准。然而,来自 COA 的第一份答复中没有提供具体的标准,而是笼

---

① See CAS OG 06/002.

② See CAS ad hoc Division (OG Sochi) 14/003.

统地提到可能采取的方式。2014 年 1 月 20 日,FASA 向申请人送达其决定,即申请人未能入选阿根廷国家队参加索契奥运会。在 2014 年 1 月 20 日致申请人教练的一封信中(申请人表示于 1 月 22 日收到),FASA 表示,"未来的发展和预测"是评估运动员成绩的主要标准。信中这一部分的英文翻译并没有传达西班牙原文的意思。西班牙语的原句是这样的:"[p]or ello FASA privilegio la evolución y proyección a future como un criterio objetivo para evaluar los meritós de las atletas."其译文是:"这就是为什么 FASA 希望以未来的发展和预测的客观标准来评估运动员的优点。"在听证会上,与会者一致认为正确的翻译是:"正因为如此,FASA 将未来的发展和预测作为评估运动员成绩的客观标准。"信中还写道:"自 2013 年以来,FASA 一直与高山滑雪技术委员会合作。"该信附有高山滑雪技术委员会关于索契奥运会阿根廷队女队员选拔的报告,该报告分析了合格运动员的表现、训练和成绩,以及教练关于"身体状况和受伤情况"的报告,此外报告还列举了一些其他因素。被申请人表示,2013 年 10 月,申请人及其父母所属俱乐部的主席(也是 FASA 的成员)出席了 FASA 年会,在年会上,被申请人表示提到了高山滑雪技术委员会的作用;但是申请人及其父母表示,没有告知他们这一事实。有关高山滑雪技术委员会组建时间的证据尚不清楚,有证据表明其形成于 2012 年,还有更具说服力的证据表明其形成于 2013 年年初,但无论哪种证据都表明它是在团队选拔之前形成的。

本案的争议焦点之一即 CAS 特设仲裁庭的属时或时际管辖权(jurisdiction ratione temporis of the CAS ad hoc division)。仲裁庭裁判要点如下:CAS 特设仲裁庭只有权处理在奥运会中或者是在开幕式前十日内产生的纠纷,纠纷产生的日期本身不是仲裁请求提出的日期。纠纷必须和仲裁申请区分开,纠纷应当在正式向仲裁庭提出申请之前业已产生。一般而言,纠纷产生的日期是申请人持有异议的决定作出日期。在某些案件当中,纠纷日期可以稍晚一点,比如,一个决定并不是不言自明(self-explanatory)的,而是需要一些解释来使当事人确定地知悉他们之间是否存在分歧。然而需要证据来确证,是否应以晚于决定之日的日期作为争议日期。

就本章节讨论的管辖权而言,该案中申请人提出了三点理由证明本案仲裁庭具有管辖权:(1)COA 没有设定内部争端解决机构对本案进行审理,因此并不存在申请人需要利用或穷尽的内部救济。(2)进一步或换言之,即便存在申请人可利用的内部救济,申请人请求放弃穷尽内部救济的要求,以确保通过

CAS 特设仲裁庭快速高效地解决争议；(3)进一步或换言之,即便申请人有内部救济可利用,以及这些程序未被放弃,穷尽内部救济将使上诉至 CAS 特设仲裁庭变得无意义。距离本届冬奥会赛事开始所剩时间不多,申请人现在正在意大利训练,如果允许其参赛,该运动员将不得不进行必要的旅行安排以确保尽可能参加冬奥会。显然,穷尽内部救济将有悖于 CAS 特设仲裁庭的设立目的,并使申请人在 CAS 特设仲裁庭的上诉仲裁变得无意义。因此,CAS 特设仲裁庭对本案有管辖权。被申请人则主张：(1)仲裁庭没有管辖依据,因为在 COA 中存在必要的内部救济,但申请人没有向任何有关机构提出主张；(2)被申请人对于放弃内部救济的请求予以拒绝。

仲裁庭首先需要审查申请人提出的不同管辖依据。首先就是属人管辖权(ratione personae),申请人是《奥运会特设仲裁规则》第 1 条赋予其向 CAS 提出仲裁申请的权利的运动员。其次是属事管辖权,特设仲裁庭满足《奥林匹克宪章》第 61 条规定的属事管辖权存在的条件,即仲裁请求解决的是"产生于或关联于奥运会的争议",这一点没有问题。最后,自愿(ratione voluntatis)管辖权的条件也是满足的,被申请人是根据《奥林匹克宪章》第 61 条服从特设仲裁庭的管辖权的；虽然申请人没有签署接受特设仲裁庭管辖权的报名表,但已经通过提交仲裁申请的方式同意接受管辖。

被申请人就管辖权问题提出了如下方面的异议：《奥运会特设仲裁规则》第 1.1 条规定的条件是否满足？即该争议是否在规定的时间框架中产生？该问题是特设仲裁庭的属时管辖权问题。特设仲裁庭只能管辖产生于冬奥会开幕式之日前十日至冬奥会结束期间的争议。换言之,本届冬奥会开幕式之日是 2 月 7 日,为满足仲裁庭的属时管辖权,相关争议必须产生于 2014 年 1 月 28 日之后。本问题因此决定于争议产生的时点。这是许多受理国际案件的法院所关注的问题,也对国际仲裁庭或仲裁机构的管辖权具有重要的影响。

庭审期间,申请人提到了 Schuler 案,但仲裁庭并不考虑将该案作为本案的指南。[①] 本案仲裁庭认为该案事实与本案不同,Schuler 案中书面解释之日是在特设仲裁庭属时管辖范围内。本案相反,书面解释并没有在规定的时限内。本案仲裁庭还认为,没有必要就通知日期进行确定,本案涉及的两个日期都位于特设仲裁庭管辖时限以外,即 2014 年 1 月 20 日是解释信件日期,22日则是申请人认为其收到该信件的日期。更重要的是,仲裁庭并没有被

---

① See award of 12 February 2006，CAS OG 06/002.

Schuler 案中的说理说服,后案中所根据的日期并非其收到书面解释之日,也就是申请人理解真意之日,而是申请人在考虑了该问题后提出仲裁申请之日:"对 Schuler 女士而言,她可以选择接受瑞士 NOC 的决定,或者决定提起上诉仲裁。就仲裁庭看来,一个争议不可能直到该女士决定提起上诉仲裁并提交其上诉仲裁通知才得以产生。"此种结论将延展特设仲裁庭的管辖权,超出"十日之规",而该时间框架是本庭应当尊重和适用的。如果一个运动员在奥运会前一个月被决定排除出奥运会参赛名单,其就可以在开幕式之日前十日内向特设仲裁庭提出上诉仲裁,然后说提交上诉仲裁申请之日是争议产生之日,这是对《奥运会特设仲裁规则》第 2.1 条的"嘲弄"。事实上在绝大多数案件中,争议产生的时点应是申请人不同意的决定作出之日(如国际法院所说的"关于法律或事实点的一个分歧"),申请人所谓的受到打击本身并不能推迟争议产生的日期。仲裁庭据此分析认为,申请人收到未入选通知的解释之日,即为争议产生之日,因此,该日期是 2014 年 1 月 20 日,正好在冬奥会开幕式之日前十日以前。据此,仲裁庭对本案没有管辖权。

仲裁庭进一步指出,即便采取对申请人最有利的分析,用一个更灵活的争议产生日期,即申请人强调的收到有关该决定的解释之日,那么该日期应是 1 月 22 日,仍然位于十日之前。无论如何,仲裁庭均无管辖权。尽管仲裁庭没有管辖权,但通过仲裁请求、各种证据展示、证人证言和口头陈述,当事人已经广泛地争论了实体问题,鉴于当事人的努力和对一份裁决的期望,仲裁庭决定对案件实体问题进行审理。最终的结论是,即便特设仲裁庭具有管辖权,申请人的请求仍然应被驳回。最终,仲裁庭裁定,其对本案没有管辖权。

综上所述,梳理关于 CAS 冬奥会仲裁特设分庭的时际管辖权问题,可得出如下几点结论:

(1)"十日之规"的问题本质上是一个可受理性问题而非管辖权的问题,但 CAS 晚近仲裁的实践仍然将其识别为管辖权问题。这一定性和解决之道意味着,在后续 CAS 仲裁裁决的司法审查与外国的承认与执行中,该问题将纳入相关法院的审查之中,从而扩大了司法监督的范围。因为,按照 PILA 的相关规定,仲裁庭就其管辖权作出错误的裁定,则构成仲裁裁决被撤销的法定依据。职是之故,仲裁庭必须审慎处理,否则按照相关国家的司法审查标准和《纽约公约》承认与执行标准,CAS 的相关仲裁裁决存在被撤销、不予执行或被拒绝承认的问题。

(2)冬奥会争议时点的确定具有 CAS 管辖权的法律意义,它既不同于仲裁申请人提交仲裁申请之日,也不同于申请人收到被上诉决定之日,还不一定就是相关体育协会或国际体育协会作出决定之日,而是申请人收到并明确理解被上诉的决定之日。这就为申请人提供了一定的行为延展空间,当然这决定于体育协会或机构作出的决定是否属于"不言自明"的、无需解释的决定。

(3)冬奥会特设仲裁庭的时际管辖权可能被仲裁庭策略性地使用为否定当事人参赛请求的路径。这是由于在奥运会开幕式举办前十日之内获取冬奥会参赛资格属于需要紧急解决的事宜,如果不能通过 CAS 冬奥会特设仲裁庭进行仲裁管辖并裁决,则意味着参赛请求已经失去意义。当然必须指出的是,如果申请人能够在 CAS 上诉仲裁庭申请并获得暂停被上诉体育协会或组织作出的禁赛或剥夺参赛资格的处罚决定的临时救济,他们也是有机会参赛的,但临时救济的获得也必须满足特定的条件。

(4)鉴于此,我国运动员和/或相关体育协会应充分理解 CAS 冬奥会特设仲裁庭"十日之规"的管辖含义及其法律效果,积极筹划,善用体育协会或组织内部争端解决程序时限问题,把握程序和时限主动,在 CAS 一般上诉管辖权与冬奥会特设仲裁庭管辖权的行使期间实现自身合法权益的最大化。一般而言,CAS 冬奥会特设仲裁庭的裁决时限非常紧张,特设仲裁庭通常需要在 24 小时甚至 12 小时之内解决争议,"问题并非速度是好是坏的问题,而是在保证质量的情况下如何尽可能地快"[①];但 CAS 一般上诉仲裁则在程序权利方面有更充分的保障。这是我国运动员和国际体育协会在选择行动策略时必须虑及的因素。

三、CAS 的事际管辖

CAS 冬奥会仲裁的事际管辖,是指当事人可以提交 CAS 冬奥会特设仲裁庭进行仲裁的事项。与事际管辖不同,时际管辖主要是在时间维度对 CAS 冬奥会仲裁庭可以和不可以行使管辖权的事项进行区分;而事际管辖则是按照仲裁事项所涉法律关系的性质,对可以和不可以行使管辖权的事项类型进行区分。就 CAS 冬奥会特设仲裁庭事际管辖的事项类型看,其具有如下三个突出特征:(1)属于国际体育协会或国际体育协会自治保留的内部治理事项,CAS 仲裁庭不得行使管辖权;(2)虽然属于可以由当事人提交 CAS 仲裁庭仲

---

① 刘想树主编:《国际体育仲裁研究》,法律出版社 2010 年版,第 135 页。

裁的事项,但若相关国际体育协会或国际体育组织在仲裁条款的设定或约定中予以保留,从而否定或限制相对人向 CAS 仲裁庭提交仲裁,则 CAS 仲裁庭不得行使管辖权;(3)可以提交 CAS 仲裁庭仲裁的事项除了体育组织的纪律处罚机构作出的纪律性处罚决定(disciplinary sanction)之外,还包括相关国际体育协会或国际体育组织权力机构作出的一些决定。典型案例及相关仲裁庭意见分述如下。

(一)体育组织内部保留事项的排除

尽管 CAS 仲裁在广义上属于体育自治的范畴,但基于其中立地位①、私法属性②和裁决效力③所体现的救济机制的法律属性,CAS 仲裁更被定位为体育法治的范畴,以矫正和补足体育自治的行业封闭性。这一格局意味着某些在本质上根深蒂固地专属于国际体育协会或国际体育协会绝对地予以保留的事项,换言之属于体育行业独占地行使管辖权的特别事项,将不能也不应提交 CAS 进行仲裁。这涉及的是体育领域的可仲裁性原则(principle of arbitrability)。可仲裁性问题属于公共利益的范畴。CAS 涉冬奥会体育仲裁具有与一般商事仲裁不同之处,其可仲裁性的界限和标准是有独特性的。这种独特性就在于它处理的通常是纪律性处罚决定,而超出仲裁范围的事项,就可能属于国际体育协会的内部治理范围,从而不能提交 CAS 仲裁庭进行仲裁。需要指出的是,将体育协会内部纪律性处罚决定提交 CAS 仲裁是体育自治原则对体育法治原则的适度的和必要的让步,但这并不否定体育自治的独立性和在特定事项上对 CAS 仲裁的封闭性。国际体育协会独立自治和封闭保留的事项范围,就是 CAS 仲裁条款必须尊重的可仲裁性问题。必须指出的是,CAS 有特定的角色定位以及由此而被限定的功能定位,正如 CAS 在相关仲裁裁决的自我限制中所指出的那般:CAS 并非一个刑事法院,既不能颁布也

---

① CAS 的中立性通过 Gundel、Lazutina 和 Pechstein 案件被反复求证和确证,可以预料的是,由于 IOC 等在国际体育仲裁委员会(The International Council of Arbitration for Sport,简称 ICAS)中的存在,即便是"淡化存在",关于 CAS 的中立性危机也总是存在。但 CAS 中立性地位已经得到日益广泛的认可。

② CAS 仲裁已经在多个案件中被瑞士联邦最高法庭和欧洲人权法院等确认为私法仲裁。

③ CAS 仲裁裁决一方面在瑞士联邦最高法庭的司法审查机制中被视为一般的国际商事仲裁裁决,另一方面也被纳入 1958 年《纽约公约》框架中予以国际流通。

不能适用刑法;我们只是在体育法范围内进行裁决,不能无中生有地创设禁令或处罚;①采取刑事标准……将混淆国家公法与体育协会的私法,②毕竟"体育协会作出的纪律性处罚决定受私法调整,并必须与刑事处罚明确地区分开来"③。

因此关键的问题是,哪些事项绝对地归属体育自治的范畴? 据 CAS 冬奥类项目仲裁实践,这些事项主要涉及如下数类:第一,"赛场"原则(field of play doctrine)覆盖的事项;第二,冬奥会参赛资格提名问题;第三,纪律处罚权问题。以下结合典型案例具述之。

1.赛场裁判的问题

诸多 CAS 涉冬奥会仲裁裁决都提到并一致性地传承了"赛场"原则,以至于形成"悠久而相续的判例系列"(a long and consistent line of authority)。④该原则的基本内涵是,赛场范围内适用的是体育竞技规则(rules of game),现场裁判员是决定体育竞技规则如何理解和适用的法官,CAS 仲裁庭只能对法律规则(rules of law)而非竞技规则的理解和适用负责。这意味着,赛场内竞技规则的适用是裁判的事宜,赛场外法律规则的适用才是 CAS 仲裁员的事宜,后者不能对竞技规则的适用和解释进行仲裁。典型案例是 Aino-Kaisa Saarinen & Finnish Ski Association v. Fédération Internationale de Ski (FIS)⑤案。

该案基本事实是,第一申请人是芬兰滑雪运动员,在一次由 FIS 组织的滑雪竞赛中,由于在赛道上故意阻挠其他竞赛人员而被裁判认定为违规,从而被 FIS 取消比赛成绩。第二申请人是芬兰滑雪管理机构,即芬兰滑雪联合会(Finnish Ski Association,简称 FSA)。被申请人是 FIS。2009 年 12 月 20 日,在斯洛文尼亚举行的 15 公里世界杯比赛后,FIS 取消了第一申请人的参赛资格,理由是申请人在比赛中故意阻碍其他参赛运动员,违反了相关比赛规则。2009 年 12 月 22 日,FIS 上诉委员会驳回第一申请人的上诉。2010 年 3

---

① See CAS ad hoc Division OG 98/002; also see CAS OG 98/002.

② See CAS 98/208.

③ See CAS 2006/A/1102 & 1146.

④ See CAS OG 96/006 (low blow in boxing); CAS OG 02/007 (collision in skating); CAS 2004/A/727 (spectator inference with race); CAS 2004/A/704 (judges' admitted mismarking); CAS 2008/A/1641 (running out of lane in athletics); see CAS 2006/A/1176, para. 7.7; CAS 2009/A/1783.

⑤ See CAS 2010/A/2090.

月 5 日,FIS 内部法庭驳回第一申请人针对上诉委员会的决定提出的进一步上诉。根据《与体育相关的仲裁法典》(2010 年版)第 R47 条和第 R48 条,2010 年 4 月 1 日,在先后向 FIS 上诉委员会和内部法院穷尽内部救济之后,第一、二申请人将案涉争议提交 CAS 仲裁庭,请求撤销 FIS 纪律委员会的处罚决定。FIS 提醒仲裁庭注意如下数点:(1)仲裁庭涉及的是实质上属于"赛场"原则的事项,涉及竞赛规则的违背与何种处罚适当两个问题。(2)"赛场"原则构成体育内部机制的核心,并豁免于 CAS 的审查。据此,该原则不仅评估竞赛中的行为,也涉及某项异议或上诉是否能合理地提出。(3)根据 CAS 判例,其一直谨慎地区分"适用于专属竞赛的处罚"和"产生于竞赛的处罚",后者具有更多可追溯还原的线索,例如纪律性禁赛等。就本案而言,取消成绩是一种单纯的专属竞赛的处罚。总之,FIS 认为赛场裁判及其处罚结果属于硬币的两面,不能由 CAS 依据不同的度量标准进行解决。概括而言,FIS 本质上将赛场裁判及其处罚决定归入体育协会内部治理的"竞技规则"的范畴,CAS 作为"法律规则"的法官和国王,对该类事项不具有可仲裁性,从而以此类事项提起 CAS 仲裁是缺乏依据的,据此最终否定 CAS 的管辖权。

　　本案的争议焦点即涉及"赛场"原则的适用及可仲裁性问题。仲裁庭的裁判要旨如下:(1)赛场裁判不审查。CAS 不对赛场裁判进行裁决,这不是一个管辖权问题,而是一个仲裁自我约束的问题。这种自我约束的理由包括:支持裁判员的自主性(autonomy);避免干预正在进行的比赛;设法确保比赛结果的确定性;与裁判员相比,上诉机构相对缺乏赛场竞技视角和/或经验。(2)赛场裁判不审查的例外。无论如何,这一原则用以避免推翻竞赛过程中的赛事结果或作出的处罚结果。但是,这一原则不适用于赛场裁判因偏见、恶性、恶意、任意或因法律错误而行事的情形,在以上情形内,CAS 有权管辖。(3)如果赛场裁判的决定可以不受限制地上诉至 CAS 仲裁庭,则仲裁庭将陷入比赛之中,但是 CAS 对赛场裁判的决定与该赛场在时空上是脱离的。

　　由上述可知,本案仲裁庭确认了"赛场"原则应予尊重的基本立场,但重申了赛场裁判方式如属恶意或违背诚信,则仲裁庭有权管辖和审查。事实上,CAS 判例在该问题上也并不总是完全一致的,而是存在一个逐渐明晰和形成共识的过程:赛场裁判豁免于 CAS 的审查,但如果赛场裁判员滥用裁判权,基于偏见(bias)、恶意(malice)、不诚实(bad faith)、专断(arbitrary)或违法(illegal)而作出的决定,则可由 CAS 进行审查。以下三个案例以"正—反—合"的形式概括了有关赛场裁判的可仲裁性问题。

首先,关于"赛场"原则的正面立场。在 CAS 2004/A/704 案件中,仲裁庭认为,裁判错误计分的异议只能保留给国际体育协会处理,仲裁庭自身不介入纯粹的裁判员错误。简言之,仲裁庭认为,其功能不是对裁判员的裁判行为进行事后诸葛亮式的"二次猜测"(second guess),而是仅审查"赛场"原则不直接涉及的裁判员的错误后果。不仅如此,仲裁庭还认为,司法或仲裁的视角都是后置视角,具有比赛场裁判更为充足的时间去回访,去反复求证赛事的每一瞬间和行为,从而可能得出与赛场裁判不一致的裁判决定,但如果据此允许对赛场裁判进行审查,那将导致赛事的中断乃至无法举行。仲裁庭最后表明的立场是,如果这代表着"赛场"原则的扩展,我们平等地对之予以容忍。终局性在这个领域是最重要的:粗略的正义可能是需要容忍的全部(finality is in the area all important:rough justice may be all that sort can tolerate)。

其次,关于"赛场"原则的反面表述。在 CAS 2005/A/991 案件中,国际曲棍球联合会司法委员会维持了对一位运动员危险行为的处罚决定,该运动员将该决定提交 CAS 进行上诉仲裁,后者受理了此案,其理由是:CAS 所审理的问题已经从两个意义上超出了纯粹的竞赛规则的适用问题。一方面,国际曲棍球联合会司法委员会赛后的处罚影响了申请人的司法性利益;另一方面,申请人提出的问题关涉法律规则(rules of law),诸如偏见、双重危险等问题,完全区别于任何形式上的法律救济的滥用。本案例从反面确立了"赛场"原则不豁免的标准和界限,即案涉问题虽然起始于竞赛规则,但其后果已经进入法律规则的领域,而其标准就是是否涉及司法性利益,本质则是看所涉争议是否涉及赛场裁判的裁判方式。

最后,关于"赛场"原则的综合表达。在 Korean Olympic Committee (KOC)/International Skating Union (ISU)①案中,基于裁判员的技术判罚,ISU 取消了申请人的比赛成绩。随后,ISU 理事会驳回了申请人韩国奥委会(Korean Olympic Committee,简称 KOC)就韩国选手金东成在 2002 年 2 月 20 日举行的男子 1500 米短道速滑决赛中被取消资格一事提出的抗议。基于此,KOC 对 ISU 理事会于 2002 年 2 月 21 日作出的决定提出上诉。申请人辩称,首席裁判休伊什是受到了公众压力的不当影响而取消了金东成的资格,而

---

①　See CAS ad hoc Division (O.G. Salt Lake City) 02/007.

这个决定是"违反公认社会规范,且是武断的"。[①] 在听证会上,申请人强调,2002 年 2 月 16 日休伊什还是男子 1000 米短道速滑比赛裁判的时候,就取消了一位中国选手的参赛资格,理由是其妨碍了其他选手参赛,违反了《短道速滑特别规则》第 292.2(b)条的规定。由于中国选手阻挡了其他选手,最后一名澳大利亚选手获得金牌,而摔倒的滑冰者之一是日本选手。申请人辩称,根据《短道速滑特别规则》第 292.5(a)条的规定,休伊什本应行使其自由裁量权,下令重新进行比赛。专家组注意到,《短道速滑特别规则》第 292.5(a)条规定:"裁判决定是否有违反比赛规则的情况发生,以及有关的参赛者是否会被取消资格。"第 292.5(d)条进一步规定:"对任何有关违反比赛规则决定的异议将不被接受。"也正是因为此,ISU 拒绝受理申请人对休伊什在 2002 年 2 月 21 日 1500 米比赛中作出的决定所提出的申诉,休伊什没有下令重开 1000 米短道速滑比赛,这是自由裁量权范围内的权力,而且是根据《短道速滑特别规则》第 292.5(a)条作出的、由裁判酌处的决定,并没有任何申诉的空间。然而,申请人辩称,休伊什是因为受到 1000 米短道速滑比赛中作出的决定带来的负面公众影响,以及日本选手没能追上金东成时观众反应的影响而武断地作出取消金东成资格的决定,因此该决定应当被推翻。申请人针对裁判员的技术裁判提出上诉。

　　CAS 仲裁庭的基本立场是:第一,CAS 仲裁庭不审查由法官、裁判员、公断人或其他官员在现场作出的赛场裁判,这些人负责适用特定运动的规则和法律;第二,CAS 仲裁庭审查赛场裁判,必须得有证据,通常是直接证据证明存在不诚信(bad faith)的情形。从这个角度来看,每一个此种表述,例如专断(arbitrary)、违反职责(breach of duty)和恶意(malicious intent),都意味着必须有某些证据表明裁判对特定的团队或个人具有偏爱或歧视。CAS 承认这设置了一个很高的门槛,所有寻求审查赛场裁判的申请人必须消除这个障碍。但是,如果门槛降低了,限制将减少,任何不满意的参赛者都将能够寻求对在比赛场地作出的决定的审查。

　　综合 CAS 相关案例,仲裁庭最终确立了如下应予铭记的立场:第一,赛场裁判不审查。CAS 不对赛场裁判进行裁决,这是一个仲裁的自我约束问题。

---

　　① 案件相关事实:金东成领先于美国滑冰选手冲过终点线。然而,休伊什认为金东成不正当地穿越了美国选手的跑道而违反了《短道速滑特别规则》第 292.2(b)条的规定,于是取消了金东成的资格,美国选手获得了金牌。

这种自我约束的理由既是支持裁判员的自主性,避免干预正在进行的比赛,努力确保比赛结果的确定性,也是明智地自觉于赛场视角专业知识和经验的缺乏。第二,赛场裁判方式应受审查。赛场裁判不审查的前提是,赛场裁判的方式不得违背相关法律标准。赛场裁判虽应豁免于 CAS 仲裁审查,但并不能使本属于其范围内的赛场裁判因偏见、恶性、恶意、任意或违法而免受审查。

2.参赛资格提名问题

在冬奥会或相关运动项目的竞赛体制下,NOCs 或者相关 NFs 的运动员选拔委员会负责根据设定的标准对参赛运动员进行提名,即便是作为上诉仲裁机构的 CAS 也不能直接就运动员的提名问题作出裁定,因为该事项专属于 NOCs 或 NFs 的权限范围。但是如果 NOCs 或 NFs 提名问题涉及对选拔标准的滥用,则 CAS 有权管辖并作出裁定。即便如此,CAS 与相关 NOCs 和 NFs 之间仍然就提名问题存在明确的、不可逾越的分工:CAS 只能作出裁定,将提名资格问题发回 NOCs 或 NFs 进行重新确定,不能直接越俎代庖地作出赋予相关申请人以参赛资格的裁决;相应地,NOCs 或 NFs 始终掌握着运动员提名资格问题的最终决定权。Manuela Berchtold v. Skiing Australia Limited (SAL)案和 Samir Azzimani v. Comité National Olympique Marocain 案就是两则典型例证。

(1)Manuela Berchtold v. Skiing Australia Limited (SAL)①案

在该案中,申请人是一名全职滑雪运动员,由被申请人和澳大利亚冬季奥林匹克体育学院提供资助,双方同意申请人只能在滑雪项目允许的情况下从事非滑雪的工作。尽管申请人在 1997 年和 1999 年分别进行了左、右膝重建手术,但其还是在 1997 年至 2002 年期间参与了一系列赛事并获得相应名次。2002 年 1 月,被申请人致函申请人,告知其无法提名申请人参加比赛,因为其不符合《遴选协议》附件 A 第 3 段中提及的标准。申请人要求澳大利亚奥林匹克委员会(Australian Olympic Committee,简称 AOC)行使其酌情修改遴选标准的权力,但 AOC 予以拒绝。2002 年 1 月 25 日,申请人向 CAS 上诉仲裁庭提交仲裁申请,对被申请人的决定提起仲裁,遂成本案。

本案的主要争议焦点即涉及国家奥林匹克队成员的入选资格,及《遴选协议》的解释。仲裁庭裁判要旨如下:①澳大利亚滑雪联合会发布的《遴选协议》的标准不是绝对和固定的,而是受制于情有可原情形下的更高的自由裁量权

---

① See CAS 2002/A/361 Berchtold/Skiing Australia Limited (SAL).

(overarching discretion)。②遴选小组(select panel)未能考虑行使裁量权以及这种情况是否存在情有可原情节(extenuating circumstances),没有适当遵循和(或)执行《遴选协议》规定的义务,尽管有大量证据证明遴选小组与澳大利亚滑雪联合会总是本着诚意和运动员的最大利益行事。③是否提名运动员,不是本仲裁庭可以或应该考虑的。必须将此问题提交遴选小组,由其纳入相关的所有事项后,决定运动员是否达到了《遴选协议》所设想的"必需的竞赛结果标准"。

由此可见,在运动员参赛提名问题上,CAS与相关国际体育协会之间存在着相应的分工,CAS有所为也有所不为。在有所为的事项上,主要是审查遴选小组的提名在有所不为的事项上是否合理,主要涉及两点:一是谁来决定提名问题,这是专属于相关国际体育协会的内部治理权限,CAS不能"包办"。二是决定提名谁的问题,仍然由相关国际体育协会根据遴选标准进行最终衡量和确定。CAS虽然可以将案件转交给该国际体育协会进行重新考虑,但并不意味着国际体育协会必须选择案涉申请人,这有点类似我国仲裁中的"通知重裁"制度,即人民法院可以将有瑕疵的仲裁裁决发回仲裁庭进行重新审理,但仲裁庭是否同意重新仲裁,以及如何作出仲裁裁决、作出何种仲裁裁决,均由仲裁庭自行决定。

(2)Samir Azzimani v. Comité National Olympique Marocain 案

同样的观点在 Samir Azzimani v. Comité National Olympique Marocain 案件中也得到了体现,该案仲裁庭还认为这属于 CAS 业已成形的判例法。该案中,被申请人是申请人所属的 NOC。由于申请人存在左肩膀脱臼的严重伤情,相关医疗机构对其开出过两份医学证明,并强制其至少进行 2 个月的医疗休整。鉴于上述情形,被申请人在决定冬奥会参赛人选时基于健康原因对申请人作出不予参赛的决定。申请人就此向 CAS 仲裁庭提起仲裁,请求仲裁庭指令该 NOC 给予其参赛资格。CAS 仲裁庭作出的裁判要旨如下:①在奥林匹克运动中,NOCs 的任务和角色,主要在奥运会筹备阶段发挥关键作用。NOCs 组建、组织、指导各自的代表团参赛,并且把各自国家推选出的运动员纳入参赛名单。只有 NOCs 有权决定参赛者的参赛资格。②根据 CAS 特设仲裁庭的惯例,运动员是否有权强制其本国 NOC 赋予其参赛资格的问题,不应由 CAS 来裁决。③由于两份病例证明运动员有左肩膀脱臼的伤情,且相关医疗机构强制其至少进行 2 个月的医疗休整,NOCs 对运动员作出不予参赛的决定,此决定是合理的。从上述仲裁庭的裁判思路中,我们可以看出:仲裁庭首先分析了NOCs在奥林匹克运动中的任务和角色,指出其主要在奥运会筹备阶段发挥关键作用,负责组建、组织、指导各自的代表团参赛,并且把各自国家推选出的运动员纳入参赛名单。仲裁庭最终得出结论认为:只有NOCs有权决定参赛者的参赛资格;根据CAS特设仲裁庭的判例法,运动员是否有权强制其本国NOC赋予其参赛资格的问题,不应由CAS来裁决。

此外,在 Gaia Bassani-Antivari v. International Olympic Committee (IOC)案中,仲裁庭还特别强调,提名冬奥会参赛资格的权力不仅 CAS 无权干涉,即便是 IOC 也无权干涉,该权力本质上属于 NOCs 的专属、独占权限:"根据《奥林匹克宪章》第 49 条第 1 款的第一句,NOCs 有排他权力决定是否允许运动员进入奥运会,这里没有任何其他解释的空间。根据 IOC 自身规则,IOC 也没有裁量权推翻 NOC 的决定,更不能在个案基础上允许运动员参与奥运会。基于相同原理,CAS 也没有这样的权力。"①

3.纪律处罚权问题

运动员成为特定国际体育协会的成员,或者参与相关国际体育协会的赛事②,就意味着对国际体育协会的服从并接受纪律性管辖,否则体育自治就是"虚幻的"(illusory)③。相关国际体育协会对其成员,特别是作为其成员的运动员的违规行为作出纪律处罚在本质上属于"家务"或"内政",作为"旁人"的 CAS 原则上不应进行干涉和管辖,否则 CAS 就可能变形为国际体育协会的内部治理机构。这一逻辑与"赛场"原则中 CAS 与竞赛裁判的关系定位是一致的。但国际体育协会的"内政"自治与 CAS 的"不干涉内政"原则都有其限制,这就是当国际体育协会的纪律处罚权行使过当,对相对方造成严重不公平时,CAS 将超越"不干涉内政"原则的限制,在相对方申请仲裁时启动法律救济。Mitchell Whitmore v. International Skating Union (ISU)案和 Aino-Kaisa Saarinen & Finnish Ski Association v. Fédération Internationale de Ski (FIS)案就是两则典型案例。

---

① See CAS ad hoc Division (O.G. Salt Lake City) 02/003.

② 该案中仲裁庭认为:对接受 IF 规则的事实不提出异议,并以签署声明的方式在 IF 进行登记,即表明运动员接受 IF 日程上的所有赛事参与中的 IF 规则的适用。在没有相反表示的情形下,可假定运动员参与 IF 赛事就签署了此类声明。因此,所有的 IF 规则被认为直接适用于运动员。运动员直接适用 IF 规则的结果是,IF 相关机构基于 IF 规则对操纵比赛拥有纪律管辖权。See CAS 2014/A/3832 & 3833.

③ See CAS ad hoc Division (O.G. Salt Lake City) 02/001.

(1)Mitchell Whitmore v. International Skating Union (ISU)① 案

在该案中,申请人是一名职业长道速滑运动员,曾代表美国参加 2010 年和 2014 年冬季奥运会。申请人在美国速滑协会(United States Speedskating,简称 USS)注册,后者隶属于 ISU。申请人因一场纠纷而被 ISU 纪律委员会根据其《道德守则》(Code of Ethics)作出禁赛一年的处罚。申请人据此向 CAS 提起上诉仲裁,主要观点有二:第一,ISU 纪律委员会对该处罚没有管辖权,因为申请人的行为发生在 ISU 赛事活动之外,据此该禁赛处罚应予撤销。第二,即便 ISU 有管辖权,所作处罚也没有相关的规则和事实依据。因此,该处罚或者被撤销,或者应减轻。

CAS 仲裁庭裁判要点如下:其一,《道德守则》第 2 条规定,ISU 利益所在,该守则即可宽泛地适用(利益所在,规则所及)。该守则的目的是确保受其规范的人员不会让速滑运动名声变坏,即使 ISU 所涉利益微乎其微,也可能触发 ISU 守则的适用。因此,即使申请人行为不是在 ISU 活动举办地以及举办时间内发生,而是在 ISU 活动即将发生的地点和时间点,也可以视为发生在参加 ISU 活动期间。这与事故涉及的运动员没有在争议中的 ISU 赛事中参赛这一事实无关。参赛团队成员在赛事举办地的城市,且在事故发生时尚未收到积分认证(accreditation)。

其二,根据 CAS 一贯的法理,CAS 仲裁庭应对体育管理机构的处罚比例予以尊重(deference)。只有在处罚与违纪行为有明显和严重(evidently and grossly)不符时才可以进行仲裁审查。但是,如果被上诉的决定缺乏任何理由,则可以对此规则作例外处理。特别是当处罚可能涉及终身禁赛或禁止参加特定体育竞赛时,更是如此。为了获得 CAS 法理中的尊重,纪律处罚机构应说明所作处罚比例适度的理由。

综上所述,该问题本质上是关于国际体育协会的纪律处罚权及其行使的问题,对此仲裁庭作出的回应主要有两个意思:第一,CAS 仲裁庭应对国际体育协会的纪律处罚权予以承认和尊重,这是 CAS 一贯的判例法。第二,CAS 仲裁庭只有在纪律处罚与违纪行为有明显和严重不符时才可以进行仲裁审查。由此可见,CAS 仲裁庭将国际体育协会的纪律处罚视为是其内部治理的重要权限,为介入干预设定了为与不为的判断准则,在并不存在处罚严重失衡的情形下,CAS 应恪守其身份,避免"长臂管辖"。

---

① 　See CAS 2016/A/4558.

(2)Aino-Kaisa Saarinen & Finnish Ski Association v. Fédération Internationale de Ski (FIS)[①]案

在该案中，相关仲裁庭进一步解释了其"不干涉内政"的理由，这就是相关国际体育协会在纪律处罚权的行使方面相比于 CAS 而言更具有专业知识和见解。该案中，第一申请人是芬兰滑雪运动员，第二申请人则是芬兰滑雪管理组织。由于被申请人取消了第一申请人的部分竞赛成绩，两申请人在上诉至 FIS 内部上诉委员会被驳回后，向 CAS 提起上诉仲裁，遂成本案。本案在"赛场"原则覆盖的事项中也有提及，分析本案后可知，案涉焦点之一即 FIS 对第一申请人所作处罚是否过度，从而与其违纪行为是否不相符。CAS 仲裁庭对此的立场是：理性的人（包括国际体育协会）对不同的违反体育运动规则的行为的严重性和与之相称的处罚有不同的但都可能合理的看法，CAS 也有权就任何处罚的相称性形成自己的看法，但必须强调的是，不应忽视特定体育领域的国际体育协会在确定何种处罚相称于何种违规行为方面拥有更为专业的认知。鉴于此，该仲裁庭驳回两申请人的上诉仲裁申请，维持 FIS 的内部裁定。

综上所述，国际体育协会的内部治理保留事项在 CAS 仲裁实践中不断受到挑战，也不断得到 CAS 仲裁判例的支持。CAS 仲裁庭在这些事项中的基本行为准则可概括如下：第一，CAS 原则上确立了"不干涉内政"的标准，但凡属于国际体育协会内部事务或内政的事项，均应保留给国际体育协会由其自治，否则不仅会让体育自治成为"虚幻的"，也实质改变了 CAS 的功能与地位。第二，"不干涉内政"有其例外，并主要表现为自治方式和自治程度两个方面，即如果国际体育协会在自治过程中处理"内政"的方式存在恶意或专断性，以及如果国际体育协会在行使处罚权方面严重有违公平和适度原则，则 CAS 将会介入，"将权力关进笼子里"，确保国际体育协会的自治在法治的基本预设中运行。第三，CAS 尊重和捍卫体育自治的正当性主要基于两点考虑：一是彼此地位的差异，CAS 是裁决机构，而国际体育协会则是管理机构，内部治理权限作为内部管理范畴首先应归属于国际体育协会行使；二是彼此视角和认知的差异，即 CAS 作为法律规则的"国王"与国际体育协会作为运动规则的"主人"，两者具有不同的观察视角和专业识见，应各行其道。

---

① See CAS 2010/A/2090.

(二)当事人未约定提交事项的排除

CAS 仲裁作为相对于法院诉讼而言的替代性争端解决机制,其仲裁事项的范围需要受制于一系列的限制。首先,CAS 可以管辖的事项必须受制于立法的规定,形成法定可仲裁性;其次,并非所有法定的可仲裁事项,CAS 均可管辖并仲裁,法定可仲裁性只是为 CAS 仲裁划定了最大范围的框架,在该框架中还需要当事人通过约定将特定范围的事项提交 CAS 仲裁。因此,当事人没有约定提交的事项,虽然属于可以由当事人提交 CAS 仲裁庭仲裁的事项,但相关国际体育协会或国际体育组织在仲裁条款的设定或约定中予以保留,从而否定或限制相对人向 CAS 仲裁庭提交此类事项予以仲裁的权利。有关 CAS 这一方面的事际管辖权,仲裁实践中应注意把握约定仲裁事项与法定仲裁事项之间的如下关键要点。

1.仲裁条款的格式化表达

在仲裁实践中,包括 CAS 在内的各主要仲裁机构均在其示范仲裁条款中推荐采用"产生于或关联于"(特定事项的任何争议)这一说法,[①]例如《奥林匹克宪章》第 61 条规定,"任何产生于或关联于奥运会的争议",均提交 CAS 进行仲裁。此种表述严格而言过于宽泛,在实践中可能产生较大的争议。然而该种表述已成为国际仲裁领域的通用表达,有文献甚至鼓励采取此种有意的模糊,以尽可能扩大约定提交仲裁的事项范围,避免约定过窄对仲裁庭管辖权限的限制。鉴于此,在奥运会领域采取了上述仲裁条款的约定方式,也就意味着与奥运会相关的一切事宜均应由 CAS 进行管辖并仲裁,当事人对此有任何异议将不构成对 CAS 管辖权的有效异议。

特别需要指出的是,按照 CAS 仲裁规则的安排,CAS 仲裁裁决作为仲裁地在瑞士的裁决,只有瑞士联邦最高法庭才具有撤销裁决的司法审查权。根据瑞士联邦最高法庭审查 CAS 裁决的法律依据,即 PILA 第 190 条的规定,CAS 仲裁庭如果超裁将构成撤裁的法定理由。《奥林匹克宪章》第 61 条以上述宽泛的格式化表达方式,事实上达到了排除该撤裁依据的法律效果,因为根据上述格式化表达,除非相关事宜与奥运会赛事毫无关联,否则都属于 CAS 仲裁条款的约定范围,从而不存在超裁的情形。

---

① 　张春良主编:《中国涉外商事仲裁法律实务》,厦门大学出版社 2019 年版,第 46 页。

虽然 IOC 希望最大限度地将 CAS 指定为所有事项的管辖机构,但在奥运会赛事以外仍然有许多国际体育协会对提交 CAS 管辖的事项范围进行了限定。在仲裁实践中需要相对人核对国际体育协会章程或法规中的 CAS 仲裁条款的涵摄范围,并比对拟提交 CAS 仲裁的事项是否在该条款的涵摄范围内。例如,中国足球协会就对可提交 CAS 仲裁的事项范围进行了限定。在国际体育协会层面,国际田径联合会和国际足球联合会也限制其成员将特定争议事项提交 CAS 仲裁。[①]

各国际体育协会通过其章程或法规中的 CAS 仲裁条款对允许提交仲裁的事项范围进行界定,在本质上是对国际体育协会治理权限与 CAS 管辖权限之间进行的分工,表征着国际体育协会内部事务的开放或闭锁程度。就 CAS 作为中立、独立之仲裁机构而被认定为体育法治之实践者而言,国际体育协会在多大程度和多大范围上允许相对方将相关争议提交 CAS 仲裁,也就意味着该国际体育协会在相应程度和范围上实现了体育的法治化治理。必须注意到体育自治与体育法治之间的辩证关系,如上文所提及的赛场裁判原则、不干涉内务原则等,虽然 CAS 必须尊重和让步于必要的体育自治,但同时也应看到,即便体育自治的实体内容豁免于 CAS 的仲裁管辖,体育自治的方式及其影响程度也必须接受 CAS 的仲裁审查。因此,可以认为未来的体育法治将对国际体育协会内部事务予以日益全面和深度的覆盖。国际体育协会出于特殊考虑可以将特定范围事项控制在内部处理范畴内而限制相对方将其提交 CAS 仲裁,却无法限制相对方在权益受到或认为受到国际体育协会的侵犯时,将相关争议提交国家司法机关予以审查和处理。换言之,国际体育协会的内部事务在其可以也应该由其自主处理的权限范围内,无论是 CAS 还是国家司法机关都应尊重和让步,除此之外的事项则无法阻碍相对方或者根据 CAS 仲裁条款向 CAS 提起仲裁,或者在缺乏此类仲裁条款的情况下向国家司法机关起诉。相对于国家司法机关而言,CAS 作为体育世界最高法庭无疑更具有仲裁审理的专业性和裁决上的高效便捷性。这也就表明,各国际体育协会尽可能地通过 CAS 仲裁条款将"产生于或关联于"国际体育协会与相对方的争议事项约定提交 CAS 仲裁,这无疑是明智之举和未来发展之主流趋势。

此外,还需要明确的是,国际体育协会在其章程中约定提交 CAS 仲裁的事项并不就直接等同于 CAS 仲裁庭可以直接仲裁的事项,在二者之间还有一

---

① 刘想树主编:《国际体育仲裁研究》,法律出版社 2010 年版,第 189 页。

个当事人是否最终提交 CAS 仲裁的事项差额。简言之,即便相关国际体育协会在章程中约定将"产生于或关联于"与相对方的一切争议提交 CAS 仲裁,该仲裁事项也只是"纸面上"(in paper)的范围,实践中当事人没有也不可能将约定的一切事项都"事实上"(in fact)提交 CAS 仲裁,而往往是就其中的某一或某些争议提交 CAS 仲裁。因此,重要的是如何准确判断当事人提交 CAS 仲裁的事项与 CAS 仲裁条款约定事项之间的对应关系。这在 CAS 仲裁实践中是一个常见的重要问题,因为当事人最终事实上提交 CAS 仲裁的事项才是认定 CAS 实际管辖范围的基准,以及瑞士联邦最高法庭在进行司法审查时判断 CAS 裁决是否超裁的基准。

在 S. and L. v. Fédération Internationale de Ski (FIS)[1]案中,案涉争议焦点之一即当事人提交仲裁的事项是否超出仲裁协议约定范围。该案中,两申请人是被申请人 FIS 的成员,他们之间的仲裁条款约定,将与 FIS 训练和赛事相关的运动员个人责任等一切争议排他地提交 CAS 进行仲裁。在 FIS 某次大会后,FIS 理事会通过了六项决议,申请人认为该六项决议影响到了其在高山滑雪赛事中的参赛条件和经济义务,因此向 CAS 提起仲裁申请。该案涉及的争议焦点为:(1)仲裁协议;(2)基于无效仲裁协议的 CAS 上诉仲裁庭无管辖权裁定。仲裁庭裁判要旨如下:(1)何谓穷尽内部救济。符合穷尽内部救济原则时,当事人可以就有关机构规章或规定的法律依据或具体仲裁协议,向 CAS 上诉仲裁庭提起上诉申请。(2)案例 CAS 95/139 表明尽管有争议的决定是由体育协会立法或执行机构而非纪律法庭或类似机构作出的,但仍应将此类申诉视为上诉。(3)上诉必须附有法规或规章的规定副本或向 CAS 提出上诉的特定协议。(4)本案当事人之间的仲裁协议未涵摄该上诉争议问题,并且未依据《FIS 章程》第 31.1 条规定采取内部救济。鉴于当事人之间没有有效的仲裁协议,CAS 上诉仲裁庭首裁作出不具有上诉管辖权的裁定。

整理 CAS 上诉仲裁庭的裁判思路后,可知 CAS 上诉仲裁庭经审查后认为:(1)上诉仲裁申请所附的仲裁协议仅仅是适用于运动员训练或竞赛期间有关个人责任的相关事项的协议,因此本案争议所涉的问题并未被该仲裁协议所覆盖;(2)此外,当事人之间也并没有针对本案所涉问题另行约定合意的仲裁协议。据此,CAS 上诉仲裁庭认为当事人之间没有有效的仲裁协议,因此 CAS 对本案没有管辖权。

---

[1]　See CAS 95/143.

需要指出的是,不仅当事人,甚至许多仲裁机构乃至进行司法审查的法院也在实践中时常混淆没有仲裁协议和超出仲裁协议的范围两种情形,本案也是如此。事实上二者之间存在较为明确的区分:如果当事人之间毫无任何(有效)仲裁协议,则属于没有(有效)仲裁协议的情形;如果当事人之间存在某一(有效)仲裁协议,只是提交仲裁的事项完全或部分不能为该仲裁协议所覆盖,则为超出仲裁协议范围情形,如此作出的裁决则构成全部或部分超裁。本案中当事人存在有效仲裁协议,只是提交仲裁的事项(FIS 理事会通过的六份决议)与当事人在仲裁条款中约定的事项(与运动员个人责任相关事项)存在不符合的情形,因此本案应属于超出仲裁协议约定事项范围的案件。

概括而言,上述三层面构成体育领域有关 CAS 仲裁的事际管辖权的三类范围,它们的意指及其关系是:"产生于或关联于"的格式化表达意味着最理想和最宽泛的事际管辖范围;各国际体育协会在其章程或法规中具体约定的事项则意味着有所取舍的事际管辖范围;当事人最终提交 CAS 仲裁的事项则意味着事实上的事际管辖范围。三者之间既可以是等同关系,更可能是逐次缩减的关系,但不能逆向扩展,否则将对 CAS 仲裁的事际管辖权构成挑战。其中,前两者都只是约定的或"纸面上"的事际管辖范围;只有当事人事实上提交的仲裁事项才是"行动中"的事际管辖范围。无疑,纸面上的事际管辖范围制约和限定着行动中的事际管辖范围,但在实践中更为重要的是行动中的事际管辖范围,它不仅直接圈定了 CAS 仲裁庭的仲裁权限,也直接界定了仲裁裁决的裁项范围,还明确了瑞士联邦最高法庭在对 CAS 裁决进行审查时判断相关裁决是否超裁的比对基础。瑞士联邦最高法庭作为最高,也是最后的评判机构,其对仲裁范围的司法审查将倒逼并影响 CAS、相关国际体育协会和相对人在事际管辖上的进退取舍。

(三)非纪律处罚机构所作决定事项的纳入

CAS 冬奥类项目仲裁的主题应当是相关国际体育协会或体育组织针对其成员作出的纪律性决定,非纪律处罚机构所作决定原则上应排除在 CAS 仲裁的事际管辖权范围之外。纪律性处罚决定事项属于 CAS 冬奥类项目仲裁的当然事际管辖权范围。这为《奥林匹克宪章》、《与体育相关的仲裁法典》和各国际体育协会的章程或法规中的仲裁条款所明确,也构成 CAS 上诉仲裁最具特色的机制特征。在上述提及的 S. and L. v. Fédération Internationale de

Ski (FIS)①案中,被上诉的决定就是由 FIS 的理事会通过的,其并非 FIS 的纪律处罚机构,也不是 FIS 的内部纠纷解决机构,而是大会的执行机构,并负责在大会期间行使 FIS 的最高权力。CAS 仲裁庭认为,申请人提出的仲裁申请必须被认定为是一个上诉仲裁申请,尽管"被上诉的决定是由体育协会的立法/行政机构,而非其纪律法庭或类似的机构作出的"。这同样在 CAS 此前的判例中有所体现。②

　　基于同样的逻辑,在 HC Y v. Ligue Suisse de Hockey sur Glace (LSHG)③案中也涉及有关体育协会的内部大会决议可否提交 CAS 仲裁的问题。该案仲裁庭在裁决中述明的立场是附条件的允许。所附条件有二:一是符合相关国际体育协会登记注册地国家的立法,二是经该国际体育协会内部章程所约定。具体而言,该案中被申请人是登记注册地在瑞士的国际体育协会,申请人是其成员。案涉争议是申请人就被申请人的大会决议提出上诉仲裁,CAS 仲裁庭认为:其一,如果上诉仲裁所涉争议符合《瑞士民法典》第 75 条规定的有关协会成员反对协会决议的情形,协会的章程可赋予协会成员请求独立裁判争议的请求权;其二,《瑞士民法典》第 75 条不仅针对作为协会最高机构的大会的决议,同时也针对下级机构作出的决议;其三,与特殊执行规则相违背的决议,也视为违反协会章程,因此也构成可提交独立裁判的事项,但前提是该特殊执行规则已得到合法承认。

　　在 2018 年平昌冬奥会仲裁中,就出现过两起针对相同问题提起的仲裁案件,即 Victor Ahn et al. v. IOC 案和 Alexander Legkov et al. v. IOC 案。两案均肇因于俄罗斯涉嫌系统性兴奋剂违规背景,IOC 决定全面禁止俄罗斯运动员参与冬奥会,转而采取专设评估小组的方式在逐一审查的基础上对俄罗斯运动员进行个别邀请。未获邀请参赛的俄罗斯运动员,通过单独或集体方式向 CAS 仲裁庭提起仲裁,请求确认其是否具有参赛资格。被申请人 IOC 则认为是否邀请运动员参赛的名单并不构成可以上诉至 CAS 的"决定",因此请求 CAS 驳回申请人的上诉申请。简言之,IOC 的邀请名单中不包括相关运动员的事实,是否构成一个可以被异议、被提起上诉仲裁的"决定",这构成本案审查的核心要点。

---

① See CAS 95/143.

② See CAS 95/139.

③ See sentence du 21 décembre 1995，Arbitrage TAS 95/139.

具体地说,在 Victor Ahn et al. v. IOC^①案中,申请人多达32人。本案的争议焦点为32位申请人的参赛资格问题。仲裁庭的裁判要点如下:(1)麦克拉伦报告的第一部分发现了系统性的证据,由国家支持的兴奋剂违规行为发生在2014年索契冬季奥运会之前,并持续到2016年的里约热内卢奥运会。2016年12月9日发布的第二份麦克拉伦报告证实了整个夏季和冬季运动中存在兴奋剂违规行为,并确定了与俄罗斯部分官员一起合谋操纵兴奋剂违规的运动员。(2)施密特委员会建议 IOC 采取适当措施,有效制裁俄罗斯对兴奋剂规则和制度的系统性操纵,同时保障个别俄罗斯"干净的"运动员的权利。奥斯瓦尔德委员会重新分析了2014年索契冬季奥运会从俄罗斯运动员那里收集的可供 IOC 使用的所有样本,为所有有资格参加比赛的现役运动员举行了听证会。(3)IOC 执行委员会制定了一个分为两个阶段的流程,以允许"干净的"俄罗斯运动员参加比赛。第一步是委派一个独立的参赛资格审核小组制定一份清单,以供 IOC 发出最终的参赛邀请。(4)仲裁庭认为,正如申请人所言,IOC 设立的将俄罗斯运动员和辅助人员作为 OAR,建立邀请名单的程序不能说是对其进行的制裁,更恰当的描述应该为资格决定。(5)专家组得出结论,如果满足特定条件可以重新获得资格的规则不能被解释为制裁。(6)专家组注意到,参赛资格审核小组必须在很短的时间内评估大量运动员,并且由于时间限制,该过程可能并不完美。因此,专家组认为在这种情况下应尽可能以适当和公正的方式进行评估。(7)在 ROC 被暂停并且没有证据反驳俄罗斯系统性兴奋剂违规的情况下,应该允许给一些运动员一个公平的机会参加奥运会。(8)专家组认为,申请人没有证明 IOC 设置的程序构成制裁,或者参赛资格审核小组独立评估申请人是以歧视、任意或不公平的方式进行的。专家组还得出结论,没有证据表明参赛资格审核小组行使了不适当的裁量权。

整理仲裁庭的相关仲裁思路后,可知仲裁庭经审理后得出的关键结论之一即正如申请人所言,IOC 建立的邀请参赛程序及其结果,不能说是对他们的纪律性处罚决定,而应将其更恰当地界定为资格决定。据此仲裁庭认为,由于申请人没有证明 IOC 建立的程序和由此形成的运动员邀请名单构成纪律性处罚,因此驳回申请人的上诉仲裁申请。基本相同的案情和完全一致的仲裁推理与结论也体现在该届赛事的 Alexander Legkov et al. v. International

---

① See CAS OG18/02.

Olympic Committee^①案中。和 Victor Ahn et al. v. IOC 案相同，Alexander Legkov et al. v. International Olympic Committee 案也体现了 CAS 仲裁庭的立场:如果只是假想的或者根本未构成一个纪律性决定,则不应纳入 CAS 的事际管辖权范围。

　　综上所述,CAS 管辖权问题作为仲裁程序中首先和首要的关键问题,不论是从实体还是从程序,从规则还是从技巧的角度看,历来都是国际体育协会及其成员之间的"兵家必争之地",特别考虑到该问题的论争及其解决还直接关系到后裁决时代的司法审查效果,作为撤裁审查的法定依据之首的 CAS 管辖权问题就显得尤其重要。从此前的 CAS 冬奥类项目仲裁案件与实践看,CAS 管辖权问题主要涉及作为裁决依据的仲裁条款之存在与效力的问题、时际与事际管辖范围问题,尽管某些仲裁庭将可受理性问题与管辖权问题相区分,但仍然有大量的仲裁实例表明二者被等同对待。作为冬奥会时际管辖中独具特色的"十日之规",是 CAS 仲裁实践中频繁遭遇的问题,其本质则是如何确定争议时点的问题。事际管辖方面的主要争论则落脚于体育自治与体育法治之间的区分与关联,总体趋势是限缩"不干涉内务"原则的范围,集中体现为针对体育自治的方式与严重失度两方面 CAS 将会介入救济。以上呈现的 CAS 冬奥类项目仲裁的诸关键环节、基本立场和发展动向无疑将在体育领域和 CAS 仲裁实践中得以再现,堪为冬奥会赛事举办与参与者应重点关注并引以为鉴。

---

① See CAS OG 18/03.

第三章

冬奥赛事仲裁争点(二)：实体问题

有关 CAS 管辖权问题的争议更多地具有技术性的考量,如果 CAS 仲裁庭能够驳回当事人的上诉仲裁申请,当然可以起到解决纠纷的功效,但其主要从管辖条件的角度进行审查,在仲裁实践中更多的案件将通过管辖权的过滤而进入案件实体审查。因此,围绕实体问题的争议是当事人之间的主要争议。归纳 CAS 冬奥案件仲裁的实体问题争议,可将其概括为规则适用、事实认定和仲裁裁决三大类型。

一、规则适用问题

规则是裁断案件当事人权利义务的准绳,规则适用,包括其解释问题,是冬奥类案件仲裁中产生争议最多的实体问题类型。有相当比例的案件当事人对于案件事实的认定并无争议,甚至被处罚人对案件事实,特别是兴奋剂违规事实供认不讳,但对于其中应当适用何种类型的法律、如何解释这些规则,以及如何具体适用这些规则却存在较为广泛的分歧,从而构成规则适用中的三大问题:关于所适用规则的类型问题、规则解释问题,以及适用规则本身的问题。

(一)规则适用

体育领域作为一个相对独立的社会领域,除了适用一般的国家法律、国际条约和国际惯例之外,还需要适用其独有的自治性规范,特别包括 IOC 的《奥林匹克宪章》、WADA 的 WADC,以及各国际体育协会的内部章程和规范。如此理解的法律已然超越一般国家法律意义上的广义"法律"类型,在结构上呈现为三大板块:国家之间的相关法律规范;国家相关法律规范;体育领域的自治规范。就 CAS 仲裁实践观之,围绕 CAS 仲裁适用的法律类型问题,主要集中在两个争点上:第一,CAS 是否适用行政法或刑法性质的公法规范;第二,国际条约,特别是 ECHR 是否在 CAS 有适用的空间。

1.CAS 冬奥会仲裁的规则

CAS 冬奥类仲裁适用的法律规范因上诉仲裁和冬奥会特设仲裁不同而有类型上的差异。根据《与体育相关的仲裁法典》的相关规定,仲裁庭裁决上诉类争议适用的法律包括:应适用的条例,并结合适用当事人选择的法律规则,或在当事人没有选择时适用作出被上诉决定的体育联合会、协会或体育相关组织住所地所在国的法律,或结合适用仲裁庭认为适当的法律。从其具体类型看,CAS 上诉仲裁可适用的法律类型主要有三类:国际体育协会或机构的自治性规范;相关国家的法律,包括当事人选择的法律或国际体育协会住所地国法律;其他法律规则,只要是仲裁庭认为适当且在裁决中说明其理由即可。

与之略有不同的是,在专设的《奥运会仲裁规则》中明确了冬奥会等奥运会特设仲裁庭在裁决案件时所适用的法律类型。该仲裁规则第 17 条规定:仲裁庭裁决争议应根据《奥林匹克宪章》、应适用的条例,以及仲裁庭认为适当的一般法律原则和法律规则。从其规定看,冬奥会特设仲裁所适用的规范类型只包括两类:一类是体育自治性规范,主要是《奥林匹克宪章》、应适用的条例;另一类是一般法律原则和规则,只要仲裁庭认为适当即可。比较而言,冬奥会特设仲裁排除了当事人选法和国际体育协会住所地法等国家法律的适用机会。究其理由,主要是避免国别相互冲突法律的适用造成奥运会赛事争议解决的不一致,而通过《奥林匹克宪章》和相关国际体育协会条例的适用,结合一般法律原则的调剂则可最大限度地实现冬奥会赛事争议解决的统一性。

2.公法在 CAS 仲裁中的适用

CAS 上诉类仲裁程序主要针对的是相关国际体育协会就隶属于其管理的成员方作出的纪律性处罚决定,这一仲裁主题的特殊性在仲裁实践中触发了关于 CAS、CAS 仲裁程序,以及 CAS 所适用的规则和标准的性质之争。客观而言,CAS 所适用的规则、法理和逻辑中确有准刑法、准行政法的内容,但无论是 CAS、瑞士联邦最高法庭还是 ECtHR,均一致将 CAS 仲裁视为私法争议解决程序,其中并无公法,特别是刑法的适用空间。在 Johannes Eder v. Ski Austria & TAS & World Anti-Doping Agency(WADA)v. Johannes Eder & Ski Austria 案中,仲裁庭就正面强调:"体育协会作出的纪律处罚受民事法律调整,且必须明确地与刑事处罚区分开来。"[①]这一结论是建立在如下相互关联的案件链的相互印证之中的:

第一,关于 CAS 的法律地位及其职能属性问题。R. v. IOC 一案明确了 CAS 并不是刑事法院,其职能是在体育法范围内作出仲裁裁决。[②] 该案涉及的是上诉仲裁申请人因为服用大麻(marijuna)而被取消参赛资格的问题。案情简介如下:1998 年 2 月 8 日,R.在单板滑雪激流回旋比赛中获得奥运金牌。1998 年 2 月 11 日,IOC 执行委员会根据 IOC 医学委员会的建议,决定取消该奖牌的授予。R.对 IOC 执行委员会的决定提出上诉。仲裁庭裁判要点如下:从道德和药物的观点来看,吸食大麻是社会关心的严重问题。然而,CAS 并不是刑事法院,既不能颁布也不能适用刑法。CAS 只能在体育法语境中作出裁决,也不能在没有规定时创设处罚。

该案树立了一个典范,即 CAS 作为私法性仲裁机构仅限于在体育法范畴内进行仲裁,在其后的 NADO & KNSB v. W.案件中,该原则被其他 CAS 仲裁庭所引证。仲裁庭相关裁判要点如下:(1)瑞士是 ECHR 缔约方,但该公约是否适用于仲裁或适用于特定的仲裁协议,是一个未决问题。瑞士联邦法庭的判例法缺乏明晰线索。ECtHR 就该公约第 6.2 条和第 7 条的法理认为,缔结仲裁协议这一方式,使得当事人在 ECHR 第 6.1 条的意义上有效地否定了自己寻求公共法院救济的权利。(2)ECHR 第 6.3 条只适用于刑事程序。对此,仲裁庭在该案中认为:"ECHR 是否适用仲裁存在争议。然而,即使将该条款适用于在瑞士举行的仲裁,ECHR 第 6.3 条也不适用于当前的案件。该条款仅适用于刑事诉讼。根据瑞士法律,由体育联合会对运动员进行的与体育有关的纪律程序属于民事法律程序,而不是刑事法律程序。这一发现也符合 CAS 的一贯判例(参见 CAS OG 98/002)。如采用刑事标准,将会使国家公法与团体协会的私法相混淆。"[③]

在另一个案件中,CAS 仲裁庭对本身的地位属性作了一个兼具民事和行

---

① See CAS 2006/A/1102 & 1146,no. 52.

② See CAS ad hoc Division (O.G. Nagano) 98/002.

③ See CAS 2010/A/2311& 2312.

政法性质的复合型定位,认为当事人将 IOC 的决定提交仲裁,这一事项是否具有可受理性决定于该仲裁请求是民事法律事项还是行政法律事项。仲裁庭认为:根据瑞士法律,是适用民事诉讼规则还是适用行政诉讼规则,要求受理的条件有所不同。应该适用哪些规则取决于作为民法或行政法的索赔特征。在本案中,就其可否受理的条件而言,在本质上是混合的,因为尽管该决定主要依靠合同来判断其是非曲直,但 IOC 在奥林匹克法规中的重要性和权威性,使其角色与公共决策机构的角色相似。但是,由于索赔主要是合同性质的,因此仲裁庭首先参照民事诉讼规则来考虑是否可以受理。加之,申请人在质疑 IOC 第 24 号决定时,援引的也是其合同权利,因此,该案可以受理。另外,根据瑞士的行政程序法规则,只要申请人有值得保护的利益,申请人就有权提起诉讼,所以,该请求也是可以受理的。在仲裁庭看来,该仲裁事项具有"混合性质,尽管根据案情主要是属于合同性质的,但被当事人异议的 IOC 的决定是由一个对奥运会有重要管理权力的组织签发的,IOC 具有类似于公共权力机构的地位"。即便得出这样的混合性定位,本案仲裁庭最终还是在结论上回归了 CAS 仲裁属于民事属性程序的一贯判例立场,即"尽管如此,由于仲裁请求主要是合同性质的,本庭首先根据民事诉讼程序规则考虑其可受理性问题"。[①]

第二,关于 CAS 适用的证明标准的法律属性问题。兴奋剂违规事项的仲裁无疑是 CAS 冬奥会上诉和特设仲裁的主要争议事项,对于兴奋剂违规的证明标准问题也在相当长时期内被认为是没有规定的。CAS 仲裁庭迄今业已采取了众所周知的充分满意(comfortable satisfaction)标准作为通常标准[②],但该标准是否就是刑法上的排除合理怀疑(beyond reasonable doubt)标准,曾经不无疑义。经过大量案件的仲裁实践,CAS 现已确认,刑法上的排除合理怀疑标准并不等同于充分满意标准,CAS 作为非刑事程序并无适用刑事标准的空间。在 N., J., Y. & W. v. FINA 案中,仲裁庭明确指出:"适用刑事标准……将混淆国家公法与国际体育协会的私法……"[③]

在 P. v. International Skating Union (ISU) & Deutsche Eisschnelllauf

---

① See,CAS 2002/O/373.

② See TAS 2002/A/403-408,CAS 98/208,CAS OG/96/004.

③ See CAS 98/208.

Gemeinschaft e.V.（DESG）v. International Skating Union（ISU）[①]一案中，仲裁庭进一步明确了，属于刑事法律的相关证明标准在 CAS 仲裁中无适用的空间。在 Ekaterina Lebedeva v. International Olympic Committee（IOC）[②]一案中，仲裁庭指出：就证明标准而言，IOC 采信证据必须是严谨、意思清晰、合乎逻辑和令人信服的；在这些程序中没有适用刑事证明标准的空间。同样的逻辑体现在 Galina Skiba v. IOC 等一系列的案件中。[③] 可见，通过将 CAS 在反兴奋剂案件仲裁中采用的充分满意标准与刑法上的排除合理怀疑标准相区分，CAS 和瑞士联邦最高法庭均否定了 CAS 仲裁的刑事属性及其适用刑事证明标准的可能性。

可以合理预见的是，鉴于 CAS 上诉仲裁主题事项的特殊性，针对其法律地位及与之相关的程序和适用法律性质的争论和挑战还将继续存在。尽管基于 CAS 仲裁案件当事人在地位上的管理性，在下文将不可避免地涉及诸如"从旧兼从轻"等准刑事性和"比例原则"等准行政性的规则或法理的应用，但是目前看来并无否定 CAS 仲裁程序及其法律适用的私法定性的更有说服力的理由。

3.ECHR 在 CAS 仲裁中的适用

ECHR 是有关人权保障的国际公约，其中诸多条款约束和规范缔约国的刑事诉讼程序。CAS 仲裁地国即瑞士国也是该公约的成员方，因此在 CAS 冬奥类仲裁案件中，ECHR 在 CAS 中的适用问题主要在两种情形中被提出：第一种情形是 CAS 仲裁过程中，当事人通常援引 ECHR，对 CAS 的管辖权、法律适用和程序问题提出异议，主张应适用 ECHR 进行调整。第二种情形则是在后 CAS 仲裁程序中，一般是在当事人向瑞士联邦最高法庭寻求撤销或修正 CAS 仲裁裁决被驳回的情形下，转而以瑞士国为被告，向 ECtHR 提起诉讼，请求适用 ECHR 认定瑞士联邦最高法庭违背该公约的规定，要求其撤销或修正 CAS 仲裁裁决。已经有多起案件当事人因不服瑞士联邦最高法庭对 CAS 仲裁裁决的不撤销裁定，转而以瑞士国为被告向 ECtHR 提起上诉。本书主要关注第一种情形，即 CAS 仲裁中是否可援引适用 ECHR。鉴于该公约主要是规范各缔约国在刑事诉讼中的人权保障问题，因此公约能否在 CAS 仲

---

① See CAS 2009/A/1912 & CAS 2009/A/1913.

② See CAS 2017/A/5469.

③ See CAS 2017/A/5470.；CAS 2017/A/5471.

裁中适用的问题同时还涉及对 CAS 仲裁及其法律适用的定性。

在 Johannes Eder v. IOC、Martin Tauber v. IOC 和 Jürgen Pinter v. IOC 等三个关联仲裁案中,仲裁庭认为:CAS 仲裁程序不是刑事程序,ECHR 中有关适用于刑罚程序的相关条款在 CAS 仲裁不具有可适用性。[①] 该案涉及的焦点问题之一是适用于刑事程序的 ECHR 第 7 议定书第 4 条是否也适用于 CAS 仲裁程序? 该案中,申请人在 CAS 仲裁庭提出一项主张,即申请人认为就与其相关的兴奋剂违规问题,已经在 2007 年 5 月 12 日由其隶属的体育协会作出处罚决定,IOC 执行委员会再次就该事项作出处罚,违背了 ECHR 第 7 议定书第 4 条有关禁止二次审判的禁令。仲裁庭查明该条规定如下:任何人不得因其业已根据一国法律和刑事诉讼程序而被最终自认或认定有罪的一项犯罪行为,被同一国家按照刑事诉讼程序进行再次审判或处罚。但仲裁庭认为,上述条款并不禁止在处罚后存在新的证据或新发现的事实,或者第一次处理程序存在影响结果的重大缺陷时,相关国家根据其法律和刑事诉讼程序重新审理案件。不仅如此,ECHR 第 7 议定书第 4 条很明显地“限制适用于同一国家提起的刑事诉讼程序之中”。因此,仲裁庭认为,ECHR 第 4 条并不适用于本案中的纪律处罚程序。从该案仲裁庭的推理看,其得出这一结论是基于如下的根据:一方面,CAS 是私法程序,不适用具有限制一国刑事诉讼功能的 ECHR 第 7 议定书第 4 条的规定;另一方面,即便可以适用,也不适合本案的案件情形。

再次检讨 ECHR 相关条款是否适用于 CAS 仲裁程序的案件是 Stichting Anti-Doping Autoriteit Nederland（NADO）& the Koninklijke Nederlandsche Schaatsenrijders Bond（KNSB）v. W.[②]案。该案申请人认为 CAS 并非申请人住所地国即荷兰的仲裁机构,并未被其接受为“经认可的管辖机构”;且本案中涉及的兴奋剂控制与进一步的兴奋剂数据处理违背了《荷兰数据保护法》和 ECHR 第 6.8 条的规定,以及《儿童权利公约》第 16 条和相关隐私保护的立法,因此 CAS 的管辖是无效的。仲裁庭则指出:根据瑞士法律之规定,由体育协会针对运动员作出的与体育相关的纪律性处罚程序被识别为是民事法律解纷程序,而非刑事法律程序。该认定也是与 CAS 一贯的判例相吻合。在法律适用方面,仲裁庭认为,关于 ECHR 是否适用于仲裁,这个问题已经发生过争

① See CAS 2007/A/1286 & CAS 2007/A/1288 & CAS 2007/A/1289.
② See CAS 2010/A/2311 & 2312.

议。然而,即便将该公约条款适用于仲裁地位于瑞士的仲裁中,ECHR 第 6.3 条也不能适用于本案,该条款只适用于刑事程序。[①] 据此,本案仲裁庭再次强调了 CAS 仲裁的私法属性,通过排除 CAS 仲裁的刑事性质的定位,从而最终排除 ECHR 中规范刑事程序的条款在 CAS 仲裁中的适用。

然而,围绕 ECHR 中相关条款是否可以适用于 CAS 仲裁的问题,并不因为 CAS 仲裁庭的反复强调和相互印证地予以排除而为当事人所认可。在晚近德国滑雪运动员 Pechstein 长达十多年的解纷程序中,[②]该运动员因对瑞士联邦最高法庭不予修正 CAS 仲裁裁决、驳回其请求的裁定不服,以瑞士国为被告向 ECtHR 提起的诉讼中,其请求及理由之一即根据 ECHR 第 6.1 条的规定,认为 CAS 仲裁庭违背了庭审的公平审理原则,而瑞士联邦最高法庭又没有充分履行司法审查职能,要求瑞士联邦最高法庭修正 CAS 仲裁裁决。ECtHR 最终虽然认定 CAS 仲裁应予公开审理,但也指出 ECHR 第 6.1 条作为规范刑事程序的条款并不适用于规范 CAS 仲裁程序。这也就间接地认定了 CAS 仲裁的私法程序。

(二)规则解释

规则解释是法律适用中的核心问题,绝大多数疑难或有争议的案件几乎都源于对相关规则如何理解和解释的问题。规则的解释在本质上仍然属于准据法的适用问题,因此针对规则解释而发展出来的解释规则应由准据法自身予以确定。在相关准据法对解释规则没有规定时,CAS 仲裁庭在其实践中则不得不诉诸作为兜底准据法的一般法律原则。从 CAS 仲裁判例看,其倚赖的一般法律原则通常转向了仲裁地法即瑞士法律。如在 Daniela Bauer v. Aus-trian Olympic Committee（AOC）& Austrian Ski Federation（ASF）案件中规则的解释标准问题得到回应。[③]

该案的基本案情为:2013 年 10 月,奥地利国家奥委会在其网站上发布公告,表示将接受分配给奥地利的所有配额名额。2014 年 1 月 20 日,FIS 公布

---

① See CAS OG 98/002, also see Reeb(ed.), Digest of CAS Awards I 1986-1998, pp.419-425.

② 张春良、贺嘉等:《国际反兴奋剂争端解决专题研究》,厦门大学出版社 2021 年版,第 18 页。

③ See CAS ad hoc Division (OG Sochi) 14/001.

了"计算详细信息"列表和符合条件的 NOCs 列表。在加拿大、日本和挪威国家奥委会各减少一个名额后，三个女子 U 型池自由滑雪名额被重新分配给下一个符合条件的 NOC。随后，这些名额分别重新分配给了奥地利、日本和德国的国家奥委会。但是，只有德国国家奥委会接受了其中一个名额，其他两个国家奥委会（包括奥地利）都表示拒绝。随后，剩下的两个名额又被重新分配给俄罗斯和加拿大的国家奥委会，只有前者接受了这个名额。剩下的一个名额在分配给荷兰和瑞典的国家奥委会遭拒后，最后分配给韩国国家奥委会。然而，在 2014 年 1 月 20 日至 22 日，奥地利滑雪联合会一负责人 Christian Rijavec 通过电子邮件向申请人表示，如果奥地利获得配额，其应该能够参加奥运会；并向申请人提供了旅行时间表和奥运会培训计划。2014 年 1 月 25 日，FIS 公布了奥运会女子自由式滑雪选手最终名单，申请人没有在列。在 2014 年 1 月 26 日的电话交谈中，奥地利滑雪联合会体育总监 Hans Pum 告知申请人，奥地利奥委会拒绝接受女子 U 型池自由滑雪的名额。2014 年 1 月 27 日，Christian Rijavec 通过电子邮件通知申请人，奥地利滑雪联合会没有根据"体育评估的基础规则"推荐她参加奥运会。2013 年 1 月 28 日，奥地利滑雪联合会自由式滑雪委员会成员 Haas 回复申请人的电子邮件并表示，联合会不接受重新分配的名额，因为奥地利运动员的运动表现不佳，会对联合会及其运动员在奥运会上的整体印象产生不利影响。2014 年 1 月 30 日，申请人的律师向奥地利滑雪联合会和奥地利奥委会提交了一份正式书面请求，要求就申请人未确认配额名额做出解释。双方均未对本函件做出任何回应。

本案的争议焦点之一即规则空白或模糊情形下如何解释的问题：《奥林匹克宪章》或 FIS 规则规定 NF 有权向其 NOC 推荐满足 FIS 最低奥运会参赛资格标准的运动员的分配名额，FIS 分配配额确定了赛事的最大参加人数和填补这些位置的方式，但并未规定 NF 必须就其配额分配向 NOC 提出建议。在运用客观标准或行使主观自由裁量权时，有不得专断、不公平或不合理的法律义务，但是，NF 不向 NOC 推荐提名运动员存在合理理由时，NF 就没有专断、不公平或不合理地行使其自由裁量权。

就规则解释问题仲裁庭具体指出：在应适用的条例中没有包括任何相关的解释规则，因此本庭将根据其认为适当的法律原则进行解释；根据 CAS 判例，有关法规和类似文件的解释应由瑞士法律调整。[①] 事实上，瑞士法律中的

---

① 　See CAS 2001/A/354 & CAS 2001/A/355；CAS 2008/A/1502；CAS OG 12/002.

解释规则往往通过三种路径支配着 CAS 仲裁案例中的规则解释问题:一是通过仲裁条款直接被指定为案件准据法,从而以准据法身份规范 CAS 仲裁的规则解释问题;二是作为仲裁地法而予以适用,从而以兜底规则身份规范 CAS 仲裁的规则解释问题;三是通过仲裁庭"认为适当的法律"的自由裁量权予以适用,从而以一般法律原则的身份规范 CAS 仲裁的规则解释问题。本书此处主要立足瑞士法律中的解释规则,佐以 CAS 冬奥类案件仲裁实例,在此基础上提炼出 CAS 仲裁庭在解决规则解释问题时所主要援引适用的解释规则。

1.一般解释规则

CAS 仲裁庭裁决案件所适用的规则作为广义的法律,其有关解释的规则也一般地遵循法律解释规则,并被仲裁庭称为一般解释规则。如 2018 年度 Virgin Islands Olympic Committee (VIOC) v. International Olympic Committee (IOC)[①]案,该案争议焦点之一即平昌冬奥会的参赛资格问题。仲裁庭指出:关于应适用的国际体育协会的法规、条例等"必须适用一般解释规则"。根据法律解释规则,同时结合 CAS 仲裁实践看,CAS 冬奥类案件仲裁中仲裁庭较为普遍援引的一般解释规则主要包括文义解释、目的解释、历史解释与体系解释。这些解释规则的适用因具体案件及仲裁庭的不同既有共性之处,也有个性差异,总体而言可概括为如下几点。

第一,文义解释与体系解释的配对结合是解释的基础。文义解释是以所解释对象的文字含义为基础,同时结合该文字表述所处的语境而进行的解释。这种解释方法也被认为是最基础的解释规则,因为解释对象所使用的文字、词素是一切解释的出发点,撇开文字表述的基础而直接进行意义探究的"去言取义"式的解释是有悖规则解释的忠诚、信达之要义的。在若干 CAS 仲裁案件中,仲裁庭重点解决的问题多有涉及常用单词的解释,例如,如何理解所适用规则中的 and、may[②]、must、or、their[③] 等基本单词的含义。

但文义解释也必须结合体系解释才能实现。单纯的字、词就是含有多重意义的一个表意点,该表意点的每一重意义如同一个开放的方向,因此,每一个表意点本身意味着多个意义方向,而解释的目的就是要为每一个表意点确

---

① See CAS ad Division OG 10/003.

② See CAS ad hoc Division OG 06/01.

③ 如令国人侧目的 WADA v. SUNYANG &FINA案就涉及双方争议的焦点问题,即"their"如何理解的问题。

定一个意思,这就只有通过固定其表意方向才能实现。将具有开放意义方向的表意点固定出一个方向,从而具体化为特定的具体意思,这就需要另外的表意点参与形成一种彼此意义制约的"两点一线"式的意义体系,从而在大小体系中过滤掉其他无关的意义,最终确定特定体系中该表意点的特定含义。这种体系就其小的层级看就是该表意点所处的语句和段落,就其大的层级看则是其所处的整个规则或法律文件。要言之,文义解释是解释的基础,体系解释则是对文义解释的精准聚焦,借助体系所形成的语境对被解释对象的意义进行固定,从而达到精确化被解释对象的意义的目标。

2010 年温哥华冬奥会 CAS 仲裁的 Virgin Islands Olympic Committee (VIOC) v.International Olympic Committee(IOC)案件就是一个具有代表性的典型案例。[①] 该案涉及的争议问题可以概括为一个"or"(或者)引发的案件,具体而言该案涉及的是 IOC 参赛名额首次分配后的剩余名额再分配问题。该案的基本案情如下:FIBT 颁布的 2010 年温哥华冬季奥运会《FIBT 资格制度》包括男子钢架雪车比赛和女子钢架雪车比赛两个项目,总共有 50 名运动员,包括 30 名男子和 20 名女子。申请人认为,在 30 个配额中,男子钢架雪车比赛实际占了 28 个名额,女子钢架雪车比赛的位置数量可以也应该增加到 21 个。如果出现这种情况,由于钢架雪车运动员 Alexa Putnam 女士是第二(也是唯一)符合资格的竞争者,其应填补该空缺名额,所以申请人请求让 Alexa Putnam 女士代表其参加 2010 年第 21 届温哥华冬奥会女子比赛。在 2010 年 1 月 27 日,申请人正式请求 FIBT 重新分配未使用的男子配额给女子比赛项目,其申请依据则是 2008 年 11 月发布的 2010 年温哥华冬季奥运会《FIBT 资格制度》和 2006 年都灵冬季奥运会确立的先例,即雪橇项目中未使用的男子名额被转移到女子名额。FIBT 将申请人的请求转达给了 IOC。2010 年 2 月 3 日,IOC 决定拒绝将男子钢架雪车赛的名额重新分配给申请人,对此申请人提出异议。

该案中最终争议焦点落脚到如何理解 IOC 和 FIBT 针对 2010 年第 21 届冬奥会而联合颁发的《FIBT 资格制度》中,未分配名额是否可以在男、女子组之间进行转移划拨的问题,而该问题的实质是如何理解和解释"or"(或者)的意义。根据《FIBT 资格制度》,当 30 名男子运动员"或"20 名女子运动员的名额分配完毕后,剩余名额可以进行再分配。按照申请人的观点,应将其理解和

---

① See CAS ad hoc Division (OG Vancouver) 10/003.

解释为"共"50位运动员名额分配完毕后,剩余名额可以进行再分配。仲裁庭因此归纳了本案的相关争议焦点:(1)重新分配未用配额职位。(2)参赛资格制度的解释。对此,仲裁庭的裁判要旨如下:国际体育协会的资格制度是一份法律文件,载有必须满足的条件,以便使运动员能够参加冬季奥运会,因此,必须适用一般解释规则。文件用语的通常含义必须在文件的上下文中作为一个整体予以考虑。《FIBT资格制度》揭示了国际体育协会的明确意图,即男子和女子比赛的每个配额都是单独列示的,并且配额不能共同剩余。换句话说,《FIBT资格制度》为每个赛事提供了最大数量的参赛者,一个未分配的配额不能从一类赛事转移到另一类赛事,在特定赛事中也没有条款允许增加运动员数量。据此,仲裁庭针对该规则的解释问题在裁决书中指出:2010年第21届温哥华冬奥会引入的《FIBT资格制度》揭示了如下清晰意向,即男、女子组竞赛的每一个参赛配额应分别确定,而不能合并计算。虽然申请人主张《FIBT资格制度》中并没有明确条款禁止将未分配参赛名额在男、女子组之间进行转移,但这一主张并不能影响本庭的结论。

简言之,案涉《FIBT资格制度》对有关重新分配未用配额立场的条款应被适当解释为,参赛资格在男、女子组中明显进行了区分而非合并计算。《FIBT资格制度》揭示了其明确意图,即男子和女子比赛的每个配额都是分开分配的,未分配名额不能按照合并计算的方式进行扣减后确定。按照这一解释理路可以看出,作为一般解释规则,文义解释是基础,关于"or"一词究竟是作"或者"还是"并且"理解,首先应当检讨其字面含义;进而在上下文语境中,对整个条款乃至整个文件作体系性的整体考虑。以此"文义+体系"相结合的理路,CAS仲裁庭最终得出了对争议条件的最终解释结论。

进一步言,关于文义解释与体系解释的关系问题,甚至有CAS仲裁庭在裁决冬奥类案件争议时明确指出,体系解释优于文义解释。代表性案例是Daniel Walker v. Australian Biathlon Association[①]案。本案中的关键争点问题之一是关于参赛入选资格"提名标准"(nomination criteria)的解释问题。申请人的立场是,被申请人在计算应入选名额的比例时没有适当地将另一位运动员纳入计算,从而导致提名数额减少,间接排除了申请人入围。据此,申请人认为本案存在适用提名标准不当的问题。被申请人答辩指出,关于该比例的计算是在适格运动员之间进行的,申请人所提及的案外人属于非适格运

---

① See CAS 2011/A/2590.

动员,因此不应纳入入围比例的计算之中。该案的争议焦点经仲裁庭概括如下：(1)2012 年冬季青年奥林匹克运动会提名标准；(2)从外在证据解读"竞争者"(competitor)一词；(3)提名标准的目的；(4)改变赛程(length of a race)的一般限制。据此,仲裁庭的裁判要点如下：

(1)对于既是澳大利亚锦标赛又是 2012 年冬季青奥会选拔赛的比赛或赛事,如果有两组不同的参赛者,即有资格和没有资格参加冬季青奥会的参赛者,"竞争者"一词含义模糊,存在可能有不止一个含义的情形。在任何情况下,即使没有歧义,外在证据是可以适用于确定一个契约中表达的内涵的。因此,确定含义应该考虑到周围情形和冬季青奥会提名标准的目的或宗旨。

(2)提名标准的目的或目标是比较合格运动员,并以彼此竞赛排名为基础。其目的或目标是致力于比较"苹果与苹果"(同类比较),而不是比较"苹果与橘子"。虽然契约中的用语应该被赋予自然的含义是一个基本的规则,但这并不意味着其必须被赋予字面意义或字典意义。不能孤立地考虑合同用语,而应从整个合同的上下文来考虑。仲裁庭还援引先例中 Gibbs 仲裁员的意见指出：一个文件不得不进行整体考虑,因为某一部分的意义可能为另外一部分所揭示,在可能的情况下每一条款的用语必须按照彼此相互协调的方式进行解释。

(3)赛程的范围是可变的,没有明确的限制。虽然没有明确约束裁量权,但作为一个法律问题,其受到两个限制：第一,必须善意行使,而不能如同一个非理性人在决策者位置作出决定的方式,专断(arbitrariliy)或任意(capriciously)或不合理(unreasonably)地行使；第二,不论措辞多么广泛,行使裁量权都不能与授予该裁量权的文书之目的相悖。

本案仲裁庭强调体系解释的重要性,无疑具有重要的指导意义。在一些 CAS 仲裁案件中,仲裁庭甚至还超越被解释对象的文字含义,以体系解释的结论作为裁决标准。例如在 WADA v. SunYang & FINA 案中,最重要的争议焦点之一即如何理解《FINA 兴奋剂管制规则》中采样程序所要求的主检官、尿检助理和血检助理等采样授权是仅需一份授权书,还是需要三份分别的、独立的授权书。被申请人以所涉规则中的"他们"(their)的表述为依据,主张三人应分别持有分开的独立授权书,否则构成采样程序违背；但申请人立场相反。虽然在 FINA 内部争议解决程序第一被申请人的立场被采纳,但最终在 CAS 仲裁中仲裁庭采取了完全相反的理解和解释,认为"他们"(their)这一表述应当是指一份授权书即可。仲裁庭在如此解释时是更多地从该表述所处段落、其他相关段落，以及整个文件的体系角度进行的。这就使体系解释得到了比文义解释更高的地位和力量。[1]

此外，体系解释还逻辑地要求在彼此相关联的文件中进行彼此协调一致的解释，这在 World Anti-Doping Agency（WADA）v. International Ice Hockey Federation（IIHF）& Florian Busch[2] 案中也有体现。该案的裁判要旨如下：

（1）已经签署 WADC 的 IFs 必须采用和实施与 WADC 一致的反兴奋剂政策和规则，并且作为会员条件要求 NFs 的政策、规则和规划与 WADC 一致；在这方面，IFs 必须根据上述对 WADA 的承诺调整其法律秩序。如果没有进行这样的调整，IFs 规则在适用时必须被解释为符合 WADC 的规定。

（2）根据瑞士法律，对包含有关仲裁协议基本要素但不明确或相互矛盾的仲裁协议，应以客观方式进行解释，这种客观方式对解释结果提供了中立性。如果一方当事人主张以不同的方式理解了仲裁条款，则应适用信任原则。这意味着各方的意愿旨在确立为，应当是和必须是按照相对方的立场进行善意解释。

（3）要使仲裁条款或仲裁协议有效，就必须明确当事人的仲裁合意，界定仲裁合意的范围和边界，准确地涵盖当事人意欲提交仲裁的事项，并约定指定的排他性争议解决方法。此外，参照《与体育相关的仲裁法典》，国际仲裁条款的建议要素要包括：仲裁地、仲裁员的选择和数量，以及仲裁语言。由此可看出，仲裁庭在对反兴奋剂规则的解释中明确指出，应在 WADC 与相关 IF 规则之间寻求解释的一致性。

第二，目的解释和历史解释是重要辅助。目的解释要求探究相关规则的"立法目的"，具体而言也就是对"立法者目的"进行解释。但目的解释本身也是一个具有主观偏向的解释方式，因为按照当代阐释学的观念，不应存在一个似乎客观不变的立法目的供解释者去刺破规则的面纱予以探讨，相反，真正的解释应当是一种规则文本与解释者之间场景化对话之后的构造。这一立场就不可避免地将规则解释活动纳入时间维度之中，对规则文本的解释将内在地要求考虑"与时俱变"的问题。由此，目的解释自然地与历史解释相关联，也构

---

① 张春良、贺嘉等：《国际反兴奋剂争端解决专题研究》，厦门大学出版社 2021 年版，第 182 页。

② See CAS 2008/A/1564.

成了 CAS 仲裁庭在解释规则时重要依赖的辅助方法。

Finnish Ice Hockey Association v. International Ice Hockey Federation (IIHF)案是一个代表性案例。① 2004 年 10 月 24 日,申请人芬兰冰球协会就 IIHF 于 2004 年 9 月 22 日"关于 S.付款的上诉"的决定提出上诉。争议的主要问题是对备忘录的解释,特别是备忘录第 3.1.2 条的内容解释。其规定了以下内容:"如果球员在与国家冰球联盟签约的第一个赛季的 10 月 2 日至 1 月 15 日期间回到之前的 IIHF 球队,应立即偿还 IIHF 费用的 50%。还款应按第 3.2 条的分配模式进行分配,并按第 3.4 条的规定在 3 月份作为额外的付款支付……"申请人的主要论点是被申请人没有正确解释本协议的内容,更具体地说就是上述第 3.1.2 条。申请人认为,"returned"(回到)一词的解释必须考虑到球员的法律合同地位,该球员从未"returned"J 俱乐部,也没有"remain"(留在)该俱乐部。被申请人认为,根据《瑞士债法》第 18 条的规定,在评估合同内容时,应考虑各方共同协定的真实意愿,尽管存在多种解释合同条款的方式,但基本的解释方式应当是合同自身的用语表述,附加的解释方式是合同本身和合同磋商的过程、合同履行时的事实情境、合同履行前后当事人的行为,以及相关合同的目的。被申请人还认为,合同用语特别是争议中的第 3.1.2 条本身是清晰的,并没有为解释留出任何空间。被申请人进一步主张,此类解释应与当事人在合同履行前后的行为相一致,与合同的目的和当事人意愿相一致。

为确定双方当事人的立场对错,仲裁庭不得不考察备忘录中的一系列关键词,诸如 transfer、recall、loan、assignment、reassignment 等,最终得出结论:①从文义解释角度看,"returned"一词与其他用语具有某种形式的法律特征不同,其本身更具有中立性,因此也涵盖了更一般的事实情境而非法律意义。中立性的用语意味着争议中的条款强调得更多的是实际的事实情境,而非运动员的合同法律地位。②对"returned"一词的上述立场并非与相关利益关系方有关"维持良好的体育秩序"的总体意愿不一致,被申请人的解释并不违背备忘录的内容,也不违背 IIHF 等国际体育协会所设立的契约性框架。考虑到申请人在 2003 年 10 月 2 日至 2004 年 1 月 15 日实际上"returned"芬兰,并代表 J 俱乐部打了 23 场比赛,参与了整个赛季。因此,在 2003/2004 赛季的剩余时间里,其为 J 俱乐部做了重大贡献。仲裁庭认为,这些事实构成了备忘

---

① See CAS 2004/A/757.

录第3.1.2条所指的"returned",被申请人的解释是合理的。因此,被申请人不应将有关IIHF款项的其余50%支付给申请人。

该案仲裁庭同样指出:对规则的解释应与双方的意图和合同的内容相一致,"returned"一词在法律上是"中立的",涉及更一般的事实情况,而不是法律概念。这样的解释并不与IIHF和IIHF国家协会之间关于球员从国家冰球联盟"转出/转入"的协议备忘录中所有相关方的总体意图相矛盾,即"在运动中维持良好的秩序"。

在索契冬奥会特设仲裁庭仲裁的Alpine Canada Alpin(ACA),Canadian Olympic Committee(COC)& Olympic Committee of Slovenia(OCS)v. International Ski Federation(FIS)& International Olympic Committee(IOC)[①]一案中,目的解释与历史解释相结合的理路在仲裁庭的解释中凸显得更为清晰。该案涉及规则解释的裁判要点如下:

(1)基于瑞士法律,对于法律的解释必须更客观,而且必须从规则的用语出发。裁判机关须考虑规则的含义,关注所使用的语言、合适的语法和句法规则。在意义探究中,裁判机关需要进一步识别规则起草机构的意愿(客观地解释),该机构也可以考虑阐明其起源的历史背景,以及特定规则所处位置的整个规范语境。

(2)提出异议只需有"异议的理由"(reason for the protest)存在,并不要求在竞赛期间违背FIS规则的任何证据或证明。提出异议的时间超过六个小时,且没有有效的理由可以证明这种延迟是有道理的,将违反运动员、体育管理机构、观众和公众的自然期望,除非在比赛结束后的合理时间内提出异议,否则比赛结果将是终局的。

仲裁庭在该案裁决中明确指出,根据瑞士法律,对法规的解释必须相当客观,并且始终从规则的措辞开始。裁决机构必须考虑规则的含义,查看所使用的语言以及适当的语法。在进行探究时,裁决机构将进一步确定起草该规则的协会的意图(客观地解释),该机构还可以考虑阐明其推论的任何相关历史背景,以及整个法规环境、特定规则所在的位置。

2.信任原则(principle of confidence)

考察CAS相关仲裁实践,关于信任原则的适用又分化为积极和消极两种方式。

---

① See CAS ad hoc Division (OG Sochi) 14/004 & 005.

(1)积极适用方式:从明确到深化。从积极适用的方式看,较早和较为通透地展示仲裁庭解释中的信任原则的是冰球运动中的 X. v. HC Y.①一案,该案涉及的争议问题是如何解释有关主体与冰球教练的聘用合同的问题。总结该案在有关解释问题上的层次,可概括为如下三个递进的解释立场:第一,文义解释是基础的解释方法。第二,在文义解释与目的解释相冲突的特殊情形下,应考虑目的解释的优先性。仲裁庭就此指出,为了评估合同条款,需要考虑合同双方的实际意愿和共同意愿,而不应只停留在当事人使用不准确的表达和概念之上。因此需要对意思表达和意愿表达的范围进行确定。第三,在目的解释的目的探究中,要突出解释的客观维度,这就是立足于合同或规则相对方的立场,以该相对方对规则或合同提供方的客观理解为准则。仲裁庭就此指出,如果合同签订人对合同条款意思的理解与合同签订人意思表达不一致,那么争议就应根据信任原则进行处理。所谓信任原则,是指任何人向另一相对方作出意思表示时,要根据合同相对人能够且应当通过理性和诚实理解的意思来进行表达。换言之,在本案和 CAS 仲裁的其他案件中,国际体育协会通过提供协会的章程、法规、条例、规则或者格式化的合同、表格进行的意思表示,如果出现对表意模糊或不清晰之处需要进行解释的,应当按照一个理性的、诚实的相对人对所提供的文件或资料的可信任的理解进行解释。

在 World Anti-Doping Agency(WADA)v. International Ice Hockey Federation(IIHF)& Florian Busch② 案中,则深化了信任原则的解释标准,这就是明确了"何种信任"的问题。该案涉及仲裁协议和仲裁准据法的双重解释问题。针对仲裁准据法的解释问题,CAS 仲裁庭强调了体系解释的方法,要求相关规则的解释必须在彼此关联的文件链条中得到相互印证的一致理解。

针对仲裁协议的解释问题,仲裁庭强调了信任原则的解释方法。仲裁庭就此认为:根据瑞士法律,对包含有关仲裁协议基本要素但不明确或相互矛盾的仲裁协议,即所谓的"病态仲裁条款"(pathological clauses),应以客观方式进行解释,这种客观方式对解释结果提供了中立性。如果对方当事人争辩说,其以不同的方式理解了仲裁条款,则应适用信任原则。这意味着各方的意愿旨在确立为,应当是和必须是就被解释对象所提交的相关方立场进行"善意解

---

① See Arbitrage TAS 87/10 X. / HCY.

② See CAS 2008/A/1564.

释"(bona fide)。

(2)消极适用方式:禁反常信任。除了积极、正面运用信任原则之外,CAS仲裁实践中还存在着对该原则的逆向操作,即以反面方式贯彻该原则,禁止对相关解释对象作"反常的信任"。禁反常解释主要在两类仲裁实践中予以应用:

一类是禁止以信任之名导致荒谬结论的规则解释,即如果根据某种解释,产生的规则意义及其导致的裁决结果是明显反常乃至荒谬的,此时应排除该种解释。体现该类解释方式的 CAS 仲裁实例是 M. v. International Olympic Committee (IOC)①案,该案涉及的是兴奋剂违规情形下如何认定成绩取消期间的计算,本质上是有关规则的解释问题。在盐湖城冬奥会之前的 2002 年 2月 6 日,申请人经兴奋剂检测为阴性,一旦进入奥运会赛程将按照常规的赛内兴奋剂检测方式进行检测。2002 年 2 月 21 日,申请人尿检呈阳性,2002 年 2月 23 日早上申请人参加了相关滑雪竞赛。同日,IOC 根据《奥林匹克运动反兴奋剂条例》(Olympic Movement Anti-Doping Code,简称 OMADC)指定调查委员会进行调查,最终认定申请人存在兴奋剂违规。IOC 主席任命执行理事会 5 名成员成立纪律委员会对该案予以审理并得出了与调查委员会同样的结论。2002 年 2 月 24 日,IOC 执行理事会通过纪律委员会作出取消成绩、收回奖牌、限期离开盐湖城冬奥会的处罚决定。与此同时,FIS 理事会根据申请人在 2002 年 2 月 21 日提供的尿样检测的阳性结果,于 6 月 3 日对申请人处以 2 年禁赛处罚,根据《FIS 兴奋剂管控规则》,禁赛期从 2002 年 2 月 21 日起算。在申请人分别向 CAS 提出上诉仲裁申请后,征得当事人同意,两案合并审理。

在双方若干争议焦点之中,其中之一是关于应否撤销本案仲裁裁决作出的取消成绩、没收奖牌和限期离开冬奥会的处罚决定。这就涉及 OMADC 第3.5 条的规则解释问题。该条规定:"竞赛人违规的处罚应与赛外兴奋剂检测确定的时刻相互一致,并自阳性检测记录之日或最终的上诉裁决宣布之日起算,以晚者为准。"仲裁庭对此做出三步推论:第一,关于本条款的含义。本条款表明,如果运动员存在赛外服用兴奋剂的行为,至少在取样日期之后获得的所有成绩都将无效。对本条的适当解释是将成绩的无效限制在检测结果呈阳性之日后,或对该问题作出最后判决之日后取得的成绩。第二,导致荒谬结果

---

① See CAS 2002/A/374 M.

的解释应排除。但根据这种解释将得出一种荒谬的结果,即一名运动员可以在兴奋剂违规行为的最终裁决之前参加比赛,而在此期间获得的任何成绩都是无效的。这违反了 OMADC 的宗旨,本庭不能接受这种解释。第三,对本条款的功能予以定性。即本条的目的不是确定哪些成绩作废,而是确定宣布成绩无效的有效日期。据此,仲裁庭裁定,IOC 的处罚决定合理;驳回申请人上诉仲裁请求。

由上可见,根据 OMADC 第3.5条的文义解释,其确定了关于兴奋剂违规处罚起算之日的方式,并规定了检测记录之日与最终裁决之日两个日期中晚者为准的标准。由此导致了本案当事人之间的争论:被申请人认为处罚起算之日应为较早的阳性检测记录之日即 2002 年 2 月 21 日;从规则相对人即申请人的立场出发,按照信任原则的解释原理,本案中较晚的日期应为 CAS 仲裁裁决将要作出之日,因此其有权参加该届冬奥会,并保留成绩和奖牌。但如果这样理解的确会导致仲裁庭所指出的悖论:申请人根据规则可以参加比赛,但根据其阳性检测的当然结果相应成绩和奖牌当然无效。于是如下这样一个荒谬的命题就诞生了:申请人有权参加比赛成绩注定无效的比赛。这是一场运动员置自己于不胜之地的无意义之赛。鉴于此,本案仲裁庭果断地以禁反常、反荒谬的常识常理拯救了信任原则的滥用。概言之,信任原则的解释必须限定在常识常理之范围内。

另一类则是禁止以信任之名导致相互矛盾的规则解释,即如果根据某种解释,将会使被解释的规则所产生的规则意义及其导致的裁决出现矛盾或者违背内在一致性时,此时应排除该种解释。与第二类规则解释密切相关的仲裁实例是 Thibaut Fauconnet v. International Skating Union(ISU)& International Skating Union(ISU)v. Thibaut Fauconnet[1] 案和 Alain Baxter/International Ski Federation(FIS)[2]案。在 Thibaut Fauconnet v. International Skating Union(ISU)& International Skating Union(ISU)v. Thibaut Fauconnet 案中,涉及禁赛期自剥夺资格之时起能否中止、分割计算的问题,该问题又涉及对相关规则的理解和解释。仲裁庭认为:根据《ISU 规则》第 10.9 条规定:"任何临时中止期间(无论是强加的或自愿接受的)均应记入全部无资格期间内。除非丧失资格的期限,自听证小组作出丧失资格的决定之日起计算,

---

[1] See CAS 2011/A/2615.

[2] See CAS 2002/A/396.

或者在放弃听证的情况下,接受取消资格或以其他方式施加之日计算。"此外,第 10.9.1 条规定:"非由于滑冰运动员或其他人的原因,在听证过程中或兴奋剂控制的其他方面出现了严重的延迟,实施处罚的国际滑冰联合会纪律委员会或反兴奋剂组织可以提前取消参赛资格,最早从样品收集之日起或上次发生另一起兴奋剂违规行为的日期开始。"第 10.9.2 条规定:"如果滑冰运动员存在涉嫌兴奋剂违规的行为后,迅速承认兴奋剂违规行为(在所有赛事中,这意味着在再次参加 ISU 比赛之前)时,取消资格的时间最早可从样品采集日期或另一次兴奋剂违规的日期开始。但是,如果适用本条,滑冰运动员或其他人应自其接受制裁之日起至少经历一半的无资格期。"第 10.8 条规定:"除了根据第 9 条自动取消比赛资格,以及根据第 10.1 条对赛事结果进行取消之外,从采集阳性样本之日起获得的所有其他竞赛结果(无论是赛中还是赛外),或者在开始任何临时停赛或不合格期后的其他兴奋剂违规行为,除非公平需要,否则将被取消资格,其后果包括没收奖牌、积分和奖品。"第 11.4 条规定:"第 10.8 条适用于作为队员参加比赛的违反《反兴奋剂规则》的滑冰运动员后续成绩。"

基于上述规则以及结合相关案件实情,仲裁庭表达了两点意见:第一,禁赛期自剥夺资格之时起不能分割,除非在可适用的规则中有支持此种分割的明确条款。第二,此种分割在某些案件中可能被认为是合理的,但必须满足两个条件:一是禁赛期在仲裁裁决之日前就已开始计算;二是被违背的应适用的规则即准据法在本质上可推定为,该违规不影响运动员在裁决前的禁赛期间参与的其他竞赛的结果。

类似的案情及结论也体现在 Alain Baxter v. International Ski Federation (FIS)[①]案中。该案涉及核心规则即《FIS 药物指南》第 1.2.1 条规则 2 的第 4 节规定的禁赛期计算的解释。该条对意外使用兴奋剂规定了以下处罚措施:初犯应禁止参加所有国际滑雪比赛 3 个月(在当前赛季或下一赛季内固定的期间)。禁赛期限的计算方式是:第一,应当从采样之日开始执行直到当前赛季结束为止;第二,在赛季期间应予以中止;第三,在下一赛季予以恢复计算。上述赛季包括南、北半球的赛季,直到禁赛期完全结束才可以恢复比赛资格。双方当事人就禁赛期的计算发生争议:申请人认为应不区分南、北半球赛季,除了在赛季期间予以中断外,整个禁赛期应持续计算。但 FIS 则认为应分开

---

① See CAS 2002/A/396.

南、北半球计算禁赛期,南半球赛季禁赛一月,北半球赛季禁赛一月,再回到南半球赛季禁赛一月。如果按照被申请人的方式进行计算,则禁赛持续期将长达 7 个月,但被申请人认为,如果按照申请人的方式进行计算则对其他类似处罚的运动员不公平,且违背被申请人处罚的本意,因为被申请人本来是可以在下一赛季对申请人处以完整 3 个月禁赛处罚的,如果是这样的话,申请人将会受到比其所采取的计算方式计算的禁赛期更长的禁赛处罚。仲裁庭审理后认为:第一,在计算停赛时间时,每个赛季(南、北半球赛季)开始和结束的准确日期应该以 FIS 作出裁定时最新的 FIS 赛事日程为准。第二,理解和解释所有的国际滑雪比赛必须指所有由 FIS 在其国际滑雪比赛规则中归类并列入 FIS 日历的比赛。因此,目前的条例用语不允许以被申请人所理解的方式计算禁赛期,即认为只有 FIS 日历上的某些比赛才适用禁赛。

上述两例均涉及一个较为普遍的问题,即与禁赛期执行有关的持续性问题。基于不同国际体育协会对禁赛期的起算与执行的规定不同,因此有关禁赛期持续性的认定及其例外处理也就有所不同。但不论如何规定及执行,对规则的理解与解释必须立足于规则提供者的相对方基于对该规则的信任和正常理解为准则,而不能单方面地按照国际体育协会的选择性执法导致对禁赛期持续性的较为任性的中断。除非有充足的理由存在相反的解释,否则,这种中断一方面与禁赛期计算的持续性本质相矛盾;另一方面也与相对人基于信任原则而对规则预期理解相矛盾。因此,导致矛盾预期或解释的信任原则应被禁止;反过来,合乎禁赛期执行的持续性要求的信任原则应予以支持。

3.相反推定解释规则

从 CAS 冬奥类争议仲裁所采取的一般解释规则到信任原则的发展,可以觉察到解释的重心存在从文本的意义到相对人的信任理解之间的转移,展现出向规则相对方立场倾斜的态势。体现这一立场倾斜解释态势的是对规则提供者进行不利的"相反推定"(contra proferentem)解释[1],Vanessa Vanakorn v. Fédération Internationale de Ski (FIS)[2]案为仲裁庭晚近再次重申这一解释规则提供了一个观瞻的窗口。仲裁庭在该案中的裁判要旨有:每一项制裁都需要

---

① See CAS 2013/A/3324 & 3369;CAS 94/129;CAS 2009/A/1752;CAS 2009/A/ 1753;CAS 2012/A/2747;CAS 2007/A/1437;CAS 2011/A/2612.

② See CAS 2014/A/3832 & 3833.

一项明确和有效的规则,规定因某一具体违规而受到具体处罚;根据 CAS 的判例,有关法律根据的一般法律要件是,IF 规则的各规定如果对运动员具有法律约束力,必须清晰精确。规则中的矛盾或含糊之处必须按照"相反推定"原则解释为不利于立法者。此外,在解释 IF 规则时,有必要考虑是否违反了规则的精神(可能与严格的字面意思不同)。因此,运动员或官员在阅读规则时,必须能够清楚地区分什么是被禁止的,什么是不被禁止的。处罚的合法性和可预测性原则要求在应处罚的行为与处罚之间存在明确的关联,并要求对相关条款进行狭义解释,这一原则应受保护。

在如何解释被申请人 FIS 相关条例中有关基于操纵比赛而给予的禁赛处罚之规则这一关键问题中,针对其中的解释问题,本案仲裁庭旗帜鲜明地强调了不利于规则提供者的"相反推定",该解释规则是指如果国际体育协会规定处罚的规则中存在矛盾或含糊之处就必须按照"相反推定"原则解释为不利于立法者。根据仲裁庭的裁判立场看,"相反推定"的不利解释含有如下数个复杂的意义层次:(1)处罚法定,法无规定不处罚,而不是相反。仲裁庭认为,IF 的每一项处罚都需要一项明确和有效的规则,规定因某一特定违规而受到相应的特定处罚。不仅如此,根据 CAS 的判例法,此种处罚依据应具有一般法律要件。(2)在规则作出明确和清晰规定的情形下,则不存在反向推定的不利解释问题。(3)反向推定的不利解释主要用以消除规则模糊或两可情形下的表意瑕疵。(4)反向推定解释规则并不要求 IF 的规则精确度必须达到刑法所要求的那种高度。仲裁庭针对第(3)点还特别强调,运动员或相关国际体育协会的管理人员在理解和解释规则时,必须能够清楚地区分什么是被禁止的,什么是不被禁止的,违规处罚的合法性和可预测性原则要求在应处罚的行为与应受的处罚之间存在明确的关联,并要求对相关条款进行狭义解释。鉴于立足国际体育协会内部规则的内部控制明显存在着被各种国家立法、CAS 判例和国家法院判例相对化的趋势,并不能要求各国际体育协会提供的处罚规则必须达到刑法所要求的那种法律要件的维度。相反,CAS 的判例法承认构成纪律处罚依据的规则只要具有一般法律要件的程度就足够了。

据上可见,CAS 仲裁庭在适用相反推定的解释规则时,通过适度明晰性即低于刑法所要求的明晰性对其适用予以限制和矫正,避免走得过远的失衡。

4.禁反言(estoppel)解释规则

在 CAS 冬奥会仲裁实践中援引禁反言规则进行解释的模式主要集中于一类案例,即一方当事人通常具有推选或提名运动员参赛资格的权力,另一方当事人则是备选运动员，最终由于备选运动员未能入选或获得参赛资格从而引发包括规则解释在内的争议。在针对此种案例的裁决中，仲裁庭主要通过两种方式援引禁反言规则，即正面援引与反面援引。以下结合 CAS 冬奥会仲裁实例予以阐述：

（1）仲裁庭直接援引禁反言规则进行解释即正面援引方式。这一援引方式一般是直接针对双方当事人中具有推选或提名运动员参赛资格一方进行限制性解释，禁止该方前后行动或承诺不一致。New Zealand Olympic Committee (NZOC) v. The Salt Lake Organizing Committee for the Olympic Winter Games of 2002 (SLOC)就是代表性案例。[①]

该案中，被申请人是盐湖城奥委会，其在赛前接受新西兰两名滑雪运动员参加障碍滑雪(slalom)和大回旋(giant slalom)比赛，以此方式引导该两名运动员为适格参加两项赛事做准备和训练。但在赛前数日，盐湖城奥委会最终并未给予该两名运动员参赛资格，引起申请人异议遂形成本案。双方当事人的核心争点是，如何理解和解释如下入选条件，即"只有 FIS 比赛积分名单中前 500 名运动员才有参赛资格"？申请人认为这种排名应当是综合排名，但被申请人则认为这种排名是分类运动中的单独排名。最终仲裁庭却以"脑筋急转弯"的方式认为：本庭不需要判断何种解释更为准确，虽然仲裁庭愿意接受被申请人的解释，但在本案中被申请人不能援引该规则的解释。

在仲裁庭看来，核心问题是关于这个规则解释的解释规则问题，这就是禁反言原则。仲裁庭的推理是：禁反言原则是普通法中牢固确定的原则，即便在不同的庭审模式下也为其他法系所知悉（例如对善意原则的依赖）。该原则可以被认定为是 CAS 仲裁中适用的一般法律原则，对此《布莱克法律大辞典》给出的定义是"当一方作出一个陈述或承认而诱导(induce)另一方对某事的确信，并导致后者对该确信有合理和有害的信赖时，则形成禁反言"。立足这一原则及其定义，仲裁庭进一步推理认为，盐湖城奥委会接受两运动员参加案涉项目的比赛，就诱导了其为适格地参加两项赛事而做准备和训练。在最后阶段再将两运动员排除出相关项目比赛是不公平的，且有悖上述禁反言原则。鉴于 NF、IF 与盐湖城奥委会之间的协调行动，运动员和申请人有权信赖盐湖城奥委会的作为和不作为就是 FIS 的作为和不作为。据此，仲裁庭支持了申请人的仲裁请求。

---

① See CAS ad hoc Division (OG Salt Lake City) 02/006.

(2)CAS 仲裁庭在冬奥会仲裁实践中,也有案例显示其反用禁反言规则进行解释,这就是"合理期待"(legitimate expectations)解释规则。该解释规则通常是仲裁庭站在双方当事人中的备选运动员立场,指出相对方的行动或承诺给予备选运动员以获得参赛资格的正当的或合理的期待,并为实现这种期待而积极满足相对方的行为指示。援引"合理期待"进行解释的代表性案例主要包括 Clyde Getty v. International Ski Federation (FIS)案和 Daniela Bauer v. Austrian Olympic Committee (AOC) & Austrian Ski Federation (ASF)案,但两案中均因欠缺合理期待的门槛条件,从而申请人的主张未被仲裁庭所认可。即便如此,两案并没有否定反而是明确了"合理期待"作为 CAS 仲裁解释规则的地位,只是表明该解释规则适用的条件较高。

在 Clyde Getty v. International Ski Federation (FIS)[①]案中,申请人系从事自由滑雪空中技巧赛事的阿根廷滑雪运动员,因未获得 2014 年索契冬奥会参赛资格而与 FIS 产生争议遂成本案。该案的核心事实是,根据 FIS 有关自由滑雪资格制度的规则,运动员要参加奥运会必须至少同时满足两个条件:一是运动员需要有参加自由滑雪空中技巧的资格,本案中应达到 80FIS 赛事积分;二是该运动员所属的 NOC 应有一个参赛资格名额。在 FIS 初次赛事资格名额分配情形下,本案申请人均不符合上述两条件。其后因某些国家 NOC 的退出使阿根廷奥委会获得了参赛资格的二次分配名额,但申请人仍然不满足第一个条件。为此,申请人提出了"合理期待"的主张,力图证明其具有参赛资格:瑞士法上存在着"不得有悖先前事实"(venire contra factum proprium)原则,这也为"一系列持续的 CAS 判例"所支持。[②] 根据该原则,一方当事人因被诱导而对另一方当事人形成合理期待的,另一方当事人不得改变其行为进程而损害相对方。因此,如果 FIS 的作为或不作为诱导了运动员为参加奥运会赛事而进行训练,则其不能根据这些错误的作为或不作为而将该运动员排除出奥运会。事实上也的确如此,在数月前申请人就注意到阿根廷奥委会位于资格分配名单中的"合格顺位"部分,因此申请人有正当和合理的期待认为,只要有相关国家 NOC 退出而空出足够的名额时,申请人有参加索契冬奥会的现实机会。这种期待因该名单的每一次更新而得以确认,并在本次冬奥会 FIS 最终版本的包括阿根廷奥委会在内的资格分配名单公布后变得更为强

---

① See CAS ad hoc Division (OG Sochi) 14/002.

② See CAS 2008/O/1455;CAS OG 02/006;CAS OG 08/002.

烈。FIS 最终也向申请人就其参与索契冬奥会的参赛资格作出过明确的陈述，正是由于 FIS 的陈述诱导申请人为可能参加索契冬奥会而投入训练和竞赛。鉴于此，FIS 现在不得以申请人不适格而将其排除出冬奥会。

针对申请人的上述事由，被申请人答辩指出：申请人对参赛资格认定程序的陈述是错误和有误导性的，因为 FIS 分配参赛资格是直接到 NOC，而非具体到特定的运动员；不仅如此，能够入选冬奥会参赛的运动员无论如何必须满足上引的双条件，特别是其个人竞赛积分的最低标准。据此，即便阿根廷奥委会经二次分配获得推选参赛运动员的资格和机会，但申请人也必须达到最低的参赛入选的竞赛积分，除此之外并无可替换的诸如年龄、个人情况、对体育的贡献、训练的努力以及其他类似标准。特别针对申请人的"合理期待"问题，被申请人作了专门否定，其理由是：第一，FIS 在全世界范围内对所有运动员使用相同的参赛入选标准；第二，FIS 公布的资格分配名单只与 NOCs 相关，而与单个运动员无关；第三，申请人只有达到了最低竞赛积分标准才有机会进行申请；第四，FIS 并没有对申请人作出任何陈述或声明，而只是将名额分配给阿根廷奥委会，因此并不能创设任何合理期待。申请人的观点并不能为 CAS 判例法所支持。

本案仲裁庭经审理后认为：如果某 IFs 在资格赛期间从未做出过某运动员合格的陈述，也没有对该运动员做出过本案申请人所认为的保证，则不能认为已经形成了该运动员参赛资格认定的合理期待，本案就属于此种情形。得出这一结论的理由如下：第一，FIS 从没有就申请人的参赛资格问题做出过任何陈述，只是公布过参赛资格在各 NOCs 之间如何进行分配的文件；第二，并没有证据证明申请人收到过 FIS 对其参赛资格做出过单独的保证；第三，阿根廷奥委会最后获得的参赛资格名额并不意味着其可以放弃最低的运动员竞赛积分条件的要求；第四，申请人通过各种文件和通知已经知悉，其需要进行训练和竞赛以提高积分，但最终并未成功；第五，FIS 和阿根廷奥委会等组织之间的通信和文件，并没有涉及或谈到申请人的个人参赛情况，因此不能创设任何合理期待；第六，仲裁庭查询过申请人所提及的仲裁先例，但这些案例的仲裁立场不同于申请人的主张，相反这些案例明确了，合理期待的形成应当有相关国际体育协会针对个别运动员的单独承诺或声明。

上引案件从否定角度明确了，合理期待的规则解释应有两个明显的依据，这就是必须存在相关国际体育协会针对个别运动员的专门和明确保证或承诺，以及相关运动员必须满足最低限度的参赛入选标准。否则，合理期待的解释是难以成立的。正是在这两点上,与之相似但有所不同的案件是 Daniela Bauer v. Austrian Olympic Committee（AOC）& Austrian Ski Federation（ASF）[①]案。两案的相同之处是,特定的国际体育协会的特定行为是否构成对相关运动员参与赛事的合理期待。两案的不同之处有二:一是本案中存在着国际体育协会向特定运动员的单独通信;二是本案中申请人已经满足了最低限度的参赛资格条件。但由于奥地利滑雪联合会拒绝了其可得的参赛资格配额,没有向奥地利奥委会推荐申请人,从而引发本案。申请人在其仲裁请求中指出:两被申请人通过其公共行为承担了一种义务,这就是任何一个根据 FIS 规则适格的运动员,都能在相关 NOCs 所获得的参赛资格名额范围内被选中参与奥运会。被申请人的行为对申请人造成了合理期待。鉴于此,应禁止被申请人改变其"行为进程",本案中即被申请人不得拒绝分配给奥地利的参赛资格名额。被申请人答辩认为:第一,没有任何人有权力就申请人参与奥运会事宜约束两被申请人;第二,申请人的竞赛表现和成绩、过去和现状都不足以让其在奥运会赛事中获得积极成绩;第三,第一被申请人有独占的权力决定参赛运动员名单,奥运会参赛资格名额不是单独发给运动员的。

仲裁庭查明后发现两个关键事实:第一,两被申请人并没有就冬奥会参赛资格的获取设定特别的竞赛积分标准,而本案申请人满足参赛的一般标准。第二,当事人之间的确就申请人的参赛资格问题存在数次单独的通信进行讨论。第一次是第二被申请人的负责人与申请人的教练就参赛资格标准和冬奥会参赛名额分配事宜进行讨论。其后则是该负责人通过电邮告知申请人,如果第一被申请人获得参赛资格名额,且基于另一位运动员受伤的事实,则申请人就能够参加冬奥会。再之后,申请人得知,第一被申请人拒绝接受参赛资格名额分配,并且第二被申请人基于"运动预估的依据"未推荐申请人入选。根据上一案件的分析,如果相关国际体育协会的负责人就参赛入选资格问题对特定运动员做出过专门明确的承诺或声明,则将构成合理期待的基础,因此本案的关键问题也是如何认定被申请人之一的负责人对本案申请人的参赛资格在电子邮件中进行讨论这一事实,即其是否构成一个有效的足以建构出运动员方合理期待的承诺或声明?仲裁庭就此认为:本质上本案是申请人与奥地利滑雪联合会负责人之间做出的如下陈述而产生的争议,即如果奥地利滑雪联合会推荐申请人,则奥地利奥委会将会提名其作为参赛运动员。奥地利滑

---

① See CAS ad hoc Division（OG Sochi）14/001.

雪联合会负责人给申请人所写邮件和口头陈述可能创设了这样的期待，即奥地利滑雪联合会将向奥地利奥委会推荐申请人入围参赛资格名单，只要后者符合 FIS 最低资格标准。但是，本案中奥地利滑雪联合会的负责人并没有权力担保或承诺这些将要发生的事实。就此而言，奥地利滑雪联合会负责人就"如果申请人满足相关标准，奥地利奥委会将对其提名"这一情形无权做出任何陈述、承诺或担保。

从本案仲裁庭的裁判思路看，相关国家 NF 的负责人并没有对运动员做出有效的承诺，从而不构成运动员形成"合理期待"的依据。这一结论无疑是可以接受的，但仲裁庭认为奥地利滑雪联合会的负责人不具有做出承诺的授权，这一点则是值得商榷的。根据一般法理，国际体育协会作为私法主体，负责人是其法定代表人，做出的相关承诺应视为拘束该国际体育协会的有效承诺。因此本案中奥地利滑雪联合会负责人并没有对申请人做出有效承诺的依据并非主体不适格或未经授权的问题，而是承诺的附条件性问题，或者更准确而言，该负责人并没有做出承诺，他只是给出了一种"虚拟语气"即"如果奥地利滑雪联合会推荐"，事实上本案中奥地利滑雪联合会就申请人所在竞技项目未作任何人选推荐，仲裁庭也认定，奥地利滑雪联合会有权力在非歧视的情形下不作任何推荐。

综上可见，"合理期待"解释规则的适用有其必须满足的必要条件：第一，必须是相对方存在客观和明确的承诺，这种承诺或者是正式的通知或告知，或者是积极的行动。第二，必须是备选运动员对获得相对方邀请参赛的期待是合理的，而不能是主观臆测或属于想象力过剩的产物，一个务实的判断标准可归纳为"主体＋语境＋结论"三个层面的"三常"标准，即该合理期待是正常之人在通常情形下所能产生的正常判断。这一判断标准也与私法上的"表见代理"构造中的表见外观之判断具有相似之处。第三，必须是备选运动员已经按照相对方的"表见承诺"积极作为并且达到相对方的期待标准。备选运动员的积极作为既可以是积极参赛，也可以是为积极参赛而客观投入各种资源和准备，这主要视具体情境而定。同时，相对方的"表见承诺"是一种附条件的承诺，它意味着相对方对于备选运动员也有行为上的"合理期待"，即备选运动员必须满足相对方期待的条件才构成其守诺履约的依据。同样地，相对方的"合理期待"是否成就也应适用上述"三常"标准予以衡量。

(三)冬奥会仲裁准则

适用法律是指 CAS 仲裁庭立足案件事实认定的基础,将应予适用的法律付诸适用的行为。与一般的司法活动相同,适用法律是通过比对法律规定要件与案件事实的方式,确定适用何种法律和如何适用该法律的活动。在 CAS 冬奥类案件仲裁中,仲裁庭适用法律在大多数情形下与一般司法活动并无实质差异,此处主要结合冬奥类案件的独特性,阐述 CAS 仲裁在适用法律上的某些特殊之处。

1.适用规则的一致性

CAS 仲裁在适用法律上最突出的是其一致性特征,这是其他仲裁,特别是一般商事仲裁难以具备的特征。商事仲裁一般强调各仲裁机构之间、同一仲裁机构的不同仲裁庭之间的独立性,这种独立性也贯彻在各机构、各庭的适用法律上。但是在 CAS 仲裁中,这种适用法律的一致性既根源于国际体育公平竞技的内在要求,也根源于平等对待的自然正义之要求,是奥运会仲裁独特体制的合乎逻辑的结果。

(1)一致性是竞技体育的本质要求

从国际公平竞技的内在要求看,奥运会赛事是全球范围内的统一赛事,它必然要求在竞技规则和确保竞技公平顺利进行的法律规则的适用上予以统一,否则国际范围内的体育赛事无法按照统一尺度或标准进行,这无疑有损竞技的公平性和精彩性。与世俗国家之间法律冲突可通过冲突规范间接调整从而维持“和而不同”的格局不同,世俗国家之间的法律不同将会导致判决的不同,但这种不同判决在程序和形式上经过审查后还可以通过承认和执行的方式在国家间流通,从而维持一种差序结构,即虽然结果不同但还能维持有序性。在奥运会赛事中,这种差序是不可能成立的,因为国际性的体育竞技要求按照相同的竞技标准进行运动员选拔、组织赛事等。

在 Stichting Anti-Doping Autoriteit Nederland（NADO）& the Koninklijke Nederlandsche Schaatsenrijders Bond（KNSB）v. W.案中,仲裁庭就曾对体育的一致性原则进行探讨,明确表明规则和裁决一致性的重要意义,如果国际体育希望维持全球特征和一致性原则,就只能将管辖权通过仲裁形式集中于单一管辖机构。

(2)一致性是奥运仲裁的现实需求

就 CAS 仲裁法律适用的纵向一致而言,“遵循先例”原则发挥着即便不是决定性的也是重要性的促进作用。需要指出的是,遵循先例作为英美法系的法律适用基本原则,在 CAS 仲裁中并未得到明确的肯认,相反,在 Evi. V. Sachenbacher-Stehle v. International Baithlon Union(IBU)①案中,仲裁庭明确了先例的地位。

　　该案仲裁申请人是德国冬季两项滑雪运动员,参加了 2014 年第 22 届索契冬奥会的冬季两项竞赛,并取得相应的名次。在随后的兴奋剂检测中,A、B 样本检测结果均呈阳性。IOC 纪律委员会通过听证,对申请人作出取消成绩、没收奖牌等决定,并指示国际冬季两项联合会(International Biathlon Union,简称 IBU)在其职权范围内采取进一步行动。IBU 据此指定反兴奋剂听证小组进行调查听证,并作出纪律处罚决定:禁赛两年,从样本收集之日起算。申请人不服该处罚决定,向 CAS 提起上诉仲裁。其仲裁请求主要是缩短禁赛期至 3 个月。

　　在该案的裁判过程中,申请人提出的如下理由值得关注:第一,申请人援引了大量类似 CAS 判例,并根据这些判例指出,与本案类似的大多数 CAS 仲裁判例的禁赛处罚期在 6 个月左右;第二,同样基于 CAS 判例,就案涉《IBU 兴奋剂管控规则》第 10.4 条的解释而言,如果运动员能够证明"使用含有该物质的产品"而不是"使用特定物质",且无提高运动成绩意图的,则可以减轻处罚。被申请人在其答辩理由中也援引了"CAS 2012/A/2822"这一先例,指出申请人存在使用禁用物质的"间接意图"。

　　仲裁庭的裁判要旨如下:令人印象深刻的判例体系已经界定了与运动员过错衡量相关的情形,并将其转化为适当处罚的决定中。尽管先例提供了有益的指南,但个案必须根据事实进行裁决,且,尽管处罚的一致性是一种美德,但正确性应当是更高的美德,否则,不当的宽容(或不当的严厉)处罚都对体育利益设置了一个有害的基准。为了确定过错类型,考虑过错的主客观程度是有益的。客观因素规定一个理性人在运动员处境下本应预期的注意标准,主观因素则用以在该种过错类型中进行上下调整。

　　仲裁庭针对"对运动员适当的制裁措施是什么"这一争点问题进一步明确指出:"大量判例确定了与运动员过失有关的情况,并将其转化为确定适当的裁决。在本次仲裁中,双方还提请仲裁庭注意各自援引的案例。仲裁庭实际上同意双方当事人的意见,认为先例提供了有益的指导。然而,本庭强调,每

――――――――――――

　　①　See CAS ad hoc Division (OG Turin) 06/004.

个案件都必须根据其本身的事实作出裁决。"①仲裁庭还援引先例对这一立场进行了强化:"虽然裁决的一致性是一种美德,但正确性更重要:过分宽松(或实际上是过分严厉)的裁决可能会设定错误的基准。"②可见,本案仲裁庭对CAS 仲裁先例作出明确的定位,即先例是有益的指导,有助于实现裁决的一致,这是 CAS 仲裁法律适用的一种美德,但必须考虑个案的公正,比较而言,裁决的正确性更重要。

尽管如此,CAS 仲裁先例在 CAS 仲裁中的确得到较为普遍的接受。考察 CAS 晚近以来的仲裁裁决,鲜少有仲裁裁决不提及先例的,即便在上引案例中,对先例的地位和功效进行限制的仲裁庭也大量援引了先例,关于仲裁先例的限制性观点也是援引了先例予以补强论证的。总的来说,CAS 仲裁虽然并没有绝对地确立遵循先例原则,但不容忽视的是先例在 CAS 仲裁中发挥着越来越重要的作用,在若干仲裁裁决中,仲裁庭还直接根据先例作出裁决。③综合考虑 CAS 裁决中先例的援引实践和部分仲裁庭的立场,对于先例在CAS 仲裁中的地位和作用似可作如下概括:第一,遵循先例是 CAS 仲裁中得到重视但并未被确定无疑地予以遵循的惯例;第二,其对在后仲裁裁决并不具有绝对的约束力,而只具有重要的说服力和参考价值,仲裁裁决的正确性仍然是压倒一切的优先标准;第三,在大多数仲裁实践中,在先的重要的仲裁裁决的确扮演着先例的参考和指导角色。按照 CAS 裁决先例的这一定位,其对CAS 仲裁法律适用的一致性、对国际体育法的创制和发展发挥着重大的、相对动态的固定效果。也得益于此,CAS 仲裁法律适用的一致性也有了相当高的保障。

在 CAS 仲裁法律适用的横向一致方面,由于不同国际体育协会针对不同运动项目制定了不同的体育竞技规则,这些规则之间实体内容尽管存在不同,但它们在提请 CAS 仲裁时至少存在三个方面的共同之处,从而要求在法律适用上确保一致。这三大共同之处包括:程序法的适用、法律适用的形式,以及实体性的法律适用基本原则。这是平等对待原则在 CAS 仲裁中的必然要求。Thibaut Fauconnet v. International Skating Union(ISU)& International

---

① See CAS 2014/A/3685.

② See CAS2011/A/2518.

③ 这些裁决或命令包括但不限于:CAS 95/143;CAS ad hoc Division OG 02/002;CAS 2002/A/376.

Skating Union（ISU）v. Thibaut Fauconnet[1]案中，仲裁庭对维持各不同竞技领域法律适用的一致性作出了明确声明，并指出这是"维持不同体育领域的运动员平等对待原则"的目标。

CAS 将其基本立场进行了总结和提炼，并列为该案仲裁裁决的裁判要旨之一。该要旨认为：体育协会的内部纪律处罚机构在设定适当的处罚方面的自由裁量权不能被援引为法律事项和原则，该处罚只有在很明显且总体上与违纪不成比例时才可以进行审查。的确，CAS 仲裁庭作为一个国际性的上诉机构在决定正确和适当比例的处罚时，必须在不同体育协会的裁决之间具有可比性的案件中追求维持某种一致性，旨在维持不同体育领域的运动员平等对待原则。

对各竞技领域在仲裁中平等对待的要求，促使 CAS 仲裁庭法律适用趋于一致。按照这种一致性的体现，可进一步探讨：第一，关于程序法的适用方面。不同的竞技体育争议通过 CAS 仲裁协议提交 CAS 仲裁庭进行仲裁，这些竞技争议的仲裁都适用相同的仲裁程序，即 CAS 上诉仲裁程序和奥运会临时仲裁程序，如果涉及兴奋剂的，还包括兴奋剂仲裁程序。第二，关于法律适用的形式方面。上已述及，由于各体育协会的具体竞技规则不同，足球领域的越位规则就不适用于篮球领域，篮球领域的球员国籍限制规则也不同于乒乓球领域的国籍限制规则，这导致仲裁庭适用法律的内容虽然不同，却具有某些共同的适用法律的形式，典型的就是几乎为所有法律适用所共有的自由裁量权、禁反言规则等。以自由裁量权的行使方式为例，法律规则的设定和适用属于人文科学的范畴，自由裁量不可避免。尽管不同体育领域的自由裁量在内容上是不同的，但自由裁量作为包括体育协会内部纪律处罚机构和 CAS 仲裁庭等在内的裁决机构的权限和职责是共同涉及的问题。自由裁量权应当合理，不得专断地行使，这是其适用形式方面的要求，也因此统一适用于各不同竞技领域的法律适用过程中。例如，在 Daniela Bauer v. Austrian Olympic Committee（AOC）& Austrian Ski Federation（ASF）[2]案中，仲裁庭就谈到何谓自由裁量权行使的三大形式要求，即不专断、公平和合理。

该案申请人认为，奥地利滑雪联合会向奥地利奥委会推荐运动员的权力以及奥地利奥委会选择奥运会运动员的权力（《奥林匹克宪章》第 27.7.2 条）

---

[1] See CAS 2011/A/2615.

[2] See CAS ad hoc Division（OG Sochi）14/001.

不能不合理地行使。在本案中两名被申请人均未遵守合理性标准:一是未给出任何理由,无论是在作出决定时,还是在申请人提出正式要求时;二是被申请人不推荐申请人的自由裁量权是任意行使的,即不是基于任何客观理由,而是基于无法通过任何客观手段核实的标准(体育视角);三是奥地利奥委会违反了《奥林匹克宪章》第44.4条,未调查奥地利滑雪联合会是否基于歧视不推荐申请人。被申请人的基本立场如下:根据《奥林匹克宪章》第27条的规定,奥地利奥委会有权决定哪些运动员应参加奥运会。

针对双方当事人争点之一,即被申请人行使推选奥赛参赛运动员资格的自由裁量权是否合理的问题,仲裁庭认为:奥地利滑雪联合会没有关于选择自由式滑雪运动员或配额分配资格的任何公开标准。因此,奥地利滑雪联合会具有很大程度的主观判断力(必须根据《奥林匹克宪章》和 FIS 法规的要求来行使),并且奥地利滑雪联合会的法规不包含任何资格规则,所以在这方面没有自由滑雪运动员参加奥运会的客观标准。仲裁庭认为这与纯粹客观标准相反,在应用以上标准时需要主观判断。在这些情况下,NFs 有法律义务,确保其裁量权行使不任意、公平或合理。根据本案中提交的证据,奥地利滑雪联合会没有以任意、不公平或不合理的方式行使其自由裁量权,因为其有合理的"体育竞技表现"理由。

CAS 仲裁庭在作出上述基本裁定后,笔锋一转,来了一个很"CAS 式"的转折性建议:尽管奥地利滑雪联合会在其自由裁量权范围内行事,但本庭希望选拔资格应明确表示,缺乏公布的客观资格标准是不可接受的,奥地利滑雪联合会的资格标准未能就申请人须符合的成绩标准提供明确而及时的通知误导了申请人。为避免将来出现任何混乱、不确定性以及资格冲突导致的运动员期望落空情形,本庭强烈建议奥地利滑雪联合会建立、确定并公布明确的标准,使运动员能够及时确定需要达到的奥运会资格标准。

由上可见,尽管个案中仲裁庭自由裁量权的内容和对象不同,各竞技体育存在领域上的差异和个性,但自由裁量权形式的不专断、公平、合理方式则是一致的。这种裁量权行使方式不只在本案中得到体现,也不只在本案裁决所提及的两个先例中有所体现,还在许多其他涉及自由裁量权这一争点问题中得到体现。例如在 Daniel Walker v. Australian Biathlon Association 案中,仲裁庭指出自由裁量权"必须善意行使,而不能在如下行使方式的意义上专断或任意或不合理地行使,这种行使方式就是非理性人在决策者位置会做出的那种决定"①。其他类似案件如 Canadian Olympic Association (COA) v. Fédération Internationale de Ski (FIS)②, Andrea Schuler v. Swiss Olympic Association & Swiss-Ski③ 等。这是 CAS 仲裁庭平等对待案件当事人的具体化要求。

此外,作为衡平法上的重要原则"禁反言"也被诸多来自英美法系的仲裁员带入体育仲裁中。作为法律适用的形式性原则,也被统一适用于所有体育仲裁,从而满足法律适用的平等对待要求。New Zealand Olympic Committee (NZOC) v. The Salt Lake Organizing Committee for the Olympic Winter Games of 2002 (SLOC)④就是典型案件。

该案申请人是新西兰国家奥委会,其向 CAS 临时仲裁庭申请该国两名运动员 Todd Haywood 和 Jesse Teat 参加高山滑雪比赛。

由于盐湖城奥委会要求 NOCs 进行赛事选拔,所以新西兰国家奥委会依据《2002 年第 19 届盐湖冬奥会高山滑雪资格和参赛标准》于 2001 年 12 月 5 日向盐湖城奥委会提交了参赛报告。就高山滑雪而言,赛事选择部分有速降、超级大回旋、大回旋、障碍滑雪、速滑回旋组合,新西兰国家奥委会推荐 Haywood 和 Teat 参加障碍滑雪和大回旋。此外,每名运动员都签名并通过新西兰国家奥委会提交了冬奥会的运动员报名表。

2001 年 1 月 28 日,新西兰国家奥委会的代表团团长 Geoff Balme 举办了一个代表团登记会议,代表新西兰国家奥委会代表团与盐湖城奥委会见面签署报名表并解决有关问题。在代表团登记会议上,"盐湖城奥委会将重新审阅参赛报告,同 NOCs 一起提出任何未解决的体育比赛问题,可能会包括资格和配额说明、信息丢失或个人信息错误"。盐湖城奥委会确认了新西兰国家奥委会的参赛报告,对 Haywood 和 Teat 的资格没有提出任何质疑。2002 年 2 月 18 日,盐湖城奥委会的某一代表联系 Haywood 和 Teat,并告知他们没有参加比赛的资格。两名运动员向新西兰国家奥委会报告了该问题,新西兰国

---

① See CAS 2011/A/2590.

② 该案仲裁庭指出:"IF 的制裁只有在其通过的规则有悖于一般法律原则,且它们的适用是专断的(arbitrary)或规则规定的制裁被认为是过度或不公平的(excessive or unfair),才能进行修正。这些标准同样适用于 IF 作出的资格裁定。"See CAS ad hoc Division (O.G. Salt Lake City) 02/002.

③ See CAS ad hoc Division (OG Turin) 06/002.

④ See CAS ad hoc Division (OG Salt Lake City) 02/006.

家奥委会就资格问题联系盐湖城奥委会后,盐湖城奥委会随后将该问题交给FIS,根据 FIS 的回复,这两名运动员没有参加这些比赛的资格。2002 年 2 月19 日下午 3 时 40 分,申请人向盐湖城奥委会的 CAS 临时仲裁庭提交仲裁申请,要求获得参赛资格,盐湖城奥委会被列为被申请人,FIS 被列为利益相关方。

仲裁庭相关裁判要点如下:通过接受两名运动员参加障碍滑雪和大回旋比赛,盐湖城奥委会引导该两名运动员为适格参加两项赛事做准备和训练,又在赛前数日拒绝两名运动员参加比赛是不公平的,也与 CAS 作为一般法律原则而适用的禁反言原则相违背(当某人发表声明或承认而诱使另一个人相信某事,并导致该人合理而有害地依赖该信念时,就会产生一种禁止反言)。鉴于 IF、NF 和盐湖城奥委会之间的互动,运动员和其隶属的 NOC 有权根据盐湖城奥委会的行为,将其视为 FIS 的行为。

(3)一致性是体育正义的实践体现

关于实体性的法律适用基本原则,也并不因为所涉具体竞技领域及其规则内容的不同而无统一适用的空间,事实上涉及高度抽象的实体法律适用的标准或原则时,仍然有基于平等对待而统一适用的方面,典型如基于比例原则而对体育协会纪律处罚规则适用的合理性进行审查的标准。体育协会在对涉嫌违规违纪的运动员作出纪律处罚时,除了要明确有法可依之外,还应当注意所作处罚的合理性,原则上参照"罪责刑"相一致的比例原则作出处罚。虽然CAS 仲裁庭在多次仲裁和裁决中均声明其并非刑事审判庭,并不适用刑法,但基于其纪律处罚的特殊性,某些刑事或准刑事的原则还是现实地得到类推适用。关于体育协会所作纪律处罚是否违背比例而属于极端情形,Serge Despres,WADA v. Canadian Centre Ehics in Sport,Serge Despres and Bobsleigh Canada Skeleton 案是一个值得考察的典型案例。[①] 该案涉及的核心问题之一是,运动员因服用被污染的营养补充剂这一行为而被相关体育协会顶格处以规则所规定的 2 年禁赛处罚,这是否符合比例原则。

该案案情简介如下:申请人 Serge Despres 是加拿大公民,是被申请人加拿大有舵雪橇联合会的成员,另一被申请人加拿大体育中心是一个独立的、致力于促进加拿大体育各个方面道德行为的非营利组织。2007 年 8 月 9 日,加拿大体育中心在加拿大艾伯塔省卡尔加里市进行了一次赛外兴奋剂检查,其

———————————

① See CAS 2008/A/1489.

中包括申请人。2007 年 9 月 7 日,加拿大体育中心收到样本分析报告,分析结果显示出不利的分析结果,对 B 样本的分析证实了禁用物质的存在,并且来自 A 和 B 样本的结果证实,禁用物质的存在是外源性的。加拿大体育中心决定对申请人处以禁赛两年的处罚。2007 年 11 月 8 日,申请人被暂时禁赛两年。

　　申请人认为,其没有故意使用或服用案涉禁用物质。不利的分析结果和由此产生的兴奋剂违规行为是申请人在 2007 年 6 月髋关节手术后服用 HMB 补充剂的直接结果。关于该问题,申请人解释,其是在一位运动营养学家的建议下决定服用 HMB 补充剂的。该营养学家除了推荐其他几种补充剂外,还推荐了 HMB 补充剂,但没有具体说明任何特定品牌。申请人在当地的一家保健食品商店购买了 Kaizen HMB 补充剂,但没有进一步咨询该营养学家。加拿大体育中心检测证实,HMB 补充剂确实受到了 Nandrolone(一种被禁用的物质)的污染,也确实是申请人被检测出禁用物质的原因,并且 Kaizen HMB 补充剂标签上没有明显的迹象表明其含有禁用物质。

　　在被禁赛之后,申请人首先向加拿大体育争议解决中心兴奋剂法庭提交了申请。在 2008 年 1 月 31 日的裁决中,法庭认定申请人符合 WADC 第 10.5.2 条的规定,该条允许在"没有重大过失或疏忽"的情况下缩短运动员禁赛期限。法庭据此裁定,将申请人的禁赛期限缩短为 20 个月。2008 年 2 月 19 日,申请人向 CAS 提交了一份上诉声明,反对加拿大体育争议解决中心的决定。上诉是根据《国际有舵雪橇和滑雪车联合会反兴奋剂规则》第 13 条提出的,该条规定:"在国际赛事或涉及国际级运动员的案件中,根据适用于该法庭的规定,本决定可专门向 CAS 提出上诉。"

　　申请人于 2008 年 3 月 3 日提交仲裁上诉书,WADA 于 2008 年 3 月 12 日根据《与体育相关的仲裁法典》第 R38 条向 CAS 提交了上诉书。根据《与体育相关的仲裁法典》,WADA 可就兴奋剂法庭的裁决向 CAS 提出上诉,即有关"在国际赛事或涉及国际级运动员的案件中因竞赛而引起的案件"。WADA 称,根据《与体育相关的仲裁法典》第 R49 条规定,上诉的时限定为从收到上诉决定之日起 21 日,WADA 于 2008 年 3 月 31 日提交上诉书,所以该上诉是及时有效的。当事各方同意共同处理这两个程序,并接受了仲裁庭的专家组成。

　　庭审核心争点之一是,违规行为与禁赛 2 年之间是否违背比例原则的问题。申请人要求本仲裁庭利用比例原则缩短其禁赛期,仲裁庭认为,其不必就这一重要问题作出裁决,因为如果适用比例原则而得出"无重大过错或疏忽"的结论,那么比例原则就只能用于极端和特殊情况下减少制裁。因此,即使在某些情况下可以适用比例原则,但这里并不存在这种原则的适用,反兴奋剂规则的"无过错或疏忽"和"无重大过错或疏忽"例外本身就是相称性原则的化身。反兴奋剂规则的无过错责任在某些情况下可能无法达成一个公正的结果,但是 CAS 2006/A/1025 发现,"当 WADC 存在空白或缺陷时,在极少数情况下 WADC 的例外情况并不提供公正和相称的制裁,此时,该空白或缺陷必须由仲裁庭适用公正和比例原则填补","无过错或疏忽"和"无重大过错或疏忽"标准正是为了处理这种情况。对申请人来说,由于上述原因,其根本不符合这些标准。如果仲裁庭能够进行相称性分析以减少制裁,那么只能是在极为罕见和不寻常的情况下进行。在 Fédération Internationale de Natation C. M. & Fédération Tunisienne de Natation 和 S. V. Fédération Internationale de Natation 案中,这些决定涉及情有可原的减轻或异常情况才被认为"无重大过错或疏忽",或者是仲裁庭认为制裁与阳性检测结果的情况不公平或不相称,以上情形并不适用于本案。例如,在 S. V. Litex Lovech 案中,一名运动员在自认为是自己的杯子中倒入饮用水并饮用后,对 Etilefrine(一种被禁用的物质)呈阳性反应,实际其对他的妻子在此之前用这杯水服用了一粒药丸并不知情。与 CAS 2007/A/1025 中的情况不同,本案申请人不是"一系列异常且不可预测的事件的受害者",申请人知道自己正在服用补品,知道这样做的风险,但还是选择了补品,因为他想通过更快地恢复来提高自己的运动成绩。

鉴于此,仲裁庭认为,比例原则使 CAS 仲裁庭在具有极端或例外情况的案件中具有灵活性。但是由于营养补充剂被污染的风险是众所周知的,本案中导致运动员不利分析发现的情形既不极端也不独特。因此,没有理由缩短两年禁赛期。

2.适用规则的公平性

规则适用的公平性既是 CAS 仲裁的基本出发点,也是 CAS 仲裁的最高目标。但正如著名的苏格拉底的"美之问",关于公平的定义却是难的,需要在具体案件中结合个案进行逐一考量。在 CAS 关于冬奥类仲裁案件中,较为集中呈现 CAS 仲裁庭关于公正性的理解立场的案件类型主要有如下几类:

(1)禁赛规则适用的公平性

第一类是有关被处罚运动员的禁赛日期起算与适用范围问题。此类案件包括上文所提及的 Serge Despres,WADA v. Canadian Centre Ehics in

Sport，Serge Despres；Bobsleigh Canada Skeleton 案、World Anti-Doping A-gency（WADA）v. International Ice Hockey Federation（IIHF）案，以及 Alain Baxter/International Ski Federation（FIS）案。

这些案件中，当事人争议焦点后移，主要不在于案涉处罚是否合法问题，而是案涉处罚如何执行问题，关于禁赛期间的计算即关键问题之一。禁赛期间的起算问题主要涉及的核心利益是此前的竞赛成绩、奖牌或奖金是否有效，以及此后的特定重大赛事是否具有参赛资格。几乎所有体育协会的禁赛规则都将禁赛期的起算点明确在采样日，这样的规定无疑是合理的，毕竟禁赛作为严厉的纪律处罚，理应从禁赛得以立足的事实被明确之日，也就是追溯至采样之日开始计算。在涉及兴奋剂的禁赛处罚中，通常存在采样日、禁用物质检测日和 CAS 仲裁庭作出裁决日等三个关键时点，显然，采样日作为起算时点是科学合理的，后两类时点只是事后的事实确认和法律确认时间。通常情形下，此种起算时点的确定较为明确合理，但实践中通常还存在多次采样、相关体育规则另有规定，以及其他需要考虑的情形，从而可能要求 CAS 仲裁庭在确定禁赛起算时点时进行公平性衡量，合理确定起算时点。

在 Serge Despres，WADA v. Canadian Centre Ehics in Sport，Serge Despres；Bobsleigh Canada Skeleton[①] 案中，争议焦点之一即如何确定处罚开始日期。仲裁庭明确表示，多次采样的情形下，禁赛期应从首次采样日起算。仲裁庭的相关裁判要旨为：两年禁赛期对运动员参加奥运会或任何其他比赛无论有何影响，都不应影响禁赛期何时开始或持续多久。一个运动员的个人经历、因运动特殊性特定处罚对他(她)的影响有多严重等因素，在确定处罚时都不能考虑在内。尽管如此，根据所适用条例的规定，公平性的要求是，运动员禁赛的开始日期应是第一次采集样本的日期。

在 World Anti-Doping Agency（WADA）v. International Ice Hockey Federation（IIHF）[②]案中，涉及的则是对禁赛起算时点的追溯确定问题。该案涉及的规则是 WADC 第 10.11 条和《IIHF 兴奋剂管控规则》中的同类规定，其规定的禁赛期不是自采样之日起算，而是自"禁赛的听证裁决之日起算"。简言之，WADC 采取的禁赛期起算日不是采样日，而是 CAS 仲裁裁决作出之日。这一禁赛期计算方式明显不利于被处罚的运动员，因为如果运动

---

① See CAS 2008/A/1489.
② See CAS 2017/A/5282.

员存在兴奋剂违规行为,其已经参加的体育竞赛是当然被剥夺比赛成绩和相关奖励的,在法律效果上也就相当于禁赛。因此,WADC 的计算方式显然是变相而实质地延长了禁赛期间。尽管规则上存在 WADA 意图加重处罚兴奋剂违规行为,以形成竞技体育风清气正的"良苦用心"之处,且统一适用于各体育领域,从而也无可厚非。然而,鉴于兴奋剂违规认定、内部处罚和 CAS 仲裁上诉等各程序进行的时限较长,特别是当事人可能动用各种程序异议措施,甚至采取仲裁突袭等方式,导致仲裁裁决的最终作出可能存在程序时限冗长之处,对禁赛期的起算时点进行必要的调整,是法律适用公平性的内在要求。本案就涉及这一问题。

本案基本案情如下:选手 F 以斯洛伐克国家队成员的身份参加了 2017 年 IIHF 加拿大世界青少年锦标赛。2017 年 1 月 2 日,在世界锦标赛期间,该运动员在加拿大蒙特利尔接受赛中兴奋剂检查。在兴奋剂检查表中,运动员声明,在样本收集前的 72 小时内,其食用了某产品。2017 年 1 月 27 日,加拿大拉瓦尔反兴奋剂实验室报告称,A 样本中存在"脱氢氯甲基睾酮代谢物",从而得出不利分析结果。2017 年 2 月 22 日,告知该运动员有要求检测分析 B 样本的权利后,2017 年 3 月 3 日,该运动员通过电子邮件告知 IIHF 以下内容:"我不要求进行 B 样本测试,我认可确实摄入了违禁物。"2017 年 6 月 22 日,IIHF 纪律委员会发布了一项处罚决定,决定如下:(1)暂停 F 参加 IIHF 或任何国际冰联成员国家协会授权和组织的所有比赛或活动。(2)禁赛期限从 2017 年 3 月 15 日开始,到 2018 年 9 月 14 日结束。2017 年 6 月 29 日,该决定通知 WADA。2017 年 8 月 9 日,根据《与体育相关的仲裁法典》第 R47 条,WADA 向 CAS 提交了一份针对该决定的上诉声明。上诉声明将 IIHF 和该运动员列为被申请人。2017 年 9 月 18 日,IIHF 根据《与体育相关的仲裁法典》第 R55 条通过电子邮件提交了对上诉的答复。

该案是 WADA 针对 IIHF 纪律委员会在 2017 年 6 月 22 日作出的处罚决定提起的上诉。这一上诉提出的问题涉及 F 故意违反反兴奋剂规则的行为,因为 F 迅速承认其兴奋剂违规行为,所以是否可能因此减少其适用的禁赛期。针对禁赛期的起算时点问题,本案仲裁庭在裁决中进行了平衡的考虑以更好地符合法律适用的公正性要求。仲裁庭在裁决中指出:如果听证程序或兴奋剂控制的其他方面出现了实质延误而非归因于运动员,则实施制裁的机构可在更早的日期开始禁赛的起算,最早可从样品采集之日或上次违反反兴奋剂规则的最后发生日期起算。如果负有结果管理责任的反兴奋剂组织没有实施临时中止,这可能意味着处罚实施的迟延。由于这种延误不能归因于运动员,因此有理由追溯计算其禁赛期间的起始日期。

可见,本案仲裁庭关注到裁决日作为禁赛起算日可能导致的不公平,尤其是在裁决的迟延作出非归属于被处罚运动员的主观原因的情形下,更是如此。通过附条件地对起算日进行追溯确定,从而在公平意义上实现违纪与处罚之间的相当,这是仲裁庭的职责,也是仲裁庭的艺术。

同样在上文所提及的另一个案件,即 Alain Baxter v. International Ski Federation (FIS)案中,鉴于案涉运动项目因时间季节性而交替在南、北半球进行,相应体育竞赛也在两半球的赛季日程予以确定。问题因此是,被申请人的禁赛处罚期间应如何计算,是统一计算还是分半球计算? 这既涉及禁赛期间的计算方式和禁赛时长,也涉及禁赛的适用范围。基于法律适用的公平性考虑,CAS 仲裁庭对此必须作出合理回应。

该案基本案情如下:2002 年 2 月 23 日,申请人在盐湖城奥运会代表英国队参加男子高山障碍赛,并获得一枚铜牌。申请人被选中在比赛结束后接受兴奋剂检查,并提交了尿样 A 和 B。2002 年 2 月 28 日,IOC 通知 FIS,A 样本检测呈阳性。2002 年 3 月 19 日,B 样本证实了 A 样本检测结果,存在禁用物质。2002 年 3 月 19 日,FIS 致函英国滑雪和单板联合会,表示该决定对 Alain Baxter 立即生效:"⋯⋯在 2001/2002 赛季 FIS 积分评估期结束之前,暂停参加 FIS 日程赛事。此后,在 2002 年 6 月 3 日的下一次会议上,FIS 委员会将根据《FIS 规则》明确处罚⋯⋯"2002 年 6 月 3 日,FIS 委员会裁定 Alain Baxter 的违规行为属于过失使用兴奋剂,并决定对其处以 3 个月禁赛处罚。FIS 在随后发表的官方声明中表示:"Alain Baxter,高山滑雪运动员,在 2002 年 2 月 23 日盐湖城奥运会男子障碍赛后,兴奋剂检测呈阳性。FIS 委员会裁定,这一违法行为是因疏忽服用兴奋剂,并实施了暂停参加所有 FIS 日程赛事的处罚,直至 2002 年 12 月 15 日。"2002 年 6 月 6 日,英国滑雪和单板联合会致函 FIS 表示,Alain Baxter 不认可 FIS 禁赛期的计算方式,要求澄清根据适用的规则 3 个月期限是如何计算的。2002 年 6 月 11 日,FIS 向英国滑雪和单板联合会书面确认其决定和处罚,并作出以下澄清:"关于对处罚的澄清,FIS 委员会对三个月的计算如下:在 2001/2002 赛季末的一个月(在此期间,他没有资格参加 FIS 世界杯比赛),在南半球的一个月比赛期(在此期间,没有 FIS 世界杯比赛),在 2002/2003 赛季初的一个月,直到 2002 年 12 月 15 日,在此期间,他将没有资格参加两次 FIS 世界杯障碍赛。"2002 年 6 月 24 日,根据

FIS 的这一声明,Alain Baxter 对 FIS 的决定提出上诉,反对该处罚。2002 年 6 月 27 日,FIS 写信给英国滑雪和单板联合会,表示申请人只有资格参加一次世界杯障碍赛,而不是 2002 年 6 月 11 日的决定中错误提到的两次。

2002 年 7 月 12 日,申请人提交上诉书,其中特别包含以下请求:裁定对申请人实施的 3 个月禁赛于 2002 年 8 月 18 日结束;从 2002 年 2 月 23 日(即阳性测试和被申请人立即停止申请人比赛的日期)到 2002 年 4 月 30 日(2002 年赛季结束)之间已经停赛满两个日程月零七天,还有从 2002 年 7 月 25 日(2003 年赛季开始)到 2002 年 8 月 18 日的一个日程月减七天的禁赛期。被申请人提出答辩状请求驳回申请人的上诉请求。

仲裁中,申请人声称,FIS 在决定 3 个月的禁赛期于 2002 年 12 月 15 日结束时,由于错误地考虑了以下因素,而违反了适用的条例。这些因素包括:FIS 处罚适用于 FIS 日程中的所有国际滑雪比赛;《FIS 药物指南》规定,在固定期限内暂停;《FIS 药物指南》规定,处罚从提供样本之日起生效,在本案中是 2002 年 2 月 23 日;适用的 FIS 日程规定,2002 年的赛季于 2002 年 4 月 30 日结束,2003 年的赛季于 2002 年 7 月 25 日开始。正是由于 FIS 计算禁赛方式,申请人实际上将被暂停比赛 7 个月,而不是 3 个月。适当的禁赛期列示如表 3-1。

表 3-1

日期	理由	长度
从 2002 年 2 月 23 日	阳性测试的日期	2 个月零 7 天
到 2002 年 4 月 30 日	2002 年赛季结束	
从 2002 年 7 月 25 日	2003 年赛季有效开始	1 个月减去 7 天
到 2002 年 8 月 18 日	3 个月禁赛期结束	

被申请人则主张其条例适用正确,上诉应被驳回,理由如下:第一,与其他选手因过失使用兴奋剂而受到处罚的案例相比,本案在计算上诉申请人的禁赛期时体现了公平性和一致性。第二,鉴于 Alain Baxter 的成绩和比赛概况,这样的禁赛期不包括申请人有资格参加的任何世界杯障碍赛,且会计入该选手不能参加的南半球赛季,该计算方式将使处罚无效。第三,根据《FIS 药物指南》所载的《FIS 处罚目录》第 1.2.1 条的规定,被申请人有权在下一赛季,即从 2002 年 11 月 15 日至 2003 年 2 月 15 日,将整个三个月的禁赛期作为固定

期限而适用。

本案申请人没有对 FIS 三个月禁赛期处罚提出异议,即没有质疑这种处罚的适当性,只是对 FIS 根据适用的条例计算三个月禁赛期的时间和方式提出异议。因此,CAS 必须确定的主要问题涉及对适用条例的解释,更具体来讲是 FIS 于 2002 年 6 月 3 日所做决定是否符合这些条例。

CAS 仲裁注意到,本案所涉焦点问题是需要解释核心条款即《FIS 药物指南》第 4 节第 2 条第 1.2.1 款,其中规定了对因过失使用兴奋剂的以下处罚:"初犯应暂停参加所有国际滑雪比赛三个月(在现行或下个赛季的固定时期内)。"仲裁庭认为,该条款必须根据《FIS 药物指南》中的另外两项规定来解释,即第 4 节第 1 条第 2 款。该条规定:"在收到阳性样本(如有要求,则为 B 样本)后,参赛选手或参赛队将自动被取消参赛资格,并立即暂停参加 FIS 日程赛事,直至 FIS 委员会确认暂停的持续时间。"另一条款是第 4 节规则 2 第 1 条规定:"……该处罚自提供样品之日起生效,因此,该运动员此后参加的所有比赛的成绩将被取消。"根据上述规定,处罚从提供样本之日起生效,此后取得的任何成绩均被取消,因此 FIS 决定的任何禁赛期必须从提供样本之日起开始计算。在本案中,Alain Baxter 提供样本的日期是 2002 年 2 月 23 日,因此,其三个月的禁赛期应该从这一天算起。

鉴于此,仲裁庭认为,根据目前的 FIS 条例,被申请人无权决定 3 个月的禁赛期仅从 2002/2003 年北半球赛季开始,即从 2002 年 11 月 15 日起。不仅如此,《FIS 药物指南》第 4 节第 2 条第 1.2.1 条提出的第二个问题是对术语"所有国际滑雪比赛"和"赛季"的理解。这里的用语"所有国际滑雪比赛"必须指 FIS 在国际滑雪比赛规则中列为国际滑雪比赛并在 FIS 日程中列出的所有比赛。因此,条例目前的规定不允许以 FIS 这样的方式计算禁赛期,即只有 FIS 日程上的某些比赛被选择性地暂停。《FIS 药物指南》第 4 节第 2 条第 1.2.1 款提到在"……现行或下一个赛季内的固定时期内暂停比赛",进一步证明了这一点,意味着暂停必须在赛季期间以连续的方式进行,与赛季中的比赛类别无关。

事实上,根据规定,任何停赛的开始日期是给出阳性样本的日期,则暂停的时间必须是固定的(连续的)并涵盖所有国际比赛,上述词语只是在如果不能完全在现行赛季的剩余时间内执行完毕,FIS 可选择在下一个赛季继续禁赛期未完成部分。这证实,本案中,北半球赛季结束时 Alain Baxter 受到的 3 个月处罚余下部分,应在下一个南半球赛季予以实施。

综上所述,仲裁庭认为,就禁赛期的计算而言,被申请人处罚申请人 3 个月禁赛期的决定不符合适用的条例。本案申请人的禁赛应:第一,从采集样本之日开始,直到正在进行的赛季结束;第二,在赛季之间中断;第三,在下一个赛季(北半球或南半球季节)恢复,直到禁赛期完全结束。计算禁赛期时,确定每个赛季(北半球和南半球)的确切开始和结束日期,应该以 FIS 作出处罚决定时最新的 FIS 日程为准。

最后,仲裁庭指出,其理解被申请人希望寻求有效制裁的立场,然而必须在遵守现行法规的前提下寻求这种有效性。如果 FIS 希望在计算某些类别的参赛者或所有参赛者的禁赛期时有权区分某些类别的比赛和/或两个赛季,就需要修改规则。尽管这种区分并不容易,因为涉及推测特定个人处罚的相对有效性(这一点从被申请人列举的与过失使用兴奋剂处罚有关的先例中可以看出)。此外,实现有效处罚的目标必须与 FIS 决定处罚的需要保持适当平衡。

(2)参赛资格规则适用的公平性

除了上述禁赛规则适用的公平性外,CAS 仲裁的公平性还体现在参赛资格规则的适用上。如 OG 1998-Czech Olympic Committee,Swedish Olympic Committee and S. v. International Ice Hockey Federation (IIHF)[1]案体现了无资格运动员参赛对团队和其他赛队的影响,其裁判文书就提到了规则适用的公平性问题。仲裁庭认为:①根据 IIHF 条例,如果在锦标赛中证实一个或多个运动员不符合资格,则将取消与不符合资格的运动员进行的比赛成绩。CAS 认为此规定是对无资格运动员参加过的团队进行制裁,而不是间接制裁其他参加比赛的团队。《奥林匹克宪章》第 50 条也规定,处罚"有过错"的团队。②由于奥运会采用了比赛的组织方式,因此严格执行这一规定将破坏规则的宗旨。剥夺一支团队的胜利不仅会制裁该赛队,还会对参加比赛的其他人产生不利影响,即处罚了应被处罚的队伍之外的其他队伍。

另外,在 Nabokov & Russian Olympic Committee(ROC)& Russian Ice Hockey Federation (RIHF) v. International Ice Hockey Federation (IIHF)[2]一案中则体现了国籍变更后代表新国家参赛的条件限制。仲裁庭指出:①《IIHF 章程》附则第 204 条第 1 款规定:球员在任何国际冰球锦标赛中

---

① See CAS ad hoc Division OG 98/004-005.

② See CAS 2001/A/357.

一旦代表一个国家比赛,其将没有资格代表另一个国家,除非该球员在代表其他国家参加比赛时系 18 岁以下,则其可以申请代表另一个国家参加国际冰球比赛,条件是:第一,属于该国的公民;第二,已连续至少两年参加新国家的比赛,在此期间既没有转入到另一个国家,也没有代表任何其他国家参加冰球比赛,并且这种改变在球员的一生中只允许一次,而且是最终的、不可改变的。这一规则对运动员代表两个国家参赛提供了可能,但条件是很严苛的。②《IIHF章程》附则第 204 条第 1 款没有违背《奥林匹克宪章》。《奥林匹克宪章》规定了 IFs 不能排除的最低标准,但没有否认 IFs 有权实施比《奥林匹克宪章》更严格的规则,在这种情况下,球员必须同时遵守这两项规则。③一些球员在过去能够违反规则的事实,并不意味着其他球员应该从他们的不当行为中受益。仲裁庭意识到,IIHF 未曾允许另一名球员在年满 18 岁后代表不同国家参赛。因此,本案并非不平等待遇的案例。

(3)反兴奋剂规则适用的公平性

兴奋剂违规案件中对"占有""可接受的正当性""共谋性违纪"等概念的理解与适用问题与案件的公平性息息相关,不同的理解与适用将得出截然不同的结果,因此有必要从 CAS 判例中提炼出仲裁庭对相关概念的理解。其中具有代表性的是血液输送是否构成兴奋剂违规的问题。当前来看,血液兴奋剂已经被列入兴奋剂范畴,但在其较早出现时则成为考验 IFs 和 CAS 的一个问题。下述两例,一则案例涉及早期对血液输送是否构成兴奋剂违规的认定;另一则案例则是涉及血液兴奋剂已成共识的前提下如何理解和解释其范围的问题。

在第一则案例中,OMADC 第 1 章第 1 条明确规定了血液兴奋剂的定义:血液兴奋剂是指向运动员注射血液、红细胞和相关的血液物质,在此之前可能会从在能量耗尽状态下继续训练的运动员身上抽取血液。下面以 A，B，C，D & E. v. International Olympic Committee(IOC)①案为例说明 CAS 仲裁庭对血液兴奋剂的解释。

该案基本案情为:2002 年 2 月 26 日,在盐湖城奥运会闭幕式后不久,打扫房屋的工人发现了几个装有输血设备的袋子,以及其他一些与血液注射相关的物品和物质。这些物品被交给了犹他州警察部门,并进一步转交给了盐湖城奥委会,后者又将物品转交给犹他州卫生部,并相应地通知了 IOC。从

---

① See CAS 2002/A/389,390,391,392&293.

2002年1月30日至2002年2月25日,发现物品的小屋已出租给参赛国家队,供越野滑雪运动员和随行人员使用。后来确定,在那段时间里,参赛运动员不断地在小木屋和国家队占用的其他场地之间往返。IOC通知相关的NOC并要求作出解释,该解释于2002年3月13日收到。IOC主席任命了一个调查委员会来调查此案并将调查结果报告给IOC执行委员会。调查的目的是确定这种情况是否违反了OMADC。本案中一个非常关键的问题就是运动员被发现的输血操作是否属于血液兴奋剂,并构成使用违禁方法,违反相关规则的规定。因为申请人声称:①OMADC中血液兴奋剂的定义不明确;②任何血液给药都不构成兴奋剂违规;③因为这种方法没有提高运动性能的效果,且应该被视为合法医疗,所以IOC执行委员会错误地将申请人在这种情况下进行的自体血液疗法视为兴奋剂违规行为。对此,仲裁庭认为,OMADC对血液兴奋剂的定义提出血液兴奋剂包括使用运动员自己的血液。无论抽取和重新注射的血液量如何,以及是否对运动员的健康有潜在危害和/或是否能够提高他们的表现,都符合血液兴奋剂的定义。在本案中,其他合法医疗的标准也没有得到满足,其中紫外线输血是由教练在私人小屋中进行的,没有医疗支持,也没有医生、IOC医学委员会或球队管理层对行为进行监督或披露,甚至没有适当地记录下来。如果可以容忍这种情况下的紫外线输血,将导致各种无法控制的、最终目的是提高运动性能的血液操作。因此仲裁庭得出结论,认为该案中所进行的紫外线输血不符合法医疗测试,因此必须被视为血液兴奋剂违规。

另一个案件是Johannes Eder v. International Olympic Committee（IOC）& Martin Tauber v. International Olympic Committee（IOC）& Jürgen Pinter v. International Olympic Committee（IOC）[①]案。该案的基本案情为:申请人Johannes Eder、Martin Tauber、Jürgen Pinter分别被奥地利国家奥林匹克委员会选出,代表奥地利国家队参加2006年都灵冬奥会的越野滑雪比赛。在都灵奥运会期间,Eder在其教练Hoch在场的情况下自我注射生理盐水以降低血红蛋白值。2006年2月18日晚上8点5分左右,Eder第二次自我注入生理盐水时遇警察突袭,Eder将设备扔在其房间的床底下。2006年2月18日晚上8点5分,意大利警方进入了申请人的住所。当时,警方从每个申请人那里都缴获了与注射相关的物品和物质。在搜查房屋之后,奥地利奥委会成立调

---

① See CAS 2007/A/1286.

查委员会,以调查奥地利越野和冬季两项运动队在都灵奥运会上的表现。奥地利滑雪联合会纪律委员会还对奥地利越野和冬季两项队在都灵奥运会上的行为进行了全面调查。以上证据似乎表明他们存在占有、管理使用禁用物质和禁用方法,或共谋违反适用于都灵冬奥会的《IOC 反兴奋剂规则》的行为。2007 年 4 月 25 日,IOC 执行委员会考虑到 IOC 纪律委员会认为以上三人违反了适用于 2006 年都灵冬奥会的《IOC 反兴奋剂规则》第 2.2 条、第 2.6.1 条、第 2.6.3 条以及第 2.8 条的规定,决定接受这一意见,并勒令以上三人永久丧失参加未来所有奥运会的资格。对此以上三人均表示不服,向 CAS 提出上诉。该案争议要点包括但不限于三个关键术语的概念,对此仲裁庭认为:

第一,《IOC 反兴奋剂规则》第 2.6.1 条意义中的"possession"概念必须根据周围的环境来考虑。仲裁庭认为,如果在任何情形下,运动员事实占有或推定占有可使运动员使用禁用物品或方法被证实,那么在进一步证实事实或推定的占有中,没有必要证实使用违禁方法的意图。

第二,"其他可接受的正当理由"旨在涵盖急需紧急医疗干预以至于没有机会申请 TUE 的情形。在没有医生做身体检查的情况下,自行治疗腹泻不是一个"可接受的正当理由"。同样,如果没有 FIS 豁免,而且以前没有颁布过保护性禁令,那自然的高含量血红蛋白就不能成为"可接受的正当理由"。

第三,根据《IOC 反兴奋剂规则》第 2.8 条第 2 部分直接语言(plain language)的规定,如果发现运动员对其他运动员的兴奋剂行为存在帮助、鼓励、资助、教唆、掩盖或从事"任何其他类型的共谋"("横向共谋"),则该运动员不仅违背了第 2.8 条的规定,还可能通过"纵向共谋"违反了第 2.9 条的规定,即运动员在教练或支持人员协助下的兴奋剂违规,而该教练或支持人员同样也为其他运动员的兴奋剂违规提供了帮助。除此之外,仲裁庭还认为申请人很有可能掌握了另外一种违禁方法(血液兴奋剂),并且也一直在都灵奥运会期间进行这种违规操作。

该种违禁方法的使用出现在与上述案件相关的 Roland Diethart v. International Olympic Committee (IOC)[①]案,对此有必要从案件中探析 CAS 对血液兴奋剂的界定。2006 年 2 月 15 日,Diethart 被提名参加将于 2006 年 2 月 19 日举行的越野接力赛。2006 年 2 月 18 日晚上,意大利警方根据房屋搜查和没收令搜查了 Diethart 所在的住所,这所房子还住有奥地利越野滑雪队的

---

① See CAS 2007/A/1290.

其他成员,即 Martin Tauber、Johannes Eder 和 Jurgen Pinter,以及部分他们的辅助人员。意大利警方在奥地利越野队的住所内发现了许多物品,包括大量注射器(一些使用过)、血袋(一些使用过)、用于静脉融合的蝶阀、注射针、盐水瓶和一个测量血红蛋白水平装置,以及用于确定血样血型的设备。关于Diethart,意大利警方在其旅行包中发现了各种注射用的物品。2006 年 2 月19 日,Diethart 与 Eder、Tauber 和 Pinter 一起参加了男子 4×10 公里接力赛。随后,经过调查,IOC 纪律委员会在 2007 年 4 月 24 日的建议中得出一致结论,Diethart 违反了《IOC 反兴奋剂规则》第 2.6.1 条和第 2.8 条,因为其拥有、帮助和教唆其他运动员使用或拥有禁用物质和方法,建议 IOC 执行委员会对 Diethart 实施一系列处罚:第一,取消男子 4×10 公里接力赛资格以及禁止参加未来所有奥运会;第二,取消奥地利男子 4×10 公里接力队参赛资格,由 FIS 对上述赛事结果作相应调整;第三,处罚决定提交 FIS,以考虑在其职权范围内采取进一步行动。2007 年 5 月 14 日,Diethart 就 IOC 执行委员会于 2007 年 4 月 24 日作出的决定向 CAS 提交上诉声明。其中关于血液兴奋剂的界定,仲裁庭认为:《IOC 反兴奋剂规则》第 2.6.3 条和附录 1 规定,WADA 根据 WADC 规则(《IOC 反兴奋剂规则》第 4.1 条)发布和修订的禁用清单中描述的任何方法都被视为禁用方法。根据 2006 年 1 月 1 日生效的WADA(2006)禁用清单,血液兴奋剂被视为禁用方法,其包括使用任何来源的自体、同源或异源血液或红细胞制品。血液兴奋剂的定义并非详尽无遗,被定义为"包括"但不限于输血。现代兴奋剂实践规定,血液兴奋剂的概念不仅包括输血,还包括输血后采取的步骤,包括随后监测和/或降低血红蛋白值以规避"保护性禁令"的行为。由此可见,相关法规运用到具体个案中仍需要解释的支撑。从 CAS 仲裁的案例中我们不难看出,其对兴奋剂违规中各项关键术语的理解和对相关条款的解读与适用,始终以确保实现案件的公平性为核心考量。

(4)其他规则适用的公平性

除上述具有代表性的规则适用的公平性问题以外,还包括一些其他规则适用公平性的问题。此类问题可从以下两个方面进行简要例释:

一是裁判技术性错误的损害赔偿问题。在 SC Langnau v. Ligue Suisse de Hockey sur Glace(LSHG)案中,争议要点涉及主裁判的技术性过错认定及其损害赔偿的问题。CAS 仲裁庭的相关裁判要旨认为,与任何团体运动一样,裁判在大多数判定中有广泛的决定权。相反,如果规则不给予裁判任何自由裁量的空间,那么裁判也必须服从,否则就会妨碍比赛的公平开展。瑞士冰球联合会援引《瑞士债务法典》第 55 条第 1 款指出冰球裁判的失误。CAS 仲裁庭认为,瑞士冰球联合会作为保障内部规则统一实施的责任人,不能任意地判定一个明显违规但还未得出结论是否应被处罚的情形。反之,应该遵循精心设计的规则,以保证比赛公平地进行。

　　二是驱逐出奥运会的后果的解释问题。关于驱逐出奥运会的后果的解释问题,Canadian Olympic Committee(COC) & Beckie Scott v. International Olympic Committee(IOC)[①]案给予较为明确的解释,相关法条主要围绕《奥林匹克宪章》第 25 条第 2.2.1 款的规定展开解释。[②] 仲裁庭指出:"IOC 在适用该规则时,一旦确定驱逐处罚的适当性之后,是否应该要求运动员归还所有奖牌?"这一问题是该规则的构成要件之一。运动员是否应该只在其测试呈阳性的比赛中失去一枚奖牌,或者其是否应该因为单一的阳性测试而失去在特定赛事中赢得的所有奖牌,这是一个理性的人可以持有不同意见的问题。WADC 第 10.1 条和第 10.1.1 条以精确的方式解决了这个问题[③]。然而,在这种情况下,仲裁庭只关注《奥林匹克宪章》第 25 条第 2.2.1 款。仲裁庭认为《奥林匹克宪章》第 25 条第 2.2.1 款的措辞和语法并没有绝对明确地规定"被驱逐在奥运会之外"(这是酌情决定的)是否会导致取消被制裁运动员参加所有比赛的资格,尽管其解释了"驱逐"之必要后果的语言"获得的任何奖牌都应归还给 IOC 执行委员会"。因此,必须在对《奥林匹克宪章》条款更广泛解释中进一步寻求《奥林匹克宪章》第 25 条第 2.2.1 款的含义,用目的解释方法补充字面意思。对整个《奥林匹克宪章》的考察表明,其是建立在奥林匹克主义和奥林匹克运动基本原则之上的。这在介绍《奥林匹克宪章》中有如下表述:"《奥林匹克宪章》是基本原则的编纂。"奥林匹克主义的主要目的之一是促进体育运动中的道德行为,更广泛地说,帮助建立一个健康、道德的环境,让运动员可以在其中进行体育运动。如第 2 条和第 6 条两项基本原则所阐述的:"奥林匹克主义是一种生活哲学,将身体、意志和思想的品质提升和结合成一个平衡的整体。奥林匹克主义将体育与文化、教育相结合,力求创造一种基于努力的快

---

①　See CAS 2002/O/373.

②　该条款内容如下:"如果被驱逐在奥运会之外,获得的任何奖牌或证书都应退还给 IOC。"

③　参见 2003 年 2 月 20 日的《世界反兴奋剂法典》第 3.0 版。

乐、良好榜样的教育价值和对普遍道德原则的尊重的生活方式。奥林匹克运动的目标是通过没有任何歧视的体育运动来教育青年,从而为建设一个和平美好的世界做出贡献,这需要以友谊、团结和公平竞争的精神相互理解。"[1]关于这些目标,《奥林匹克宪章》第 2 条规定了 IOC 的具体职责:"IOC 的作用是根据《奥林匹克宪章》领导奥林匹克主义的推广。为此,IOC:……6.支持和鼓励促进体育道德;7.致力于确保体育运动的公平竞争精神……8.在体育运动中引领反兴奋剂斗争……"基于以上基本原则,仲裁庭认为,IOC 所依据的上述基本原则以及 IOC 打击兴奋剂和促进体育道德的相应职责与《奥林匹克宪章》第 25 条第 2.2.1 款的解释不相容。换句话说,根据第 25 条第 2.2.1 条允许运动员保留某些奖牌而将其驱逐在奥运会之外,等同于无视奥委会成立的基本原则并打击其他运动员对这些原则的信心。《奥林匹克宪章》第 25 条第 2.2.1 款的驱逐源于兴奋剂与奥林匹克主义不相容的道德考虑,这一事实证明《奥林匹克宪章》第 25 条属于"IOC 道德委员会措施和制裁"的总标题下的应有之义。此外,制裁越严厉,运动员确保身体无药物的压力就越大。基于基本原则和实践是一致的,仲裁庭对《奥林匹克宪章》第 25 条第 2.2.1 款的解释是,根据该规定将运动员驱逐在外,必须始终与取消被制裁运动员参加的所有比赛的资格相结合,并没收所有相关奖牌。

二、事实认定问题

事实认定是裁判者在多主体参与下进行的认知活动。[2] 事实认定作为裁判的前提与基础,在一定程度上关系到公平正义能否真正实现,以及案件纠纷能否得以解决。在体育仲裁中,事实认定的重要问题主要体现在举证责任、证据证明力,以及证明标准这三方面。

(一)举证责任

1.谁主张,谁举证

在仲裁不同类型的体育纠纷时,应采用符合法律规定和体育纠纷自身特征的举证责任分配标准。《与体育相关的仲裁法典》第 R44.3 条有关仲裁庭命

---

① 参见《奥林匹克宪章》的介绍和原则。

② 吴宏耀主编:《诉讼认识论纲》,北京大学出版社 2008 年版,第 48 页。

令的举证程序规定:"一方当事人可以要求仲裁庭命令另一方当事人提交其占有或控制下的文件。该方当事人应表明文件可能存在并且是相关的。如仲裁庭认为补充当事人的陈述是适当的,则其可随时命令提交补充文件或询问证人,委任和聆讯专家,并采取其他的程序性措施。"关于上诉仲裁程序举证责任的分配,准用第 R44.3 条的规定。可见,作为 CAS 仲裁的主要类型,兴奋剂违规案件也确立了"谁主张、谁举证"的举证责任。

根据 WADC 第 3.1 条规定,"反兴奋剂组织应当对兴奋剂违规行为的发生承担举证责任……被指控兴奋剂违规的运动员或其他人对其反驳的具体事实负有举证责任"。由此可见,兴奋剂案件仍然采取的是传统民事诉讼法中的"谁主张,谁举证"原则,即主张某一事实成立的当事人,必须承担证明该事实成立的责任。反兴奋剂组织对运动员进行兴奋剂处罚时,必须证明运动员存在兴奋剂违规的事实存在,即运动员样本经过实验室检验结果呈阳性。在传统的民事法中,反兴奋剂机构完成了"行为"存在这一部分,此外还需要证明过错、因果关系等,但 WADC 第 2.2.1 条规定,"确保没有禁用物质进入他们的身体以及没有使用违禁方法是运动员的个人责任。因此,没有必要通过证明运动员的意图、过错、过失或明知使用来证明其使用禁用物质或违禁方法而违反了反兴奋剂规则"。反兴奋剂机构无须证明运动员是否具备兴奋剂违规的主观意图、过错,甚至无须证明行为与结果之间的因果关系,仅仅只需证明运动员体内存在禁用物质,至此,反兴奋剂组织的举证责任便完成了。

2.严格责任

严格责任原则主要适用于兴奋剂违规认定中。其主要是指只要从运动员体内采集的样品中发现某种禁用物质,就构成兴奋剂违规,无论运动员是否故意使用,或是由于疏忽大意或其他因素所致。严格责任原则是 CAS 在有关兴奋剂纠纷长期实践中确立的,被认为是符合兴奋剂控制目的的基本归责原则。在 Baxter v. International Olympic Committee (IOC)[①]、P. v. IIHF[②] 等案件中,焦点之一便是有关严格责任的问题。

即使严格责任作为兴奋剂违规领域之特殊规则,但在某种特殊情形下仍不能适用。在 Anna Shchukina v. International Olympic Committee (IOC)[③]

---

① See CAS 2002/A/376.

② See CAS 2005/A/990.

③ See CAS 2018/A/5511.

一案中,仲裁庭认为,当一名运动员被指控通过作为或不作为的方式导致其尿液被另一个人替换时,严格责任原则并不同样适用。否则,如果第三方与运动员完全无关,并且运动员完全不了解或无法控制,则作为常规兴奋剂检查程序之一部分,任何提供尿液样本的运动员以后都可能自动实施替换运动员样本的兴奋剂违规行为。因此,为了保证逻辑合理及裁判公正,(1)只有运动员作出有利于他人替换尿液的某种作为或不作为的情况下,运动员才能根据WADC 第2.2条对他人替换其尿液的行为承担责任;(2)是在实际或建设性地了解发生这种替代可能性的情况下这样做的。所以,只有在以下情况下,运动员才能根据 WADC 第2.2条对他人替换其尿液的行为承担责任:(a)运动员作为或不作为地实施了帮助行为;(b)该行为是在对实际知悉或推定知悉替换可能性的情况下进行的。

3.实证案例

下举数例,以兹例释:

(1)P. v. IIHF[①] 仲裁案

该案体现了举证责任的严格责任,其具体案情如下:2005 年 5 月 1 日,乌克兰队和瑞典队的比赛结束后,申请人接受兴奋剂检查。A 样本的分析表明存在去甲雄酮,这是合成代谢类固醇诺龙的代谢物,是《IIHF 反兴奋剂规则》下的禁用物质,B 样本测试也证实了这一结果。2005 年 11 月 14 日,IIHF 纪律委员会对违反反兴奋剂规则的运动员实施了 2 年禁赛处罚。禁赛从 2005 年 5 月 5 日开始,到 2007 年 5 月 4 日结束。[②]

对 IIHF 的这一决定,申请人于 2005 年 12 月 13 日提出上诉。2005 年 12 月 28 日,该申请人还提交了暂停执行 IIHF 处罚决定的申请。申请人称,其在 2005 年 3 月 21 日参加一场赛事后,因急性心力衰竭而接受治疗,后来被诊断为"心动过后的心脏硬化"。在急诊室,其接受了静脉和肌肉注射。申请人还进一步提出,当他到达医院时,身体和精神状况都非常糟糕,这使其无法监控甚至无法询问将要进行的治疗,所关心的只是挽救他的生命。该申请人的身体状况在 2005 年 3 月 21 日在医院接受治疗后迅速好转,便在第二天离开了医院,而且在大约两周后恢复了训练,并在 2005 年 4 月 15 日进入乌克兰国家队。出院后申请人并没有太在意这件事,只是期待在即将到来的世锦赛中

---

①　See CAS 2005/A/990.

②　See CAS 2005/A/990.

成为乌克兰国家队的一员。在 2005 年 5 月 1 日兴奋剂检测呈阳性后,申请人对禁用物质如何进入他的身体进行了调查。因为 2005 年 3 月 21 日,医院提供给申请人的文件起初对注射类型尚无定论,所以 2005 年 6 月,申请人再次向医院要求提供治疗文件。直到 2005 年 11 月医院管理部门发生变化后,该球员才收到文件,证实其注射了案涉禁用物质。据此,球员辩称其不能被指控"使用"了 IIHF 规定意义上的禁用物质。"使用"一词要求运动员主动采取行动,不能扩展理解为在没有意愿和未知情况下注射(禁用)物质的情况。在申请人看来,其对阳性兴奋剂检测结果没有过错或疏忽,因为其在身体和精神上都无法控制 2005 年 3 月 21 日的治疗。因此,申请人请求 CAS 撤销争议决定。

被申请人辩称,根据 IIHF 和 WADA 规则,运动员身体标本中存在禁用物质的事实就单独构成兴奋剂违规,故意、疏忽或明知与否并非必要条件。因此,毫无疑问,申请人违反了反兴奋剂规定。关于申请人没有(重大)过错或过失的主张,被申请人声称,运动员"没有提供任何充分的证据来支持其主张,必须在整体上认定为不值得信赖"。被申请人还辩称,即使假定申请人在 2005 年 3 月 21 日的注射中没有过错或过失,"其仍然有义务关心接受了什么物质,并在进入世界锦标赛和训练营之前披露他的医疗情况"(运动员不否认没有做到这一点)。

争议裁决的结论是,该运动员违反了反兴奋剂规则,并且他未能提供足够的证据证明与此违规行为"没有(重大)过失或疏忽"。特别是裁决认为,运动员没有证明"禁用物质的……来源是用以治疗所谓的心脏病"。裁决进一步得出结论,球员未能证明"用(案涉禁用物质)来治疗心脏病符合医疗标准,也没有给出任何可证实的理由,证明其为什么会以这种方式治疗"。裁决还指出,"专家组仅通过 P.收到了有关治疗的信息,既没有获得有关治疗医生的信息,也没有关于使用案涉物质进行治疗的医学指征声明"。因此,仲裁庭得出结论认为,"专家组没有发现任何证据表明禁用物质的存在是或可能是由该运动员不知道的医疗引起的"。

仲裁庭归纳了相关裁判要旨:第一,在严格责任方面,CAS 在诸多裁决中普遍接受并认可的是,所谓的严格责任原则在瑞士法下并非不可反驳的,只要运动员能就其与兴奋剂违反相关的过错或过失提出相反证据。第二,在举证责任方面:WADC 第 10.5 条要求运动员承担责任证明其没有(重大)过错或过失,因此将证明责任转移给了运动员。CAS 认为这一原则是没有违反瑞士法律的,其证明标准为优势证据的标准(WADC 第 31 条)。第三,在免责事由方面:有明确证据证明禁用物质是治疗医生在紧急情形下施用的,以及运动员基于其糟糕的身体和心理状况没有办法避免禁用物质的施用,这是证明运动员在案件无过错或过失的充足理由。第四,关于运动员是否必须证明他/她不但就物质进入其身体,而且就物质停留在身体里这些方面没有过失或疏忽,在这一点上 WADC 并不完全明确。换言之,这一问题是,如果运动员因疏忽而没有披露药物治疗和申请(追溯的)TUE,运动员是否仍然要为兴奋剂违规承担责任,在当前案件中仍然是未决的。

(2)WADA v. IIHF 仲裁案

对于禁用物质或违禁方法的使用是否"故意或无故意"的举证责任之归属,在 World Anti-Doping Agency (WADA) v. International Ice Hockey Federation (IIHF) & F[①] 一案中有所体现。该案在裁判文书中提道:根据《IIHF 纪律守则》以及等效的 WADC,"故意"一词要求运动员知悉其行为"违反规则或知道该行为可能构成或导致违反反兴奋剂规则的重大风险,但其明显无视该风险"。此外,根据 WADC 第 10.2.1.1 条,如果对赛内和赛外禁用的特定物质有阳性结果,则推定运动员具有故意,运动员有责任证明其没有故意行为,即其没有参与或不知道行为违反反兴奋剂规则,又或者知道该行为可能构成或导致违反反兴奋剂规则的重大风险,但并未忽视这种风险。

另外,严格责任的适用在 Alain Baxter v. International Olympic Committee (IOC)[②]案中亦得到体现,该案的裁判文书中提道:"CAS 判例法一贯认定:运动员对其体内的禁用物质负有严格责任(存在即违规),且基于剥夺资格(不同于禁赛)之目的,不需要处罚机构证明运动员存在故意或过失。OMADC 第 2 章第 2.2 条规定,使用兴奋剂是指身体中存在禁用物质,无论运动员是故意还是过失,该物质的存在足以认定兴奋剂违规。"

(3)Vanessa Vanakorn v. FIS 仲裁案

国际体育协会针对操纵比赛和涉嫌腐败的有限调查权,及其地位和性质,以及对举证责任和证明力的影响亦为举证责任中的重要内容,其主要体现在 Vanessa Vanakorn v. Fédération Internationale de Ski (FIS)[③]案中。该案仲

---

① See CAS 2017/A/5282.

② See CAS 2002/A/376.

③ See CAS 2014/A/3832 & 3833.

裁庭相关裁判要旨如下:第一,在评估负有举证责任的 IFs 提出的证据证明其规则被违背时,仲裁庭必须考虑 IFs 有限的调查权力,因为腐败行为的参与者事实上试图掩盖这种行为,因此,IFs 难以拿出与腐败行为有关的证据。然而,对证据质量的高度确信则是需要的。

第二,违反适用的竞争规则的赛场行为可能构成操纵或腐败。然而,腐败的发生,必须存在对法律的故意规避和非法行为。证明运动员与直接或间接参与竞赛结果的操纵和腐败之间存在关联,必须存在令人信服的证据,该证据必须表明,运动员直接(或间接)干预操纵比赛的结果与腐败有关,仅仅对特定赛事结果的怀疑并不充分。

(二)证据证明力

就体育仲裁来说,证据证明力是指裁判者在仲裁庭调查之后,对证据自身可信性及其证明力大小的判断。CAS 仲裁在证据证明力问题上的立场主要体现在以下几方面:

1.关于"不利分析结果"的证明力问题

首先,在 Australian Olympic Committee v. Federation Internationale de Bobsleigh et de Tobogganing[1] 案中 CAS 的仲裁结果提到了不利分析结果的证明力问题:"不利分析结果仅仅是反兴奋剂实验室的一份报告,该报告显示存在禁用物质的样本呈阳性。由此,适用的反兴奋剂条例(在本案中为 FIBT 条例)规定了一系列扩展性的程序,其中包括运动员的权利:要求 B 样本检测,出席 B 样本检测,并举行听证会对不利分析结果进行答辩。只有在这个过程完成并且不利分析结果被确认后,才能认定其违反了反兴奋剂规则。由此,对运动员的处罚需采取 FIBT 相关条例中所规定的形式。"

对于不利分析结果的证明力问题还体现在 P. v. International Skating Union (ISU) & Deutsche Eisschnelllauf Gemeinschaft (DESG) v. International Skating Union (ISU)[2] 案中。该案的基本案情为:在 2000 年 2 月 4 日至 2009 年 4 月 30 日期间,运动员 P.接受了多次赛内和赛外反兴奋剂检查,检查结果均未导致不利的分析结果。在同一时期,作为 ISU 血液分析计划的一部分,ISU 从运动员身上收集了 90 多份血液样本。特别是,从 2007

---

[1]　See CAS ad hoc Division OG 06/010.

[2]　See CAS 2009/A/1912 & 1913.

年10月20日到2009年4月30日,ISU从运动员身上采集了27份血样,最后12份是在2009年1月至4月期间采集的。在受访者的血液分析程序范围内测量和记录的血液参数包括血红蛋白、血细胞比容和网织红细胞百分比。网织红细胞是从骨髓中释放出来的未成熟红细胞。其百分比是一个敏感的血液学参数,提供了一个人体内红细胞生成的功能状态的实时评估。虽然ISU认为正常的百分比在0.4~2.4范围内,但运动员的一些血液筛查结果显示该值远高于2.4,随后急剧下降。2009年2月7日至8日,被申请人在挪威哈马尔组织了2009年ISU世界全能速滑锦标赛。在上述锦标赛开始前一天,即2009年2月6日上午,ISU采集了用于筛查的所有运动员的血液样本,运动员P.的百分比值为3.49。根据这一结果,ISU在2009年2月7日上午和下午从P.身上又采集了两管血液,发现百分比计数分别为3.54和3.38。同一天,ISU医学顾问Harm Kuipers通知运动员和德国速滑联合会,该运动员百分比值"异常"。尽管血红蛋白和血细胞比容的值并不能导致"无法参赛"的情况,但德国速滑联合会表示P.没有参加第二天的比赛。2009年2月18日,从运动员身上采集的另一份血样显示百分比值为1.37。在审查了运动员的血液特征后,2009年3月5日,ISU向其纪律委员会提交了一份请求,指控运动员P.使用了禁用物质和/或禁用方法,即某种形式的血液兴奋剂,这将构成违反《ISU反兴奋剂规则》第2.2条的情形。ISU纪律委员会广泛交换书面意见,双方提交了由各方当事人选择的专家撰写的科学报告。ISU纪律委员会任命苏黎世大学的Max Gassmann教授为独立专家,协助其审查科学证据。继2009年6月29日至30日在伯尔尼举行听证会后,ISU纪律委员会于2009年7月1日发布了如下裁决(即被上诉的纪律处罚决定):(1)根据《ISU反兴奋剂规则》第2.2条规定,P.因使用被禁止的血液兴奋剂方法而被宣布为兴奋剂违规;(2)取消P.在2009年2月7日世界全能速滑锦标赛500米和3000米比赛中取得的成绩,没收积分、奖金和奖牌;(3)自2009年2月9日起,P.将被禁赛两年;(4)Deutsche Eisschnelllauf Gemeinschaft应向ISU支付待确定的费用。

2008年7月21日,该运动员和德国速滑联合会向CAS提交了对被上诉决定的仲裁申请。运动员和德国速滑联合会提出上诉仲裁的时效是无可争议的。2009年7月27日,根据《与体育相关的仲裁法典》第R37条和第R48条,运动员提交临时措施申请,要求CAS:暂停执行上诉决定,直到CAS作出最终决定;暂时获得参加ISU或其批准的所有速滑比赛的资格,或参加德国速滑联合会及在德国速滑联合会及其俱乐部组织的所有训练活动;临时授予资格参加由德国速滑联合会及其俱乐部组织的所有训练活动,并使用所有速滑赛道用于比赛和训练目的,以备战 2010 年温哥华冬奥会。德国速滑联合会和运动员分别于 2009 年 7 月 31 日和 2009 年 8 月 3 日,提交了上诉申请和几件证物。2009 年 10 月 14 日,运动员向 CAS 提交了一份包括相关证物简介在内的意见书,该意见书于 2009 年 10 月 15 日通过快递转发给仲裁庭和其他各方。2009 年 10 月 17 日,ISU 抗议运动员 2009 年 10 月 14 日提交的大部分材料不包括或不涉及对她进行医学调查得出的新证据,并要求仲裁庭拒绝整个提交,或者,作为替代方案,只接受提交材料中属于仲裁庭 2009 年 9 月 23 日认证范围的部分。ISU 还宣布,鉴于运动员提交的新文件的数量和时间限制,其没有时间在听证会前咨询专家并在听证会前提交书面答复。

在日期为 2009 年 10 月 19 日的信函中,CAS 通知双方,仲裁庭认为运动员提交的证据部分不符合仲裁庭的指示和《与体育相关的仲裁法典》第 R56 条的规定,特别是,仲裁庭发现运动员提交的大部分文件都不是"对她进行的医学调查中得出的新证据",运动员提交的文件局限于对这些医学调查的评论,构成了实际的"答辩摘要"。因此,仲裁庭裁定:删除该运动员 2009 年 10 月 14 日提交的材料,但被纳入案件档案的附件 37、38、39、42、44 和 53 除外;在听证会上接受 P.在 2009 年 10 月 15 日代表她的来文中指明的所有专家证人,但 Damsgaard 博士除外,因为其没有在运动员的上诉摘要中指明;为了尊重双方的平等权利,撤销先前授予德国速滑联合会和被申请人对运动员提交的新证据提交书面评论的许可。2009 年 10 月 21 日,德国速滑联合会提交了一份文件,其中包含一份简短的新的专家报告。2009 年 10 月 21 日,仲裁庭将其进一步的程序决定通知了双方。仲裁庭认为:第一,确认其决定不接受 Damsgaard 博士的书面和口头专家意见,因为这不涉及从对运动员进行的医学调查中得出的新证据,并且由于运动员在 2009 年 8 月 3 日之前没有申请延长提交上诉摘要的截止日期,未能及时提交 Damsgaard 博士的意见;第二,根据《与体育相关的仲裁法典》第 R57 条"非公开进行的仲裁程序",决定拒绝申请人关于准许某些感兴趣的观察员出席听证会的请求;第三,决定不将德国速滑联合会于 2009 年 10 月 21 日提交的材料列入记录,因为该文件违反了仲裁庭 2009 年 10 月 19 日的命令。

在本案中,仲裁庭认为:新的科学合理的证据方法,即使在反兴奋剂规则中没有特别提及,也可以随时用于调查和发现未被发现的过去的兴奋剂违规行为,唯一的限制来自8年时间限制以及及时启动纪律处分程序的要求。只要将某行为认定为兴奋剂违规的实体规则在该行为之前已经生效,采用新的举证方法并不构成法律追溯适用的情况。纵向血液学分析"构成证明违反反兴奋剂规则的证据手段,根据旧版WADC,这也可用作兴奋剂违规的证据"。另外,在证据的证明标准方面,仲裁庭提出了自己的主张:在没有不利分析结果的兴奋剂违规的情况下,声称违规的体育协会必须证明:第一,用于获取运动员血液学值和描绘个人资料的血液样本是正确采集的;第二,存在从采集地到实验室保管的可靠血样链条;第三,用于分析血样的机器是记录准确血液学值的可靠设备;第四,将这些值传输并存储在相关体育协会的数据库是可靠的;第五,运动员的血液学值是其使用违禁方法的可靠证据,不存在血液筛查结果正确的"事实推定"。根据CAS判例法,在除阳性检测以外的反兴奋剂程序中,体育行政机关没有出席仲裁程序、证明违反反兴奋剂规则的责任。因此,相关体育组织根据适用的证据标准,提供合理可靠的证据说服仲裁庭确信运动员承担兴奋剂违规全部责任。在没有不利的分析结果的情况下(假设有利于WADA),IFs没有义务遵循WADA标准来证明运动员使用违禁药物方法,任何合理可靠的样本收集、测试后管理、样本运输、分析过程和文件记录就已经足够了。更重要的是,即使存在不利的分析结果的情况下,偏离WADA国际标准本身并不使分析结果无效,只要WADA确定这种偏离没有导致不利的分析结果就可以。

2.关于检验方法科学性的证明力问题

在体育仲裁中,检验方法的科学性亦是证据证明力的认定标准之一。在L. / International Olympic Committee (IOC)[①]案中,CAS仲裁庭认为:"虽然在OMADC中,达贝波汀(Darbepoetin)没有被明确列为禁用物质,但其是促红细胞生成素的类似物或模拟物,即重组促红细胞生成素(r-EPO)。作为一种人工物质,其不同于自然的促红细胞生成素(EPO),不是由人体自然产生的。因此,Darbepoetin是一种禁用物质。根据OMADC,为了治疗胰岛素依赖型糖尿病,且在特定竞赛之前由内分泌学家或团队医生发出书面通知才可使用。在本案中,并没有书面通知。关于dar-兴奋剂的测试方法是实验性的,虽然不能被法律或科学接受,但是有证据证明对血尿联合试验的方法的可靠性,所以对EPO是自然还是人工合成的现有测试方法可以不经修正地使用去

---

① See CAS 2002/A/370.

检测 dar-兴奋剂。在现有证据的基础上,CAS 认为,红细胞生成素和 dar-兴奋剂的检测方法在科学上是合理的,检测结果是可靠的。"

3.关于检验方法科学性与不利分析结果的结合证明力问题

在 CAS 体育仲裁的实践中还将检验方法的科学性与不利分析结果相结合来得出证据的证明力,以此保证案件裁判的公正性,如在 Y. v. Fédération Internationale de Ski (FIS)^①案中,仲裁庭认为:"鉴于 IEF-DB 方法是 TD 2007 EPO 和 TD 2009 EPO(WADA 发布的技术文件)规定的一种'直接检测方法',多年来一直用于检测运动员提供的样本中是否存在 r-EPO,而且也多次得到 CAS 判例的验证,因此根据 TD 2009 EPO 来处理'其他重组人肾红细胞生成素'的新识别标准的适用不需要新的验证。SDS-PAGE 方法的应用不能认为是 TD 2009 EPO 下 IEF-DB 方法的强制性补充。如果对在未显示典型内源性特征的样品中发现 EPO 的来源存在疑问,可以应用 SDS-PAGE 方法(作为补充证据)在不同的、可比较的 IEF-DB 方法的基础上区分 EPO 的不同形式,原则是:不是分子的酸度,而是其质量。只要:(1)IEF-DB 方法显示的结果表明'其他重组人肾红细胞生成素'的鉴定标准明确,该结果就是可靠并足以支持不利分析结果的;(2)SDS-PAGE 方法的结果不能被视为排除基于 IEF-DB 方法的阳性结果;(3)没有证据证明不利分析结果因任何程序上的原因而无效。那么运动员尿液中 r-EPO 的检测就成立,运动员违反了《FIS 反兴奋剂规则》第 2.1 条的规定。运动员和/或其代表有机会参加 B 样本的'开封与分析'确实是兴奋剂控制程序中的一项基本权利,因为这反映了在最终报告不利的分析结果之前听取运动员意见的必要性,并使运动员核实旨在确认最初不利分析结果的程序是否适当地实施。然而,这一权利并不一定延伸到允许运动员参加不需要确认最初不利分析结果的分析程序的实施。"

4.关于仲裁庭的证据评估立场

在证据证明力问题上 CAS 仲裁庭还有着自己的证据评估立场。在 World Anti-Doping Agency (WADA) v. Juha Lallukka^②案中,仲裁庭认为:"(1)仲裁庭的职能不是站在科学专家的立场上,或试图重复这些专家所做的工作。任何面临专家证据冲突的法庭都必须谨慎处理证据,并认识到法庭在所审查的领域缺乏专门的科学知识。考虑到关于举证责任和举证标准的规

① See CAS 2010/A/2041.
② See CAS 2014/A/3488.

定,作为上诉机构,仲裁庭在适用标准方面的功能是确定专家的评估是否以事实为依据,以及专家对结论的评价是否同样基于事实。在执行这项任务时,专家组必然会形成一种观点,即哪一种竞争性专家观点更有说服力。(2)如果运动员没有提交任何证据表明其生理指标可能受到个人情况的影响(如大量运动、压力、身高、年龄、个人生物学特征等),也没有对在两个不同日期的比率值之间的差异做出任何解释,仲裁庭就无法根据充分满意标准证明外部因素可能对其生理指标产生了影响,从而可能导致假阳性。(3)在界定兴奋剂违规行为的意义上,专家观点本身并不是规则,应该被称为数字'准则',可据以通过证据确定在适用规则时是否发生了违反反兴奋剂规定的情况。因此,依赖这些准则并不等于追溯适用法律规则,因为不溯及既往的规则不适用于证据事项。"

5.自认问题

在 International Olympic Committee v. Aleksandr Krushelnitckii① 案中,涉及运动员自认问题。该案基本事实如下:俄罗斯奥运会运动员 Aleksandr Krushelnitkii 参与了 2018 年平昌冬奥会混合双打冰壶比赛并取得铜牌,后经过两次兴奋剂检测均证实存在禁用物质,B 样本也证实了不利分析结果。2018 年 2 月 22 日,该运动员通过电子邮件表明接受两个样本的不利分析结果,不再要求举行听证会,但是保留在世界冰壶联合会的处罚程序中根据无过错或过失原则寻求取消或缩短禁赛期的权利。2018 年 2 月 22 日,CAS 特设仲裁庭确认了该运动员的承认,并要求 IOC 根据其承认情况对其申请情况发表评论。与此同时,CAS 特设仲裁庭要求该运动员在奥运会结束后对世界冰壶联合会提出的暂停该运动员比赛的要求作出回应。同日,IOC 通知 CAS 特设仲裁庭,尽管该运动员承认了违规,但其申请中其他救济请求应被驳回。仲裁庭认为,该运动员明确接受其不利分析结果,因此独任仲裁员根据《IOC 反兴奋剂规则》第 2.1 条确认其违反了反兴奋剂规则。

(三)证明标准

证明标准,是指"证明责任必须达到的范围或程度,它是证据必须在事实审理者头脑中形成的确定性或盖然性的尺度,是负担证明责任的当事人在有

---

① See CAS ADD 18/03.

权赢得诉讼之前,必须运用证据说服事实审理者的标准"①。在体育仲裁中,
证明标准有着举足轻重的地位,同时也存在着不少问题尚未解决。

1.证明标准的类型

从 CAS 仲裁实践看,证明标准的类型可以分为优势证据标准、充分满意
标准、排除合理怀疑标准这三大类,下文将详细展开进行讲解。

(1)优势证据标准(preponderance of the evidence)

优势证据标准在英美法系中被称为"盖然性占优势标准",是指对于正反
双方提供的且经审查的证据,以证明程度的强弱为标准予以采证。换言之,当
事实主张存在的可能性大于不存在的可能性时,则所主张的事实被认定为成
立。《与体育相关的仲裁法典》中并无证明标准的相关规定。

有关 CAS 的"优势证据标准"体现于 Stefan Ivanov Vassiliev v. Fédération
Internationale de Bobsleigh et de Tobogganing (FIBT) & Bulgarian Bobsleigh and
Toboggan Federation(BBTF)②案。该案的基本案情为:申请人 Stefan Ivanov
Vassiliev 出生于 1968 年 9 月,是保加利亚有舵雪橇和雪车联合会国家队的正
式成员,同时也是一名国际级运动员。2004 年 11 月,作为 WADA 赛外检测
计划的一部分,申请人提供了一份尿液样本。2004 年 12 月 9 日,科隆实验室
报告了 A 样本的不利分析结果。2004 年 12 月 16 日,FIBT 将不利分析结果
告知保加利亚有舵雪橇和雪车联合会,并指示其采取相应措施。保加利亚有
舵雪橇和雪车联合会副主席在 2005 年 1 月 7 日的信中对不利的分析结果发
表评论,排除了运动员"故意违反规则的可能性",其在信中还要求在另一个实
验室进行 B 样本的分析。2005 年 1 月 12 日,第一被申请人拒绝保加利亚有
舵雪橇和雪车联合会要求在不同实验室分析 B 样本的请求。但在 2005 年 2
月 15 日,科隆实验室对 B 样本进行分析,证实了 A 样本的分析结果。FIBT
秘书长于 2005 年 3 月 7 日致函保加利亚有舵雪橇和雪车联合会和运动员,向
双方通报科隆实验室对 B 样本的分析结果,这封信还包括以下内容:"因此,
根据 FIBT 和 WADA 的规则,该运动员自 2004 年 12 月 9 日起被禁赛两年,
在禁令期间不能参加任何 FIBT 活动或程序。我们还注意到,受制裁的运动
员是保加利亚有舵雪橇和雪车联合会主席,因此 FIBT 要求保加利亚有舵雪

---

① Peter Murphy. *Murphy on Evidence*. London:Black-stone Press Limited,1997,
p.109.

② See CAS 2006/A/1041.

橇和雪车联合会明确说明在当前情况下将如何对联合会进行治理。"2005 年 6 月 15 日,保加利亚有舵雪橇和雪车联合会通知 FIBT,保加利亚有舵雪橇和雪车联合会的主席由副主席 Alexander Simeonov 同时担任。此外,保加利亚有舵雪橇和雪车联合会要求取消对该运动员的两年禁赛,并以不利的分析结果是因为运动员在 2004 年 9 月探望其父母期间接受紧急手术的理由证实该请求。在要求保加利亚有舵雪橇和雪车联合会及运动员提供额外证明文件后,该案件由 FIBT 的特别委员会(重新)审查。通过 2005 年 11 月 15 日的电子邮件,FIBT 秘书长将兴奋剂案件"重新审查"的结果通知保加利亚有舵雪橇和雪车联合会主席如下:"在重新审查了提供的医疗文件后,上述委员会在评估结论中指出,由于以下原因,必须重新确认对运动员实施的两年禁赛:委员会注意到没有有效的医学证明证明运动员服用禁用物质;运动员没有向 FIBT 医疗委员会提出 TUE——他本应该这样做——以使用 WADA 禁用物质和禁用方法清单中的禁用物质治疗疾病。"

在 2005 年 12 月 30 日的信函中,保加利亚有舵雪橇和雪车联合会通知 FIBT,其已将禁赛期限从两年缩短至 2005 年 12 月 9 日为止的一年。保加利亚有舵雪橇和雪车联合会的这一决定已通过日期为 2006 年 1 月 3 日的信函传达给申请人。在 2006 年 1 月 3 日的信函中,第一被申请人通知第二被申请人,NFs 无权减轻 IFs 对运动员的处罚,因此,2005 年 3 月 7 日实施的两年禁赛仍然有效。此外,信中还包含以下通知:"联合会和/或运动员曾经并且仍然有可能向 CAS 提出上诉,以要求减轻处罚。"在 2006 年 1 月 4 日的信函中,第二被申请人将 FIBT 日期为 2006 年 1 月 3 日的信函转发给申请人。在日期为 2006 年 1 月 12 日的信函中,申请人要求第一和第二被申请人提供一份文件副本,该文件是各自作出禁赛决定的依据。2006 年 2 月 2 日,保加利亚有舵雪橇和雪车联合会向申请人发送了一份文件副本。2006 年 2 月 8 日,申请人向都灵 CAS 特设仲裁庭提出上诉。在都灵 CAS 特设仲裁庭的主席告知其不是提出上诉的适当场所后,申请人于 2006 年 2 月 14 日向 CAS 仲裁院对 FIBT 对运动员施加两年禁赛的决定提出上诉,并对保加利亚有舵雪橇和雪车联合会对运动员施加一年禁赛的决定提出上诉。在 2006 年 3 月 1 日致 CAS 的信函中,第一被申请人声称申请人的上诉已过时限,《与体育相关的仲裁法典》第 R49 条对此作了规定。CAS 上诉仲裁庭在 2006 年 3 月 24 日的命令中裁定,申请人于 2006 年 2 月 22 日向 CAS 提出的上诉是可以受理的。听证会于 2006 年 6 月 28 日在洛桑举行。听证会结束时,双方在提交支持各自请求的书面说明后,对仲裁中的陈述权和平等对待权没有提出异议。

在本案的裁决过程中,CAS 仲裁庭认为:"根据 FIBT 的规则,运动员有责任向法院证明自己没有(重大)过失或疏忽。就证明标准而言,必须考虑'优势证据'(balance of probability)规则。运动员在进行了超出运动员控制及其影响范围的外科手术之后服用了禁用物质,这一明确证据是承认如下事实的充分理由,即运动员已经证明其就禁用物质进入其身体没有相关的过错。"

（2）充分满意标准

充分满意标准不同于一般民事案件的优势证据标准。该证明标准已经为 WADC 所吸纳,WADC 第 3.1 条规定,"反兴奋剂组织应当对已发生的兴奋剂违规承担举证责任。反兴奋剂组织对兴奋剂违规的证明能否使听证小组认识到所提出指控的严重性,并充分满意地相信存在兴奋剂违规。这一证明标准在所有案件中都高于盖然性占优势标准,但低于排除合理怀疑标准"。但充分满意标准并非 WADC 独创,CAS 在仲裁实践中也明确承认了该证明标准。

在 Maxim Vylegzhanin v. International Olympic Committee (IOC)[①]案中,仲裁庭认为:第一,充分满意标准在 CAS 实践中是众所周知的,因为其在许多反兴奋剂案件中一直是常规的 CAS 标准,甚至早于 WADC。充分满意度的测试必须考虑案件的具体情况,这些情况包括打击体育领域任何形式的腐败的重要性,以及考虑到体育管理机构调查当局与国家正式审讯当局相比的性质和有限权力,在任何特定情况下特定被指控不法行为的严重性与适用充分满意标准相关。然而,重要的是要清楚,证明标准本身不是可变的。标准保持不变,但这一不可改变的标准内在的要求是,指控越严重,支持证据就必须越有说服力,指控才能得到证实。

第二,国际体育协会不是国家或国际执法机构,相比这些机构,其调查权力极其有限。由于国际体育协会不能强迫提供文件或证词,必须更多地依赖双方同意提供的信息和证据,以及已经公开的证据,CAS 仲裁庭对证据的评估必须尊重这些限制。特别是,就获得证据而言,国际体育协会能够从不情愿或回避的证人和其他来源获得证据,但不能以不切实际的期望为前提。鉴于所指控的兴奋剂行为的性质和国际体育协会有限的调查权力,国际体育协会可适当地邀请 CAS 仲裁庭从既定事实中得出推论,以填补直接证据中的空白。如 CAS 仲裁庭认为既定事实合理地支持所做出的推论,则可同意该项请

---

① See CAS 2017/A/5436.

求。只要 CAS 仲裁庭对运动员违反特定反兴奋剂规则这一推论的基本事实基础感到满意,就可以得出结论,国际体育协会已经证明违反反兴奋剂规则行为的存在,尽管仅靠直接证据是不可能得出这一结论的。然而,与此同时,如果对运动员的指控是极其严重的,即明知故犯地参与了一场规模空前的腐败阴谋,国际体育协会就有责任提出特别令人信服的证据,证明运动员蓄意参与了这一不法行为。特别是,国际体育协会仅仅构建一个概括的兴奋剂违规方案的存在,并不能满足 CAS 专家组的要求。相反,国际体育协会必须更进一步,在每一个具体案例中,确定运动员个人在知情的情况下参与了涉及特定和可识别的违反反兴奋剂规则的特定行为。换句话说,CAS 专家组必须对运动员个人具体违反 WADC 具体规定的证据感到满意(comfortably satisfied)。CAS 仲裁庭的这一逻辑在 Yulia Chekaleva v. International Olympic Committee (IOC)[1]、Evgeniy Belov v. International Olympic Committee (IOC)[2]、Ivan Skobrev v. International Olympic Committee (IOC)[3] 以及 Olga Fatkulina v. International Olympic Committee (IOC)[4] 等案件中都得到重申。

(3)排除合理怀疑标准(beyond a reasonable doubt)

在国际体育仲裁中,另外一个证明标准为"排除合理怀疑标准",指基于理性和常识得以确信排除合理之怀疑。所谓排除合理怀疑,并非排除所有"疑点、虚构或琐屑之疑问",而是指高于违纪嫌疑人可能违纪的证明责任;仅仅有证据证明违纪嫌疑人可能实施违纪行为的,应当宣告不违纪。排除合理怀疑并非在控辩双方分别主张的两个事实版本之间选择其一,而是必须综合考虑所有证据,判断是否有证据证明某一事实达到了足以排除合理怀疑的标准。在 CAS 仲裁实践中,因仲裁庭的理解和立场不同,对该标准能否在兴奋剂违规中适用存在分歧。下举三例以释明之。

在 Johannes Eder v. International Olympic Committee (IOC) & Martin Tauber v. International Olympic Committee (IOC) & Jürgen Pinter v. In-

---

① See CAS 2017/A/5445.

② See CAS 2017/A/5380.

③ See CAS 2018/A/5502.

④ See CAS 2017/A/5440.

ternational Olympic Committee(IOC)①案中,CAS 仲裁庭的裁判要旨亦体现了对优势证据标准和排除合理怀疑标准的适用之理解:"优势证据"和"排除合理怀疑"的证明标准之间几乎没有实践性差异,尤其是涉及如下表述"考虑到所作指控的严重性"。根据这一解释及 CAS 判例,被申请人需要提出证据证明其指控,这些证据根据申请人所受指控的严重性和后果足以达到令 CAS 仲裁庭充分满意的程度。《IOC 反兴奋剂规则》第 2.6.1 条意义中的"possession"(占有)概念必须根据周围的环境来考虑。如果仲裁庭充分满意地认为在所有情形下,运动员事实或推定占有可使运动员从事禁用方法的物品,则禁用方法就被证实。在进一步证实事实或推定的占有中,没有必要证实使用违禁方法的意图。

在 Anthony Lobello v. International Skating Union (ISU)②一案中,CAS 仲裁庭则明确了优势证据标准和排除合理怀疑标准二者之间的关系,即排除合理怀疑标准高于优势证据标准。其在裁判要旨中指明:"第一,根据《ISU 反兴奋剂规则》第 3.1 条,在所有案件中,优势证据标准都比单纯平衡更重要,但比排除合理怀疑的证明更弱。当《ISU 反兴奋剂规则》将举证责任分配给一个滑冰运动员或其他被指认违背了该规则的当事方,要求其反驳一个推定或确证的特定事实或情形时,证明标准应为优势证据标准。第二,ISU 认为运动员没有提供相关行踪表给 ISU,且 ISU 没有证明案件存在《ISU 反兴奋剂规则》第 3.1 条规定的情形的,只要运动员已经提出——尽管迟延——一份文件(传真和确认信函)以证明该运动员履行了其提供行踪(whereabouts information)信息给 IFs 的义务,以及 IFs 没有证明运动员存在任何证据编造的,就已达到排除合理怀疑标准。"

在 P. v. International Skating Union (ISU) & Deutsche Eisschnelllauf Gemeinschaft e.V. (DESG) v. International Skating Union (ISU)③案中,仲裁庭就曾表明,反兴奋剂案件的体育仲裁程序是私法程序,而非刑法程序。此种程序中证明义务的评估必须以私法程序中的证明标准为依据,不能以专属于刑法程序中的证明标准为基础。超越合理怀疑是典型的刑法证明标准,在反兴奋剂案件中没有适用的空间。CAS 体育仲裁中适用于血液操纵以及严

---

① See CAS 2007/A/1286,CAS 2007/A/1288,and CAS 2007/A/1289.
② See CAS 2007/A/1318.
③ See CAS 2009/A/1912.

重兴奋剂违规案件的通常证明标准是充分满意标准,并且以该标准形成的仲裁裁决已经得到瑞士联邦法庭的认可。因此,即使本案之违规情形具有相当严重性,仲裁庭依然不认可本案的证明标准必须非常接近排除合理怀疑标准的说法,在没有其他限制的情况下,本案应当适用《ISU反兴奋剂规则》规定的充分满意标准。

2.证明标准的选择

在CAS仲裁实践中,主要存在着三个证明标准,分别是:第一,作为准据法适用的体育协会等体育组织的规章条例中所确立的证明标准,可简称为协会标准。第二,CAS仲裁庭根据仲裁规则之规定可以自由裁量掌控的标准,可简称为CAS标准。第三,作为兜底的一般证明标准,可简称为一般标准。三者之间,如何适用,CAS仲裁实践给出了相关的回应。

(1)CAS标准与协会标准的抉择

关于CAS仲裁庭的证明标准与国际体育协会的证明标准是何关系,以及CAS仲裁庭应当适用何种证明标准,我们无法从PILA以及CAS《与体育相关的仲裁法典》中得到直接答案。但根据CAS的长期仲裁实践,我们可以得知:在缺乏统一、有效的证明标准规则下,CAS仲裁庭将认可各国际体育协会制定的具体的证明标准;若某国际体育协会未作相关规定,则全权由CAS仲裁庭进行裁量。易言之,即使CAS对证明标准有明确规定,其仍充分尊重国际体育协会制定的证明标准的规则;当国际体育协会没有相关规定时,CAS仲裁庭则根据案件类型以及主体裁量适用不同的证明标准。

Vanessa Vanakorn v. Fédération Internationale de Ski (FIS)①一案即适例。CAS仲裁庭就曾在裁判要旨中明确:无论是PILA还是CAS《与体育相关的仲裁法典》,都没有明确规定CAS证明标准。因此,在CAS程序中可能会出现两种不同的情况:一种情况涉及有关体育管理机构明确规定的标准,另一种情况则没有规定这种明确的证明标准。关于前者,一贯的判例维持了体育管理机构选择自身规定的应适用之证明标准的有效性。

在另一个判例中②,CAS专家组认为:对于操纵比赛的行为并没有统一的(最低的)证明标准。虽然专家组承认,不同协会之间的一致性是最理想的,但在没有任何总体性规定(如WADA关于兴奋剂案件的法典)的情况下,每个

---

① See CAS 2014/A/3832 & 3833.
② See CAS 2011/A/2490.

协会可以根据国家和/或国际公共政策规则自行决定适用哪一种证明标准。如在当前的情况下,当一个协会决定在其规章中采用不同的具体证明标准时,CAS既不能也没有权力通过实施统一的证明标准来统一规则。就本案而言,上述规则规定了所适用的标准,该标准大于纯粹的优势证据,但小于排除合理怀疑标准。鉴于在民事诉讼法中适用的典型标准(盖然性占优势标准)和刑事程序中适用的典型标准(排除合理怀疑标准)可能得出非常重要而又不同的结论,专家组的任务是在特定的案件中依据事实和可以利用的证据更准确地确定证明标准。FIS对证明标准的定义就是"充分满意"的证明标准,在适用的条例没有规定任何特定标准的情况下,这一标准被CAS专家组广泛应用于纪律、操纵比赛及腐败案件仲裁中。

　　(2)协会标准与一般标准的抉择

　　在Mitchell Whitmore v. International Skating Union (ISU)[①]案件中,其争议焦点就涉及相关体育协会章程规范没有明确证明标准的情形下,如何确定证明标准的问题。本案仲裁庭认为,IFs应证明运动员违反了IFs道德准则,即由IFs承担举证责任。在CAS进行的纪律处罚程序中,如果所适用的条例中没有规定任何证明标准,则适用一般证明标准,即"充分满意"的证明标准。根据CAS关于纪律案件的一贯判例,充分满意标准已被定义为大于盖然性占优势标准,但小于排除合理怀疑标准。特别是,CAS的判例清楚地确定,要达到令人满意的结果,专家组应考虑到所提出指控的严重性。综合CAS上述判例来看,在证明标准的确定上,首先由所适用的条例,包括各国际体育协会的规则予以规定,当前者没有规定时,适用CAS所认可的一般证明标准,即充分满意标准。总的来说,CAS的证明标准的确定位序是:协会标准优先,否则适用一般的证明标准,这个标准就是充分满意标准。

三、仲裁裁决问题

　　仲裁是当事人合意之花,裁决则是当事人合意之果。仲裁裁决的品质直接关涉当事人的权利义务,间接涉及仲裁员、仲裁机构的声誉与竞争力,且CAS经常处理存在强烈分歧的敏感争端,要想充分探究CAS仲裁裁决,必须明晰以下数个问题,即定性问题、处罚问题、裁量权问题以及免责问题。

---

①　See CAS 2016/A/4558.

(一)定性问题

在 WADC 中,对于故意、过错(重大、无)、过错程度(greater/normal/light degree)、注意(diligence)、最大注意(utmost caution)等关键词的认定缺乏证据法上的可知性,以此作为裁决依据,存在证明难的问题。据此需结合CAS 判例,从中提取出 CAS 对以上主观要素的客观解读,以帮助我国体育界正确理解有关条例的认定标准。

1.关于故意的认定、排除及过错的衡量

(1)Evi. v. Sachenbacher-Stehle v. International Baithlon Union[①] 案

该案的争点包括:运动员不知道产品中含有禁用物质与故意的排除;含有特定物质的食品添加剂的意外使用;CAS 判例中运动员过错的衡量。

该案的基本案情如下:申请人是一位具有国际水平的德国越野滑雪和冬季两项滑雪运动员,曾多次参加奥运会和世界锦标赛并获得奖牌,也是德国滑雪联合会的成员。2014 年 2 月,申请人参加了在俄罗斯索契举行的第 22 届冬季奥运会的冬季两项项目。2014 年 2 月 17 日,申请人在参加索契冬奥会女子冬季两项 12.5 公里集体项目后接受了兴奋剂检查,其在赛事中提供的 A样本由索契反兴奋剂中心的实验室进行分析,该实验室获得了 WADA 的认可。2014 年 2 月 20 日,实验室报告存在甲基己胺,甲基己胺是 2014 年《WADA 禁用物质清单》第 S.6 类(兴奋剂)中的禁用指定物质,也称为二甲基戊胺。2014 年 2 月 21 日,实验室对运动员在赛事中提供的 B 样本进行了分析,并确认了对 A 样本报告的不利分析结果。根据不利分析结果,IOC 纪律委员会于 2014 年 2 月 21 日召开了听证会,并作出取消申请人参赛资格以及收回参加本次冬季两项运动的获奖证书的决定。在本案中,仲裁庭借鉴 CAS 2012/A/2822 案中的推理意见来判断运动员通过摄入特定物质甲基己胺来提高运动表现的主观意图。最终仲裁庭认为就 WADC 第 10.4 条而言,必须符合以下三个条件:第一,参赛者样本中发现的物质属于违禁清单中的"指定物质";第二,运动员可以确证"指定物质"如何进入其体内;第三,运动员可以确证该"指定物质"并非用以提升其运动成绩。其中在讨论运动员不知道产品中含有禁用物质这一唯一事实是否足以排除其提高运动成绩的故意时,仲裁庭认为:如果运动员的行为先前聚焦于某一结果,则可以认为该行为是间接故

---

① See CAS 2014/A/3685.

意,但在附带结果实质化的情况下,故意意图将为运动员同等接受。

　　另外,本案中认定运动员摄入兴奋剂的过错程度,需要考虑的内容包括:第一,尽管运动员的国家反兴奋剂机构多次明确警告,这些产品仍然未申报兴奋剂来源和其他禁用物质。事实上,听证会上提出的证据是,运动员摄入了多达九种营养补充剂,有些是一天两次,包括比赛前和比赛日。第二,运动员未对五味子产品进行测试以确定其是否可能受到污染。第三,运动员声称已经"谷歌搜索"了摄入的某些营养产品,但在专家组的记录中,其对"五味子"产品所做研究的深度并不清楚。然而,"五味子"网站的书面声明披露的意图和目的包括提高运动表现:"服用五味子的人可以减轻疲劳,可以更长时间地保持清醒,可以更长时间地承受体力劳动(例如在运动中),尤其是在需要体力时。"运动员声称是信赖其"营养专家"的建议,并据此请求减少 2 年禁赛处罚期限。但这种主张及其理由并未得到专家组的认可。事实上,专家组根据听证会上提供的证词认定,该运动员对营养专家的依赖是没有根据和鲁莽的,并且没有提供证据证明该营养专家受过医学培训,或是反兴奋剂方面的专家。运动员不知道其所信赖的营养专家在反兴奋剂问题上是否具备专业知识(并且在听证会上没有提供任何证据)。因此,仲裁庭认为运动员对其营养专家的信赖是鲁莽的。此外,更重要的是,如果说其他人有责任确保运动员摄入的食物是"干净的",但这并不是兴奋剂违规的公认借口。值得注意的是,若该运动员选择咨询国家队队医或所在的体育联合会或 NOCs 的任何反兴奋剂官员,则无疑会建议其不要服用营养补充剂。且该运动员并非一个没有经验的新人。因此,仲裁庭认为该运动员的过失程度相当大。根据仲裁庭的判断,该运动员未能尽到必要的努力,以向仲裁庭证明其试图避免摄入任何可能导致检测结果呈阳性的物质。恰恰相反,该运动员几乎盲目地服用了大量的补充剂,而没有对它们的来源和纯度进行充分调查。在这方面,本案的事实很容易与 CAS 此前的案件①区分开来,后者对无过错的理由做了界定。鉴于此可知,CAS 仲裁判例体系已经界定了与运动员过错衡量相关的情形,并将它们转化在适当处罚的决定中。尽管先例提供了有益的指南,但个案必须根据事实进行裁决,且尽管处罚一致性是一种美德,但正确性应当是更高的美德;否则,不当的宽容(或不当的严厉)处罚都对体育利益设置了一个有害的基准。为了确定过错类型,考虑过错的主客观程度是有益的。客观因素规定一个理性人在运动员处

---

　　① 　See CAS 2006/A/102.

境下本应预期的注意标准;主观因素则用以在该种过错类型中进行上下调整。

(2)M. v. International Ski Federation (FIS)①案

除了上述案例外,M. v. International Ski Federation (FIS)一案与之不同的是从正面对其进行了认定,此案涉及一种类似于 EPO 的物质——Darbepoetin alfa,EPO 是《FIS 医学指南》中的禁用物质。Darbepoetin 是一种人造物质,其与 EPO 不同,不是由人体自然产生。使用与检测外源性促红细胞生成素类似的检测方法可以很容易地检测到 Darbepoetin。由于 Darbepoetin 的性质以及提高成绩的有效作用,在运动员没有对其体内存在禁用物质作出任何解释的情况下,只能得出故意使用的结论,别无选择。在运动员没有亲自出庭的情况下(以及在只能外源性服用违禁物的情况下,没有相应的解释说明禁用物质如何进入身体),CAS 完全没有理由考虑减少其所受处罚。

通过对前述案例的分析可知,仲裁庭关于故意的认定、排除以及过错的衡量问题的判断,逻辑上主要包括以下几个判断要点:体内是否含有禁用物质;是否故意;几次违规以及是否存在法定和裁量的加重、减轻或免责情节等。

2.关于严重兴奋剂违规的认定

这体现在 Emil Hoch v. Fédération Internationale de Ski (FIS) & International Olympic Committee (IOC)②一案中。该案基本案情为:在2006 年都灵奥运会(2006 年 2 月)期间,申请人 Hoch 先生与奥地利球队主管在一所私人住宅中共用一个房间。这所房子距离奥地利越野滑雪队运动员所在的住处不远,这些运动员由申请人负责照顾和训练。2006 年 2 月 18 日晚上,意大利警方对奥地利越野滑雪队和辅助人员所在的住所进行搜查。在搜查过程中,警方在运动员所在的小木屋和申请人在 2006 年都灵奥运会期间居住的地点查获了各种兴奋剂违规物品。基于此,IOC 和 FIS 启动了相关处罚程序。最终仲裁庭裁定:申请人违反《FIS 反兴奋剂规则》第 2.6.2 条,宣布Emil Hoch 在两年内没有资格以任何身份直接或间接参与任何 FIS 举办的活动;违反《FIS 反兴奋剂规则》第 2.8 条,Emil Hoch 终身无资格以任何身份直接或间接参与任何 FIS 批准的活动。2008 年 3 月 18 日,申请人就 FIS 兴奋剂小组于 2008 年 2 月 28 日发布的处罚决定向 CAS 提交了上诉声明。

该案的争点主要是严重兴奋剂违规。对此仲裁庭认为:严重的兴奋剂违

规是指持续对多个第三方兴奋剂违规提供实质帮助,也包括多人涉入更大范围的兴奋剂共谋违纪并因此显示了高度的违纪能力,以及兴奋剂违规对相关运动员特别危险的情形。

在本案中,首先,根据被申请人提交的证据,仲裁庭认为申请人客观上协助运动员违反了反兴奋剂规则。在 Johannes Eder v. International Olympic Committee（IOC）& Martin Tauber v. International Olympic Committee（IOC）& Jürgen Pinter v. International Olympic Committee(IOC),以及 Roland Diethart v. International Olympic Committee（IOC)案中,运动员被裁定参与血液兴奋剂和血液操纵的违纪行为。Hoch 先生本人承认,警方从其房间的包里查获的用过的医疗用品是从运动员那里收集的。借助扣押记录和照片,每件物品的照片可以与扣押记录中列出的相应物品明确匹配,很容易确定扣押证据的性质。据 Don H. Catlin 教授在其专家意见中做出的合理且合乎逻辑的陈述,上述医疗物品是通常用于操纵血液和血液兴奋剂的物品。因此,仅仅为了运动员的利益而使用医疗用品就已经超出了医学意义上的客观援助的门槛,且申请人的行为具有法条所要求的主观意图。其次,申请人处理运动员医疗用品的事实表明,其与运动员关系密切,不仅参与了他们的决定,还参与了他们的兴奋剂实践。因此,仲裁庭确信申请人"为"运动员提供了这种帮助。尽管申请人声称,其是按照协会高级官员的指示行事,而不是为了运动员,但仲裁庭认为这是一个无关紧要的答辩谎言,因为申请人无法说出给他这些指示的等级高于他的官员。最后,申请人收集使用过的医疗用品是帮助运动员进行兴奋剂违规,因为这些医疗用品从一开始就不能用于体育运动中,除了兴奋剂违规之外没有任何其他作用。因此,申请人所实施的违纪行为属于严重兴奋剂违规行为。申请人为多个第三方兴奋剂违规提供实质性帮助。可以说,他卷入了一个更大的兴奋剂操纵行动,从而表现出高度的违纪能量。更重要的是,在这种特定情况下的兴奋剂违规行为对相关运动员来说尤其危险。

3.关于注意标准、正当勤勉义务、特别情节的认定

关于运动员的注意标准、正当勤勉义务、特别情节的认定体现在以下三个案件中:United States Anti-Dopig Agency v. Ryan Bailey 案、James Armstrong v. World Curling Federation（WCF）案,以及 International Ski Federation（FIS）v. Therese Johaug & Norwegian Olympic and Paralympic Committee and Confederation of Sports（NIF）& Therese Johaug v. NIF 案。

(1)关于高水平运动员的注意义务标准

高水平运动员的注意义务在 United States Anti-Dopig Agency v. Ryan Bailey[①]一案中予以明确。仲裁庭的裁判要旨如下。

第一,运动员在确保遵守反兴奋剂义务方面负有个人注意义务。高水平运动员的注意标准非常高,这是基于其经历、预期的反兴奋剂规则认知,以及他们对特定体育的公共影响。运动员主要的个人责任是确保没有禁用物质进入其身体。一名优秀运动员,没有询问任何人以保证其所摄入的物质是"安全"的,在服用产品之前没有采取最基本的阅读产品说明的步骤,也没有做任何了解,这明显偏离了这个年龄和经验的运动员的预期行为标准。因此,这样的行为并不能认为是无重大过错。同样的结论也适用于身患残疾或缺陷的运动员,例如注意缺陷障碍残疾,但其残疾程度不足以阻碍其进行尽职调查。此外,残疾或缺陷运动员如果因其残疾而不遵守 WADC 基本义务,则要么不应该参加比赛,要么确保有可负责任的成年人陪伴其服用任何补充剂或药物,或者采取其他适当措施,包括医学上建议的措施等,这样就可遵守 WADC 基本义务。第二,如果运动员没有履行任何的注意义务,则不能缩减至可适用的两年禁赛期。

(2)关于"最大注意"与"无重大过错或过失"的认定标准

运动员在储存药物时要格外小心(最大注意)的适用与"无重大过错或过失"的认定体现在 James Armstrong v. World Curling Federation (WCF)[②]案中。该案的基本案情为:申请人是一名 61 岁的加拿大冰壶运动员,是世界冰壶联合会(World Curling Federation,简称 WCF)的成员,一生都在最高水平的比赛中参赛。2004 年的一场车祸迫使其提前退休。事故发生后,申请人继续从事轮椅冰壶运动。自 2007 年以来,申请人一直以精英冰壶运动员的身份参赛,并且是最近获得世界锦标赛和残奥会金牌的加拿大国家队的成员和队长。同时,申请人也是一名合格的医生,从事牙医工作多年并已退休。2011年 12 月 8 日,申请人被选中进行 WCF 授权的赛外兴奋剂检查。从申请人处收集的尿液样本分析是在 WADA 认可的蒙特利尔实验室进行的,分析揭示了禁用物质的存在。2012 年 1 月 6 日,WCF 反兴奋剂官员正式通知申请人不利分析结果。2012 年 1 月 12 日,申请人放弃进行 B 样本分析的权利。

---

① See CAS 2017/A/5320.

② See CAS 2012/A/2756.

2012 年 1 月 17 日,WCF 听证小组通过电话会议听取了申请人的意见。2012 年 1 月 31 日,考虑到申请人提出的某些问题,WCF 听证小组要求申请人在 2012 年 2 月 5 日前提交其已故妻子服用禁用物质的处方副本,以及其他医学证据。2012 年 2 月 3 日,申请人向 WCF 听证小组提供了所要求的每一份文件、证据和声明,但没有提供其已故妻子的处方副本。Linda Ferguson 博士和 Robert Graham 博士的专家报告证实,申请人有涉及大量病症和疾病的重要病史。2012 年 2 月 3 日,WCF 向 WCF 听证小组提供了申请人的 TUE 证书以及申请人的反兴奋剂测试历史记录,这些文件显示,申请人曾要求并定期获得多种物质的 TUE,但从未获得过案涉禁用物质的 TUE。最终,WCF 案件听证小组决定根据《WCF 反兴奋剂规则》第 10 条对运动员实施以下处罚:运动员停赛 18 个月,自决定通知之日起立即生效,无须另行通知。2012 年 3 月 25 日,申请人根据《与体育相关的仲裁法典》向 CAS 提交暂缓执行处罚决定的请求和上诉声明。

本案涉及的主要问题及仲裁庭意见如下:第一,关于最大注意的适用。仲裁庭认为确保没有禁用物质进入身体是每位运动员的个人责任。运动员应对样品中发现的任何禁用物质、代谢物或标记物负责。因此,没有必要证明运动员的主观意图、过失、疏忽或知情来确定反兴奋剂违规行为。在本案中,运动员把自己的药和妻子的药放在一个盒子里,而且重复使用了相关容器,这一事实确定无疑地不构成最大注意的行使。对运动员来说,这种药很容易被误认,这一点应该是非常明显的。无论个人是否卫生专业人员,任何人都将且本应当考虑到这一点,此种考虑甚至不需要最大注意,只需要普通注意即可。

第二,关于无重大过错或过失的认定标准。在考虑申请人是否"无过失"时,仲裁庭参考了相关《反兴奋剂规则》附录 1 中"无过失或过失"的定义:"即使在极其谨慎的情况下也不能合理地知道或怀疑,其已经使用或服用过禁用物质。"本案中,申请人将自己的药物和妻子的药物存放在一个盒子里,并重复使用禁用物质的容器,这一事实当然不构成极其谨慎的做法。任何人都可以也应当可以做出这种考虑,甚至不需要极度谨慎,只需要普通谨慎即可,无论该人是否专业人士。因此,仲裁庭认为申请人有过错,无权取消任何制裁。

(3)关于运动员无过错或过失标准的认定

International Ski Federation (FIS) v. Therese Johaug & Norwegian Olympic and Paralympic Committee and Confederation of Sports (NIF) &

Therese Johaug v. NIF① 案中也包括对无过错或过失标准的认定,及运动员的注意义务与注意标准的认定;另外还涉及无"重大过错"类型中过错等级的评估。在本案中,仲裁庭提出:第一,如果一名运动员通过"简单检查"就能意识到其正在使用的医疗产品含有禁用物质,而且这种禁用物质在产品的包装和使用说明上都有标明,那么该运动员就未能履行其勤勉注意的义务。无过错裁定只适用于真正的例外情况,为了达至无过错的行为,运动员在避免使用兴奋剂时必须行使"最大注意"。即使是极端情形,且只有最小的过失,运动员也不能豁免于维持最大注意的义务。高水平运动员的注意标准是非常高的,这是基于其经验、对反兴奋剂规则的应有的知识,以及他们对特定运动的公共影响。因此,一名高水平运动员必须始终亲自采取非常严格的措施来履行这些义务。医生开的治疗药方并不能减轻运动员检查药品是否含有禁用物质的义务,医生失职不能免除运动员的个人责任,其总是要自己承担个人责任。此外,运动员有责任反复核查医生提供的治疗方案,即使医生是体育专家。

第二,在"无重大过错"类别中,更大程度的过错可能导致 20 个月至 24 个月的处罚;一般过错程度可能导致 16 个月至 20 个月的处罚;轻微过错可能导致 12 个月至 16 个月的处罚。在确定了"无重大过错"的相关程度之后,CAS 仲裁庭必须转向可以用来减轻或加重特定运动员幅度内主观因素之评估。

4.关于过错或过失的认定

过错或过失的认定是一个极其重要的定性问题,关涉当事人的利益。该如何区分无(重大)过错或过失、各自的证明标准又是怎样的,以及过错需要考虑的因素都有哪些? 这些问题在具体的 CAS 判例中得以解答。

(1) Serge Despres,WADA v. Canadian Centre Ehics in Sport,Serge Despres;Bobsleigh Canada Skeleton② 案的认定标准

关于无(重大)过错或过失的区分标准与过错的考虑因素可以从该案中窥见一二。该案中,仲裁庭认为在摄入营养补充剂之前,运动员没有直接联系生产商求证,这属于没有采取明确而明显的预防措施。仅仅相信通用的保证,无法解释为什么其没有采取这一额外的、规定的步骤。因此,该运动员没有达到"无重大过错或过失"的注意标准,从而不能减至规定的两年禁赛期。团队营养师的建议也不构成证明"没有重大过错或过失"的适当主张。

---

① See CAS 2017/A/5110.

② See CAS 2008/A/1489,CAS 2008/A/1510.

(2) OG-2006-World Anti-Doping Agency (WADA) v. United States Anti-Doping Agency (USADA), United States Bobsled & Skeleton Federation (USBSF) and Zachery Lund[①] 的认定标准

关于无(重大)过错或过失的证明标准体现在该案中。该案的裁判要旨如下:第一,根据《兴奋剂管制规则》,为了确证"无过错或过失",运动员必须证明使用禁用物质是其主观上不知道或不怀疑的,以及在尽最大注意时也不可能合理地知道或怀疑的情形。一个运动员在意识到(且被其国家协会告知)必须每年核查禁用物质清单的情况下,该运动员整整一年完全没有看过该清单,这不能严谨地证明该运动员尽到了最大的注意义务。作为一个运动员,不持续关注禁用物质清单,这是一种懈怠。第二,为了确定"无重大过错或过失",一个运动员必须证明,综合整体情况并考虑到"无过失或疏忽"的标准,其过错或过失对于违反反兴奋剂规则而言是否重大。一旦"无过失或疏忽"的标准得到满足,就可减少禁赛期。一名运动员一直都定期查阅禁用物质清单,但在接下来的一年中没有将其服药的信息写入兴奋剂控制表格中,只要表明其是一名诚实的运动员,并对其不作为是公开和坦诚的,就可认为满足了这一标准。服药信息在阳性测试之前一直未被反兴奋剂组织发现与这一事实是相关的。

(3) Hans Knauss v. FIS[②] 案的认定标准

关于无(重大)过错或过失标准的认定与适用在该案中也有所体现。该案基本案情为:2004年11月27日,在加拿大举行的FIS世界杯高山速降比赛中,从申请人那里收集了尿液样本。WADA认可的魁北克实验室对该样本进行了分析。2004年12月15日,魁北克实验室向FIS报告了申请人样本的分析结果。根据报告,申请人提供的A样本含有禁用物质去甲雄酮,浓度为4.2 ng/ml。这一发现通过对B样本的分析得到证实。此外,一份样本被送到科隆大学经WADA认可的兴奋剂实验室进行额外的分析。该分析得出结论,该样品与代谢物的外源来源一致,并且该样品没有显示出任何类型的降解或活性迹象。本案中,禁用物质的存在来源是运动员摄入的营养补充剂,虽然运动员并不知道所涉及的营养补充剂含有禁用物质,但运动员没有选择使用其协会推荐的补充剂,加之运动员曾参加过包括奥运会在内的多项重大国际赛事,属于有经验的运动员,所以本案是否存在"无重大过失或疏忽"的限定要

---

① See CAS ad hoc Division OG 06/001.
② See CAS 2005/A/847.

素,值得商榷。《FIS规则》附录中的术语定义对理解该术语没有多大帮助,其只是规定在确定运动员是否有重大过失或疏忽时,必须考虑所有情况。此外,附录中的定义将"无重大过失或过失"的情况与"无过错或过失"的情况区分开来,后者只有在运动员尽一切努力避免服用禁用物质时才会被认定。对此仲裁庭认为:

第一,营养补充剂受污染和/或贴错标签的风险是不能也不应被一个经验丰富且多年参加最高水平比赛的运动员所忽视的,特别是考虑到多个体育协会和反兴奋剂组织的明确警告,这些组织在过去的几年里反复强调营养补充剂受污染和/或贴错标签的风险。在这种情况下,不能认为构成"无过错或过失"所要求的注意标准,即最大注意标准。

第二,满足无重大过错或过失要求的条件不得设置得过高。标准设定得越高,在认定过错或过失的禁赛期间范围时进行有意义的公平区分的机会就越少。但该标准的下限也不能定得太低,否则,违反反兴奋剂规则所规定的两年禁赛期将成为例外,而不是一般规则。

第三,规则规定,如果运动员在证明他人违反反兴奋剂规则时提供了实质性帮助,可以缩短禁赛期。这一规则的可适用性与形式标准(例如,体育协会是否以及在何种程度上可以或不可以对另一个人,或者对该运动员所披露事实行使管辖权)联系起来用以区别值得减轻处罚的行为和无权获此优待的行为,是武断且不恰当的。

(4)无重大过错的三级分类法

除此以外,无(重大)过错或过失的三级分类法及处罚的量化也是定性中需要考虑的问题。在 International Ski Federation (FIS) v. Therese Johaug & Norwegian Olympic and Paralympic Committee and Confederation of Sports (NIF) & Therese Johaug v. NIF 一案中就提到了无重大过错的三级分类法及处罚的量化问题。该案表明:第一,更大程度的过错可能导致 20 个月至 24 个月的处罚;第二,一般过错可能导致 16 个月至 20 个月的处罚;第三,轻微过错可能导致 12 个月至 16 个月的处罚。在确定了"无重大过错"的相关程度之后,CAS 仲裁庭则需要对某一类别中无(重大)过错或过失的主观因素进行评估。

在 International Skating Union (ISU) v. Alexandra Malkova, Russian

Skating Union (RSU) & Russian Anti-Doping Agency (RUSADA)①一案中还明确了一种无重大过错的情形,但有例外。就赛内禁用但赛外可服用物质的赛内检测问题,仲裁庭认为仅赛内禁用物质的赛外服用行为并不构成服用兴奋剂或违法行为。违法行为不是因为服用该物质,而是在运动员体内仍有该物质(或该物质的生物指标)时参加比赛。违法行为在于如下事实:运动员在赛外服用的物质被清除出其体外之前,过早地回到比赛。本案中,关于运动员的过错程度,必须考虑到,如果要求运动员不能服用这些物质,将导致禁用物质清单的扩大,以至于不仅包括赛内禁用的物质。据此可得出,如果仅赛内禁用物质在赛外服用,针对运动员的处罚范围就从警告到 16 个月(因为原则上运动员并无可归责的重大过错)。但是针对这个一般原则在某些案件中不得不进行例外处理,比如,运动员能够在特定物质的服用与所承受的风险之间轻易地形成关联,例如当特定产品是一种用以治疗的药品,在这样的场景中,药品含有禁用物质是为人所知的,特定危险产生的可能性较大,要求有更高的注意义务。

(5)关于衡量程度的问题

在上文提到的 Evi. v. Sachenbacher-Stehle v. International Baithlon Union② 一案中有所提及。仲裁庭认为令人印象深刻的判例体系已经界定了与运动员过错衡量相关的情形,并将其转化至适当的处罚决定中。尽管先例提供了有益的指南,但个案必须根据事实进行裁决,且尽管处罚的一致性是一种美德,但正确性应当是更高的美德;否则,不当的宽容(或不当的严厉)处罚都对体育利益设置了一个有害的基准。为了确定过错类型,考虑过错的主客观程度是有益的。客观因素是为了规定一个理性人在运动员处境下本应预期的注意标准,主观因素则用以在该种过错类型中进行上、下调整。

(二)处罚问题

体育处罚是体育的清洁系统,可以维护体育的健康发展,实现体育中的正义,维护运动员精神。体育处罚,是指有处罚权的机构或个人依据有关法律或规则对体育中的不当行为或体育人的不当行为作出惩戒性决定。体育处罚既包括"对事的处罚",也包括"对人的处罚"。所谓"对事的处罚",就是有关机构

---

① See CAS 2016/A/4840.
② See CAS 2014/A/3685.

或个人(如国家司法机构、国际体育协会或裁判)对所有在体育运动中发生的不当行为的处罚,如对体育中的贿赂、兴奋剂违规等各种不当行为的处罚;而"对人的处罚",是指由于维护体育形象的需要,国际体育协会对体育人一些发生在体育之外的不当行为也要进行处罚,如相对人酗酒、斗殴等与体育无关的行为也要受到国际体育协会的处罚。下面通过对 CAS 案例的分析,指出国际体育仲裁中相关的处罚问题。

1.处罚规则的溯及力

从旧兼从轻情形的认定,在 E. & A. v. Internaitona Biathlon Union (IBU)①一案中有所涉及,可以透过该案件来厘清这一情形的内在含义。该案基本案情为:申请人 E.和 A.于 2008 年 12 月参加了在瑞典举行的 IBU 世界杯比赛。E.于 2008 年 12 月 4 日接受了赛内反兴奋剂检查,并和 A.于 2008 年 12 月 5 日再次接受了赛外反兴奋剂检查。A 样本于 2008 年 12 月进行了分析。2009 年 1 月 28 日,WADA 认可的洛桑某实验室向 IBU 报告了上述测试中存在 r-EPO 的不利分析结果。2009 年 1 月 13 日,WADA 认可的维也纳实验室主任 G.Gmeiner 博士给出了意见,并确认运动员的样本都存在 r-EPO。运动员要求分析 B 样本。2009 年 2 月 10 日启动 B 样本的检测,2 月 12 日实验室确认所有 B 样本中都存在 r-EPO。A 和 B 样本的报告指出:"该样本的等电图显示 r-EPO 的存在。"A 样本分析由实验室分析师 Lamon 女士进行,她还将 B 样本保留并提取出来以备进行免疫测定和尿液净化测试。IBU 于 2009 年 2 月 4 日对运动员实施了临时禁赛,并将这两个案件提交兴奋剂听证小组。A 和 B 样本的实验室文件包分别于 2009 年 3 月 10 日和 3 月 3 日发布。2009 年 5 月 6 日,实验室致函 IBU,通知其样本的实验室文件包中存在错误。实验室在 2009 年 5 月 6 日的一封信函中附上了 A 样本的实验室文档包的"勘误"。兴奋剂听证小组的听证会于 2009 年 5 月 8 日举行。2009 年 8 月 11 日,对每位运动员的案件作出单独决定,两名运动员都被裁定兴奋剂违规,并从当日开始对每名运动员实施禁赛两年的处罚。

该案涉及的争点包括:最新技术和知识的使用,以及从宽处罚原则的适用。关于从宽处罚原则,仲裁庭认为:双方一致选择了采样日期适用于该事项的规则,因此,经修订的规则适用于本上诉。在这方面,申请人按照从旧兼从轻的思路提出:如果 2009 年的规则比 2006 年的规则更有利,那么,专家组应

---

① See CAS 2009/A/1931.

采用更有利的规则来裁决本案。

仲裁庭认为,本案适用从宽处罚规则是没有根据的。该原则更具体地涉及适用的处罚,而不是适用于以证据科学为基础的技术规则。从宽处罚原则一般理解为,如果与被申请人违纪行为有关的法律已经修改,则应适用较轻的法律。然而,即使该原则确实适用于确定处罚以外的更多情形,在本案中也无法确定哪个是更有利的《兴奋剂检测实验室国际标准》(International Standard for Laboratory,简称 ISL)标准。在这种情况下,2008 年的 ISL 规则为申请人提供了一个基础,可以在此基础上辩论是否违反 ISL 规则,但如果适用 2009 年 ISL,因为其没有违反 2009 年 ISL,则相同的论点就没有根据,这种情况并没有使 2008 年的 ISL 更加有利。从宽处罚原则的意图根本不是让被申请人为自己提供更有利的依据,仲裁庭认为,从宽处罚原则意味着,如果与被指控的违规相关的法律被修订,严重程度较低的法律应予适用。因此,从宽处罚原则涉及的是所适用的处罚,而不是适用于证据科学依据下的技术规则。

2.减轻处罚的情形

值得我们关注的减轻处罚的情形包括两种:一是对证实其他兴奋剂违规行为提供实质性帮助;二是自认。

在 Hans Knauss v. FIS[①] 案件中,涉及运动员没有重大过错或过失,且为证实他人违反了反兴奋剂规则提供了实质性帮助时的减轻处罚情形,对此,仲裁庭认为将该规则的可适用性与形式条件(例如,体育协会是否以及在何种程度上可以或不可以对另一个人,或者对该运动员所披露事实行使管辖权)联系起来,用以区别值得减轻处罚的行为和无权获此优待的行为,是武断且不恰当的。因此,实质性帮助检举他人违纪,不应同时要求满足形式条件才减轻处罚。

关于自认的认定与适用体现在 IOC v. Aleksandr Krushelnitkii[②] 案中。该案基本案情为:运动员 Aleksandr Krushelnitkii 是来自俄罗斯的奥林匹克运动员,其参加了 2018 年 2 月 13 日结束的混合双打冰壶比赛,并获得了铜牌。2018 年 2 月 12 日,该运动员接受了赛内兴奋剂检查(第一次兴奋剂检查),A 样本的分析结果显示禁用物质的存在。2018 年 2 月 13 日,运动员接

①　See CAS 2005/A/847.

②　See CAS ADD OG 18/03.

受了第二次赛内兴奋剂检查,并提供了 B 样本,第二次兴奋剂检查的分析结果证实了 A 样本的不利分析结果。2018 年 2 月 18 日,IOC 通过信函将不利分析结果通知了他。2018 年 2 月 22 日,运动员表示接受关于两个样本的不利分析结果,他不再要求举行听证会,并保留寻求取消或缩短禁赛期的权利,理由是"无过错或疏忽"原则。此举表明运动员自认《IOC 反兴奋剂规则》第2.1 条项下的兴奋剂违规。

3.加重处罚的情形

(1)需要判断是否存在加重因素。在 World Anti-Doping Agency（WADA）v. Juha Lallukka[①] 案中,争点包括:是否存在导致更高处罚的加重因素。对此,裁判要旨如下:外源性 hGH 的给药行为构成加重因素这一主张在适用的反兴奋剂规则中没有根据,因为该规则并未区分各种形式的初犯,也没有意指使用 hGH 的兴奋剂违规在属物意义上比其他禁用物质的存在应受到更高的处罚。与另一种禁用物质相比,对属物的处罚更高,是基于违规的情形,而非违规本身导致处罚的加重。

(2)在多次违规的加重情形中,无过错情形不纳入多次违规计算基础。这一点体现在 Olga Aramova v. International Biathlon Union[②] 案中。仲裁庭的裁判要旨如下:根据 WADC 第 10.4 条的规定,如果运动员在案件中证明自己没有过错或过失,那么应免除本应适用的禁赛期。此外,根据 WADC 第10.7.3条的规定,运动员被证实系无过错或过失的兴奋剂违规行为,不能构成兴奋剂违规重犯的计算基础。

(3)除上述两种情形外,还值得关注的是终身禁赛适用的合理性问题。这一问题在 Emil Hoch v. Fédération Internationale de Ski（FIS）& International Olympic Committee（IOC）[③]案中有所涉及。在该案中,仲裁庭认为,对于运动员而言,终身禁赛是对其最严重的处罚,只有在违纪行为极其严重的情况下,比如故意帮助未成年人实施兴奋剂违规,或兴奋剂共谋违纪的主要负责人,该终身禁赛的处罚才具有合理性。

(三)裁量权问题

在比赛过程中,自由裁量权是裁判主体主观上对比赛过程及结果享有的

---

① See CAS 2014/A/3488.

② See CAS 2016/A/4889.

③ See CAS 2008/A/1513.

一种判断权。基于此,自由裁量权在学术研究领域也日益受到重视。下面通过案例,对 CAS 仲裁案例中涉及的各裁决主体,包括但不限于各单项体育协会、CAS 仲裁庭等的自由裁量权相关问题进行解析。

1.国际体育协会的自由裁量权

自由裁量权是国际体育协会的章程、法规、条例或其他规则在解释与适用中,赋予相关权力机构行使权力时的裁量自由,在 CAS 仲裁语境下尤其是指国际体育协会的内部纪律处罚机构或内部纠纷解决机构对相对人施加纪律性处罚,或评判该纪律性处罚时所具有的裁量自由。一般而言,该种自由裁量权是相关规则赋予国际体育协会的权力,CAS 仲裁庭无权对其行使管辖权。但在仲裁实践中 CAS 仲裁庭也指出了一些例外情形,主要有二:一是自由裁量权的行使方式存在恶意或有违诚信原则的;二是自由裁量权的行使显失公平或显失比例的。

(1)自由裁量权的一般行使要求

关于国际体育协会自由裁量权行使的一般要求,在 OG Vancouver-10 Confederacao Brasileira de Desporto no Gelo v. Federation Internationale de obsleigh et de Tobogganing[①] 案中有提到这一问题。该案仲裁庭得出:如果 IFs 可适用的规则对于世界杯参赛小组退出后的替换没有规定,且 IFs 法规给予其执行委员会权限,以采取任何法规没有预见的裁定,则执行委员会有权决定是否替换,以及如何替换的问题。不仅如此,裁定由下一级别的小组替换退出小组的决定并非不合理和专断。

而在 Daniela Bauer v. Austrian Olympic Committee (AOC) & Austrian Ski Federation (ASF)[②] 案中,仲裁庭认为有合理理由,则不算滥用自由裁量权。《奥林匹克宪章》或《FIS 规则》都没有规定 NFs 必须向其 NOC 推荐满足 FIS 最低奥运会参赛资格标准的运动员。FIS 分配配额确定了活动的最大参加人数和填补这些位置的方式,但并未规定 NF 必须就其配额分配向其各自 NOCs 提名运动员。在运用客观标准或行使主观自由裁量权时,有不得专断、不公平或不合理的法律义务。但是,NFs 在不向 NOCs 推荐提名运动员有合理的体育性理由的,则 NFs 就没有专断、不公平或不合理地行使其自由裁量权。

① See CAS ad hoc Division OG 10/002.
② See CAS ad hoc Division OG 14/001.

（2）自由裁量权滥用的举证责任

关于自由裁量权滥用的举证责任，在 Andrea Schuler v. Swiss Olympic Association & Swiss-Ski[①] 案中有所涉及，从中可知：第一，自由裁量权滥用的举证责任在运动员。除非选拔规则规定了完全客观的标准，比如给定比赛中的排名或积分，否则选拔过程必须依赖于某种方式，或者依赖于选拔运动员的主体之主观判断。第二，如果运动员没有主张选拔机构在选拔时恶意或采取歧视方式，或者如果这个运动员没有提供任何证据证明选拔过程不公正及选拔决定在当时情形下是不合理的，则不能证实选拔决定是专断的。

（3）自由裁量权行使的比例原则

关于自由裁量权行使的限制原则，Daniel Walker v. Australian Biathlon Association[②] 案对有关规则进行了解读。申请人是一名澳大利亚冬季两项运动员，寻求代表澳大利亚参加 2012 年冬季青年奥运会男子冬季两项比赛。目前提名参加此次活动的是 Lachlan Porter 先生，如果上诉成功，申请人将有权代替 Porter 先生获得本次提名。本案中，IFs 的自由裁量权限制主要围绕改变比赛赛程展开。在这一事项上仲裁庭认为比赛的赛程范围是可变的，没有明确的限制。虽然没有明确约束裁量权，但作为一个法律问题，其受到两个限制：第一，必须善意行使，而不能专断、任意或不合理地行使，这种行使方式就是非理性人在决策者位置会做出的那种决定；第二，不论措辞多么广泛，行使裁量权都不能与授予该裁量权的文书之目的相悖。

关于自由裁量权行使的结果控制的比例原则，体现在 Canadian Olympic Association（COA）/Fédération Internationale de Ski（FIS）[③] 案中。仲裁庭认为：第一，FIS 在雪板赛中没有为配额的重新分配设定书面规则，也没有把资格裁定通知其会员国家协会，这些疏忽并不足以构成自由裁量权的滥用。第二，根据 CAS 判例，IFs 的制裁只有在有悖于一般法律原则，且适用是专断的，或规则规定的制裁被认为是过度或不公平的，才能进行修正。这些标准同样适用于 IFs 作出的资格裁定。

在上述提及的 Serge Despres，WADA v. Canadian Centre Ehics in Sport，Serge Despres；Bobsleigh Canada Skeleton 一案中，仲裁庭提出，比例

---

① See CAS ad hoc Division OG 06/002.

② See CAS 2011/A/2590.

③ See CAS ad hoc Division OG 02/002.

原则使 CAS 仲裁庭在存在极端或例外情况的案件中具有灵活性。该案中,由于营养补充剂被污染的风险是众所周知的,导致运动员的不利分析结果的情形在这样的案件中既不极端也不独特。因此,没有理由缩短所适用条例规定的两年禁赛期。United States Anti-Dopig Agency v. Ryan Bailey 案表明如果运动员没有履行任何的注意义务,则不能缩减可适用的两年禁赛期,这体现了比例原则中的处罚要与运动员的主观过错与客观行为相称。Hans Knauss v. FIS 一案也涉及比例原则的相关内容,主要是比例原则与国际体育协会的自治权。在该案中,瑞士联邦法庭认为,国际体育协会可以在其规则中限制确定处罚时应考虑的情况,从而也限制比例原则的适用。但是,如果这些规则构成对个人权利的侵犯,那么体育协会就超越其自治权了,这种侵权的性质和范围极其严重,与所处罚的行为完全不相称。同样提到比例原则的 Roland Di-ethart v. International Olympic Committee(IOC)案,其对比例原则已植入 WADC 等相关规则,故上诉机构无须适用比例原则进行了释明。该案指出 WADC 及其后的《IOC 反兴奋剂规则》的起草反映了比例原则,从而降低了上诉机构适用这一原则的必要性。换言之,比例原则已经植入了 WADC 和《IOC 反兴奋剂规则》。

Aino-Kaisa Saarinen & Finnish Ski Association v. Fédération Interna-tionale de Ski (FIS)案是关于 CAS 对国际体育协会处罚相称性的审查及限制具有代表性的案例之一。该案的基本案情为:2009 年 12 月 20 日,在斯洛文尼亚罗格拉举行的世界杯 15 公里比赛后,FIS 以比赛期间故意阻碍其他参赛选手为由取消了申请人的参赛资格。随后申请人向 CAS 提交上诉声明。经过分析,仲裁庭认为,虽然 CAS 特设仲裁庭允许无限审查的规则胜过体育机构的规则(见 CAS OG/04 003,第 8 段),然而,这并不意味着 CAS 可以忽略上诉所针对的特定事件和决定。在本案情况下,CAS 特设仲裁庭的审查范围不能比 FIS 法院的审查范围更广,只能针对 FIS 法院得出的结论是否遵循了适当的程序以及适用了适当解释的相关规则。如果 CAS 将重新审查的权力解释为将自己置于竞赛评审(或上诉委员会)的位置并重新考虑申请人在 Rogla 比赛期间的所有证据,则属于审查权威的比赛决定。仲裁庭提出,权力有限的仲裁庭不应质疑事实决定,例如,所造成阻碍的性质是什么,或判断什么是违反体育道德的行为。但是,在规则允许的范围内,处罚认定是否适当,可能仍然存在疑问。一方面,区别于传统的故意种类(参赛者的真正目的是阻碍其身后的参赛者),在这种情况下,取消资格本身可被视为不成比例的处罚,因为在蓄意阻挠的情况下,已经没有为更严厉的处罚留下空间。此外,记录显示,在相关越野滑雪比赛中,包括 8 起类似性质的案件,8 次处罚中只有 2 次被取消资格,6 次训斥。另一方面,专家组从视频中观察到,即使(完全没有理由怀疑)申请人的目的纯粹是通过超越其他运动员来获得加分,但是实际上在她身后的竞争者不仅阻止了她,还使她摔倒。申请人承认其没有回头看,她的教练也发现技术存在问题。但是,在仲裁庭看来,申请人采取了一个难度较大的操作显然是冒险的。FIS 法院认为申请人的行为不能仅仅归类为严重疏忽。相比于 FIS 法庭而言,仲裁庭没有办法将申请人的案件与之前未考察过的其他必要情况进行比较。在任何情况下,理性的人(包括体育团体)可能对违反体育规则的不同行为的严重程度以及处罚有不同的看法,这是不言而喻的。值得注意的是,在本案中,通过不同的救济路线,三个独立的滑雪机构得出了相同的处罚结论。所以,仲裁庭认为,FIS 法院在本案中没有超过增值幅度。此外,瑞士判例法本身并未表明,原则上较小的处罚才是适当的,因为意图是最终的变体。可见,尽管 CAS 有权就任何处罚的相称性形成自己的看法,但不应忽视特定体育领域的国际体育协会在确定何种处罚相称于何种违规行为方面的专门知识。

2.CAS 对自由裁量权的审查

首先,是 CAS 对国际体育协会行使自由裁量权的审查。CAS 在对作出纪律处罚的体育协会之纪律处罚机构所拥有的自由裁量权进行审查时,一般采用严格方法(strict approach)。关于该方法,主要体现在 James Armstrong v. World Curling Federation（WCF）[①]案中。仲裁庭表示,CAS"拥有采用严格方法,对作出纪律处罚的体育协会纪律处罚机构的自由裁量权进行审查的权力"。在仲裁庭考察 CAS 有关判例后认为,作出处罚的纪律机构根据相关规则行使自由裁量权所作出的处罚,只有在处罚"明显且严重地与违纪不相称"时才能予以审查。根据 CAS 判例,对运动员施加的处罚不得与违纪不相称,而且必须始终反映运动员的过错程度。其核心要义是,仲裁庭根据 CAS 的相关判例,认为作出处罚的纪律机构根据相关规则的允许行使自由裁量权所作出的处罚,只有在处罚"明显且严重地与违纪不相称"时才能予以审查。

其次,在 CAS OG 18/06 Jeffrey Zina v. Lebanese Olympic Committee

---

① See CAS 2012/A/2756.

(LOC)①一案中,体现了 CAS 对 IFs 行使自由裁量权的审查。在该案中仲裁庭认为 IFs 在运动员选拔过程中的裁量权是广泛且因国而异的。最后在 Maria Belen Simari Birkner v. Comité Olímpico Argentino（COA）& Federación Argentina de Ski y Andinismo（FASA）②案件中,强调了国际体育协会裁量权行使的三个标准,即公平、合理、不得专断。该案表明,在运用客观选择标准或行使主观自由裁量权选拔运动员时,法律义务是不得专断、不可不公平、不可不合理。基于体育表现或"未来的发展和预测"的自由裁量权是正当的,不是武断、不公平或不合理的。

在 World Anti-Doping Agency（WADA）v. Juha Lallukka③ 一案中,仲裁庭认为无须确定取消资格的开始日期是芬兰《反兴奋剂条例》中指明的日期（"不利分析结果的日期"）,还是 WADC 指明的日期（"收集阳性样本的日期"）。事实上,这些程序发生的情况和相应的公平原则另有要求,即在允许参赛期间运动员获得的成绩不能取消,包括比赛奖牌、积分和奖品（如果有）。

Thibaut Fauconnet v. International Skating Union（ISU）& International Skating Union（ISU）v. Thibaut Fauconnet④ 一案体现了对不同体育领域中运动员的平等对待原则的审查。裁判要旨如下：根据《与体育相关的仲裁法典》第 R57 条,仲裁庭有完全的权力审查案件事实和法律适用。纪律处罚机构在设定适当处罚方面的自由裁量权不能被援引作为法律事项和原则,即便 CAS 仲裁庭可以或在特定案件中 CAS 已经考虑纪律处罚机构的裁决,该处罚只有明显且总体上与违纪不成比例时才可以进行审查。的确,CAS 仲裁庭作为一个国际性的上诉机构,在决定正确和适当比例的处罚时,必须在具有可比性的案件中追求不同体育协会之间裁决的某种一致性,从而旨在维持不同体育领域的运动员平等对待原则。

Mitchell Whitmore v. International Skating Union（ISU）案件涉及 CAS 不审查国际体育协会的处罚比例的情形及其例外。该案基本案情为：申请人是一名职业长道速滑运动员,曾代表美国参加 2010 年和 2014 年冬季奥运会,其在 USS 注册,后者隶属于 ISU。在参加 ISU 世界杯赛事期间,申请人和

---

① See CAS OG 18/06.

② See CAS ad hoc Division OG 14/003.

③ See CAS 2014/A/3488.

④ See CAS 2011/A/2615.

Donagrandi 先生发生争执使 Donagrandi 先生被撞倒在地并因此受伤,其中包括肩膀脱臼和脑震荡。最终,ISU 纪律委员会认为申请人违反了 ISU《2012年道德规范》,并作出暂停其参加所有 ISU 活动一年的决定。对此,2016 年 4月 18 日,申请人向 CAS 提交了上诉声明。本案中仲裁庭根据 CAS 一贯的法理,对体育管理机构在处罚的比例度上予以尊重,只有在处罚与违纪有明显和严重不符时才可以进行仲裁审查。但是,如果被上诉的决定缺乏一审机构施加制裁的任何理由时,则可以对此规则作例外处理,特别是当处罚可能涉及终身禁赛时,更是如此。为了获得 CAS 法理中的尊重,一审机构应解释所作处罚比例适度的理由。

关于减轻处罚,在 M./International Ski Federation（FIS）与 Thibaut Fauconnet v. International Skating Union（ISU）& International Skating Union（ISU）v. Thibaut Fauconnet 案中都有所体现。首先,在 M./International Ski Federation（FIS）[1]案件中,仲裁庭认为,只能外源性服用违禁物的情况下运动员没有亲自出庭说明禁用物质如何进入身体的相应解释,CAS 完全没有必要考虑减少其所受处罚。其次,在 Thibaut Fauconnet v. International Skating Union（ISU）& International Skating Union（ISU）v. Thibaut Fauconnet[2] 一案中,相关裁判要旨如下：（1）为撤销或减少与特定物质相关的禁赛期,运动员必须确证：第一,该特定物质是怎样进入其身体或如何占有的;第二,此种特定物质的使用无意促进运动员体育能力或竞赛能力提升。关于第一个条件,仲裁庭只需要获得运动员关于特定物质存在更合适而非相反的解释即可。对于第二个条件,运动员只需要证明其并不知道摄入了提升其运动能力的特定物质即可。（2）即便认可了运动员提供的行为良好的证据,也不能减轻其可归责性以至于减轻其处罚,过去没有兴奋剂违规只对确定处罚的适用范围有关,并不能对第一次违纪减轻处罚。

(四)免责问题

1.治疗用途豁免

关于治疗用途豁免,比较有代表性的案例是 Stefan Ivanov Vassiliev v. Fédération Internationale de Bobsleigh et de Tobogganing(FIBT) & Bulgari-

---

① See CAS 2002/A/400.

② See CAS 2011/A/2615.

an Bobsleigh and Toboggan Federation(BBTF)[①]案。

　　案件中,申请人在兴奋剂检测中被检测出禁用物质,但申请人认为其存在 TUE。CAS 对该案的裁判要旨如下:(1)根据 FIBT 的规则,运动员有责任向 法院证明自己没有(重大)过失或疏忽。就证明标准而言,必须考虑"优势证 据"标准。运动员在进行超出运动员控制及其影响范围的外科手术之后服用 了禁用物质,这一明确证据是承认如下事实的充分理由,即运动员已经证明其 就禁用物质进入身体没有相关的过错。(2)根据 FIBT 的规则,运动员的注意 义务不限于服用或使用禁用物质之前的期限,而且也适用于此后的期限。因 此,对过失的审查是与案件事实有关的,而不仅仅与摄取某种物质的时间点有 关。国际有舵雪橇和雪车联合会的规则规定了运动员可以事后申请 TUE 的 情形,如治疗急性疾病。如果运动员在抽取样本之时并非难以知晓治疗细节, 却没有申请 TUE,则其行为存在过失。在这种情况下,不能使用"无过错或过 失"规则,只能适用"无重大过错或过失"规则。因此,禁赛期不能完全免除,只 能缩短。

　　基于 TUE 的免责问题的追溯适用在 P. v. IIHF 案中有所体现。该案基 本案情为:球员 P.是乌克兰职业冰球运动员,作为乌克兰冰球队的成员参加 了 2005 年的 IIHF 高级冰球锦标赛。2005 年 5 月 1 日,乌克兰和瑞典比赛结 束后,球员 P.接受兴奋剂检查。A 样本的分析表明存在禁用物质,B 样本测试 证实了这一结果。2005 年 11 月 14 日,IIHF 纪律委员会对违反反兴奋剂规 则的球员实施了两年禁赛,禁赛从 2005 年 5 月 5 日开始,到 2007 年 5 月 4 日 结束。被上诉的处罚决定认为,该球员违反了反兴奋剂规则,并且未能提供足 够的证据证明他没有(重大)过失或疏忽。特别是,被上诉的处罚决定认为,球 员没有证明"禁用物质的存在……其来源是治疗心脏病的药物",也未能证明 "……治疗心脏病符合相关的医疗标准,或给出任何可证实的理由,说明为什 么他仍然会以这种方式治疗"。该禁赛决定还指出:"专家组仅通过 P.获得了 有关治疗的信息,既没有获得实施治疗的人的信息,也没有获得使用特定治疗 的医学指征声明。"据此,该禁赛决定认为,"仲裁庭没有发现任何证据表明禁 用物质的存在是或可能是由其不知道的医疗引起的"。针对该决定,P.于 2005 年 12 月 13 日提出上诉,2005 年 12 月 28 日,球员还提交了暂停执行 IIHF 纪律委员会决定的申请。

---

① See CAS 2006/A/1041.

本案中,CAS仲裁庭认为,有明确证据证明禁用物质是治疗医生在紧急情形下施用的,以及运动员基于糟糕的身体和心理状况没有办法避免禁用物质的施用,这是免除运动员承担的无过错或过失这一证明责任的充足理由。关于运动员是否必须证明,禁用物质在身体里,但他(她)没有过失或疏忽,在这一点上WADC并未完全明确。换言之,这一问题是,如果因疏忽而没有申请(追溯的)TUE,运动员是否仍然要为兴奋剂违规承担责任?由于其独特的情况,这个问题在当前案件中仍然是未决的。

适当的医疗治理是免责的一种情形,这一内容在 A., B., C., D. & E. v. International Olympic Committee(IOC)案中进行了讨论。2002 年 2 月 26日,在 2002 年冬季奥运会闭幕式后不久,在犹他州附近打扫房屋的工人发现了几个装有输血设备的袋子,这些物品被交给了犹他州警察部队,并进一步交给了盐湖城奥委会,后者又将其转交给犹他州卫生部,并相应地通知了 IOC。其后,IOC 通知相关的 NOC 并要求作出解释,该解释于 2002 年 3 月 13 日收到。IOC 主席任命了一个调查委员会来调查此案并将调查结果报告给 IOC执行委员会。调查的目的是确定这种情况是否违反了《IOC 反兴奋剂规则》。该案相关裁判要旨如下:仲裁庭认为,某种本属于血液兴奋剂的物质,在作为医疗方案的情形下是正当的,这种情况属于真正的例外,因此必须由运动员或实施此种医疗治理的人予以证明。为确定某项医疗治理是否符合《IOC 反兴奋剂规则》的规定,CAS 实施"六点"测试法:(1)该药物治疗是治疗特定运动员的伤病所必需的;(2)在特定的情况下,没有不属于兴奋剂的有效可行的替代治疗方案;(3)该药物治疗无法提高运动员的成绩;(4)在进行药物治疗之前,需先对运动员进行医学诊断;(5)该医疗方案需在合格的医疗环境中,由有资质的医务人员勤勉地实施;(6)保留适当的医疗记录,并可用于检查。

2.无过错

相关立场体现在 Olga Aramova v. International Biathlon Union 案与 James Armstrong v. World Curling Federation(WCF)[①]案中。第一个案例指出,根据 WADC 第 10.4 条的规定,如果运动员在案件中证明自己没有过错或过失,那么应免除本应适用的禁赛期。第二个案例表明,WADC 第 10.5.1 条适用于运动员能够证明其对样本中禁用物质的存在没有过错或过失的情况,这是因为 WADC 第 10.4 条没有规定完全取消处罚的情形,而是规定"警告"

---

① See CAS 2012/A/2756.

这一处罚是样本中存在禁用物质的最宽容的后果。如果认为运动员完全没有过错,则不会被处罚,甚至不会被警告,这就是 WADC 第 10.5.1 条所规定的适用特定或不特定物质的情形。相反,当运动员体内存在特定物质而参与比赛具有过失的,WADC 第 10.4 条构成 WADC 第 10.5 条的特别法。

怀孕是一种典型的无过错情形,在 International Skating Union (ISU) v. Anzhelika Kotiuga & Skating Union of Belarus[①] 案中有所涉及。该案基本案情为:2005 年 2 月 12 日,被申请人 Anzhelika Kotiuga 女士是白俄罗斯滑冰联合会的一位经验丰富的速度滑冰选手,其接受赛内测试后,样本显示不利分析结果。2005 年 3 月 29 日,ISU 通知白俄罗斯滑冰联合会 Anzhelika Kotiuga 女士的尿液 A 样本发现含有去甲雄酮,浓度超过 2 ng/mL,以及"人绒毛膜促性腺激素(hCG)浓度异常"。申请人要求被申请人在收到通知后的 15 天内作出书面解释,并确认如有需要,B 样本的分析将在 ISU 确定的时间在同一实验室进行。2005 年 4 月 1 日,被申请人致函 ISU,要求进行确认性分析,并提供了 Anzhelika Kotiuga 女士、白俄罗斯国家速滑队医生 Liudmila Lukyanskaya 女士和明斯克妇科诊所副主任 Madzina Safina 女士的书面证词,证明该运动员患有经常性的妇科疾病,尤其是月经周期紊乱和月经不调。2002 年 3 月,Anzhelika Kotiuga 女士接受激素治疗后,在 2003 年 4 月,不得不进行堕胎手术。2005 年 4 月 13 日,Liudmila Lukyanskaya 女士证实,该运动员的健康正处于危险之中,只能服用 Mifegin,别无选择。对此仲裁庭认为:怀孕是外源性去甲雄酮物质存在的免责情形(exculpatory circumstances)。

3.紧急的正当理由

这体现在 Sandra Ristivojevic v. International Skating Union(ISU)[②] 一案中,该案基本案情为:申请人是塞尔维亚滑冰联合会一名滑冰运动员,涉嫌违反《ISU 反兴奋剂规则》,原因是该申请人在 2013 年在奥伯茨多夫举行的比赛中离开了滑冰场,而没有确认是否被选中进行反兴奋剂检测。该申请人作为塞尔维亚滑冰联合会的成员参加了 2013 年的滑冰比赛,该比赛于 2013 年 9 月 25 日至 28 日在德国奥伯茨多夫举行,在比赛进行时该申请人年仅 17 岁。2013 年 9 月 27 日 18:00,女子自由滑比赛开始,这位申请人在 5 号起跑,于 18 点 42 分结束,但是女子比赛项目直到 23 点 41 分才全部结束。比赛

---

① See CAS 2005/A/997.
② See CAS 2014/A/3510.

结束后,申请人先去了滑冰场附近的餐厅,然后回到距离滑冰场只有几步之遥的酒店。据称,申请人因在比赛中表现不佳,在比赛结束后病倒了,体温达到了 38.9 ℃。据称当申请人回到酒店房间时,曾打算回来参加反兴奋剂检查,并坚信如果申请人被选中进行检查,组织者会立即通知,所以申请人服用退热药后睡着了。同时申请人的母亲在返回酒店后也病倒,无法返回滑冰场向兴奋剂检查组通报女儿的病情,并且其没有任何组织者的电话号码或电子邮件地址,酒店也没有关于组织者的时间表、电话号码或兴奋剂检查小组的信息,因此,无法联系到兴奋剂检查组的相关人员。申请人和她的母亲都声称,9 月 27 日晚上或夜间,组织者和兴奋剂检查小组都没有与他们联系。9 月 27 日接近午夜,当女子自由滑比赛结束时,该申请人被随机抽中进行赛中兴奋剂检查,但在赛场上未发现申请人。负责兴奋剂检查的官员称,该申请人已按照顺序入选进行赛中兴奋剂检查,但其未及时向兴奋剂检查站报告。第二天早上,申请人和她的母亲在与保加利亚选手交谈时得知申请人已被选中进行反兴奋剂检测,于是申请人和她的母亲回到滑冰场,询问该申请人是否可以与男子项目的参赛者一起接受测试,然而申请人在 9 月 27 日或 28 日都没有接受检测,未能提交兴奋剂检查样本。该案件提交 ISU 纪律委员会,2014 年 2 月 1 日,其对该申请人的兴奋剂违规案件作出裁决。ISU 纪律委员会认为运动员违反了反兴奋剂规则,但由于案件的特殊情况,纪律委员会认为根据《ISU 反兴奋剂规则》第 10.5.2 条,将两年的常规禁赛减为一年。

关于年轻或缺乏经验能否作为一个正当化不作为的因素,仲裁庭认为:(1)滑冰运动员在赛后离开滑冰场而没有首先确保进行反兴奋剂测试选择,这一事实违反了《ISU 反兴奋剂规则》第 2.3.1 条,该规则规定在《ISU 反兴奋剂规则》中,而非 WADC 中,构成一个独立的兴奋剂违规认定依据,应被独立地适用。(2)年轻或缺乏国际经验并不是能够或应该正当化申请人在离开滑冰场之前没有确保其是否被选中进行反兴奋剂检测的因素。(3)《ISU 反兴奋剂规则》第 2.3.1 条应被解释为,滑冰者参加比赛后没有首先明确其是否被选择进行反兴奋剂检测的情况下就离开滑冰场,这构成兴奋剂违规。但是,该规定的第二句话"被召回之后"清楚地表明,在这种情况下,可以给予溜冰者"第二次机会",使其在适当时候返回比赛场地,以遵守该赛事的反兴奋剂测试。鉴于无急迫的正当理由而未能提交样本采集的严重后果,为公平对待运动员,召回运动员以遵守反兴奋剂检测的努力是必要和重要的义务,这是 ISU 反兴奋剂程序规定的。否则,召回的义务就失去了保护运动员权利的法律重要性。

如果 ISU 未能证明已经进行了适当的召回,而运动员已经确立希望第二天接受测试的真实愿望,则《ISU 反兴奋剂规则》第 10.3.1 条第二句应解释为运动员应被视为已遵守召回测试要求。(4)根据《ISU 反兴奋剂规则》第 10.3.1 条第 2 款的规定,应适用《ISU 反兴奋剂规则》第 10.4 条中规定的处罚措施。因此,运动员必须受到最少的谴责和最高不超过 2 年的禁赛处罚;在这种情况下,9 个月的禁赛是适当的处罚决定。

第四章

冬奥赛事仲裁争点(三):程序问题

体育仲裁作为诉讼外解决体育纠纷的手段之一,其自治性和追求效率的价值特性都决定了它是国际体坛解决体育纠纷的最佳途径。在国际体育仲裁中,能否为体育纠纷寻求合法合理的程序路径,是体育仲裁能否获得令人信服的解决结果,以及能否兼顾公正与效率的关键所在。基于上述原因,我们在此对冬奥类案件仲裁中涉及的主要程序问题进行探讨。

一、仲裁前程序:协会内部纪律程序问题

CAS 仲裁实践表明,国际体育协会纪律程序涉及的争议问题主要有:兴奋剂检测资格问题、正当处罚程序问题,以及运动员的程序参与权问题。

(一)兴奋剂检测资格问题

资格问题主要涉及检测机构资格要求、检测员资格要求以及检测技术资格要求等方面的问题。

1.检测机构资格要求

在 M. v. International Olympic Committee (IOC)[①]案中,涉及的焦点为 EPO 检测的实验室资质认证,及其执行的检测程序的有效性。

---

① See CAS 2002/A/374.

该案中,针对实验室资质认证问题,申请人认为案涉实验室缺乏进行 r-EPO 测试的认证资格。因此,兴奋剂检测相关规范所载的测试和保管程序并未得到妥善执行。被调查者必须证明所采用的测试程序符合科学界的现行标准。仲裁庭认为本案焦点之一为实验室没有进行 r-EPO 测试的认证资格是否导致结果无效?

仲裁庭审理后指出,OMADC 第 5 章及修正后的附录规范了实验室获得 IOC 认可的程序。这些规定已经通过修改《IOC 反兴奋剂规则》及《ISO 指南》进行了修订。r-EPO 检测开始于 2000 年悉尼夏季奥运会之前。案涉实验室主任的口头证词解释说,该实验室在奥运会进行时没有通过 ISO 测试方法认证,直到奥运会之后,加州大学洛杉矶分校的实验室才获得了这一认证,这也是世界上第一个获得此种认证的实验室。仲裁庭注意到,尽管缺乏 ISO 测试方法认证,但是案涉实验室主任认为 r-EPO 测试方法已得到验证,其陈述道:"本人认为 2000 年 8 月悉尼会议上证实了这一点。在这次会议上,有 40 多位专家作出同意 IOC 批准的测试的决定,该测试在悉尼实施了两年,使得有效性明显增强。"除此之外,OMADC 考虑了实验室采用 OMADC 中未明确纳入的测试方法的可能性。案涉实验室获得奥运会认证,奥运会之后进行,但是这并不意味着该实验室没有能力进行 r-EPO 测试。在案涉实验室主任的指导下,该实验室已经形成了案涉测试的书面协议,并对"实验室间报告"所建立的协议进行了修改,与此同时,该实验室还获得了五个 IOC 认可实验室同意的批准文件。所以,本案中申请人的专家未能使仲裁庭相信案涉实验室使用的程序不符合科学惯例。虽然本案申请人确实证实了这个测试过程与尿检要求的程序有些不符,但是,案涉实验室使用的程序比申请人的专家提出和依据的证词更为先进和复杂。尚未获得 ISO 认证这一事实并非致命性的。仲裁庭最终认为,案涉测试符合科学界的实践和程序,并且案涉实验室在建立这些实践和程序方面处于领先地位。因此,仲裁庭驳回了案涉实验室没有能力进行 r-EPO 测试的论点,指出没有认证并不影响结果。

简言之,仲裁庭认为,在样本测试时,该实验室没有获得相关测试的认可,这并不意味着该实验室没有能力进行 r-EPO 测试。OMADC 专门规定了科学知识和测试程序的演变,没有认证并不影响结果。但所进行的测试程序必须符合科学界的现行标准和惯例,必须使仲裁庭感到满意。换言之,实验室适格的实质重于形式标准。

总结其裁判要旨如下:(1)样本被检测时,该实验室没有获得相关测试的认证,但这并不意味着该实验室没有能力进行 r-EPO 测试。OMADC 特别规定了科学知识和检测程序的进化。要做到仲裁庭的充分满意标准,需要根据科学社会的主流标准和实践实施相关检测程序。(2)Aranesp 是一种违禁物,它不像 r-EPO 那样可以自然产生,本案中存在 Aranesp 的使用是毫无疑问的,而且它的来源不可能是人体。用于检测 r-EPO 的直接尿检也可用于检测 Aranesp。

2.检测员资格要求

在 E. & A. v. International Biathlon Union (IBU)案中还涉及检测员资格的问题①。该案件主要的焦点是,兴奋剂检测中 A、B 两样本可否由同一位检测员执行检测,特别是在 A 样本出现不利分析结果的情形下。这里存在一个规则变动问题,2008 年 ISL 规定,在 B 样本开封与分析(opening and analysis)期间,必须由与 A 样品检测员不同的检测员对 B 样本执行分析程序;但在 2009 年的 ISL 中,取消了由不同的检测员执行分析程序的要求。由此,产生了案涉有关检测员是否适格的争议问题。仲裁庭经分析后最终认为,由于案件应适用 2009 年的标准,故本案申请人所主张的检测员不适格的问题,不能成立。

3.检测技术资格要求

同样在上述 E. & A. v. International Biathlon Union(IBU)案中,涉及的焦点问题还有检测技术的资格问题,即最新技术的追溯适用问题。针对最新技术的追溯适用问题,仲裁庭的分析如下:WADA 以 TD 2007 EPO 的形式颁布了一份关于 EPO 的技术文件。技术文件的目的是确保 WADA 认可的实验室识别、报告和分析方法的统一,以建立一个统一或协调的方法来鉴定重组红细胞生成素和类似物。申请人依据的 TD 2007 EPO 仅适用于特定物质的鉴定,不涉及禁用物质 r-EPO 的最新突变,以及如何进行检测的问题,作为本次听证会主题的禁用物质不在规定之列。因此,专家组认为 TD 2007 EPO 根本不适用于本案。在实验室接收和分析样本时,WADA 正在为生物类似 EPO 开发新的检测程序。洛桑实验室主任和维也纳实验室主任处于这些技术进展的最前沿,也是后来 TD 2009 EPO 的六位撰写者之二。所以,尽管 TD 2009 EPO 尚未宣布生效,但仲裁庭在听证会上同意专家将该文件适用于所提供的各种证据。

---

① See CAS 2009/A/1931.

最终,CAS 仲裁庭审理后作出如下裁判要旨:(1)ISL 是作为 WADC 的一部分而制定的强制性二级国际标准;ISL 包括对 WADA 认可的兴奋剂实验室认证的要求、实验室性能的操作标准和认证过程的规定。其主要目的是确保实验室提供有效的检测结果和证据数据;还旨在确保经认证的实验室实现统一和协调的结果,并就此提出报告。ISL 包括所有附件和技术文件,对所有WADC 的签署方都是强制性的。因此,ISL 不直接适用于运动员,而是适用于 WADC 的签署国。(2)实验室必须始终使用最新的技术和知识来识别禁用物质和方法。因此,ISL 应实施最新的技术和知识进行检测,特别是在现行有效的技术文件及其新的替代文件之间的过渡期。(3)经认证的 WADA 实验室有义务严格满足 ISL 的要求并使用这些标准。

(二)正当处罚程序问题

1.选拔标准改变与通知等程序问题

参赛资格争议问题是各类竞技运动争议的主要部分之一,在冬奥类赛事仲裁中同样如此。经溯源研究,参赛资格争议的形成有其诸多不同的原因,其中,赛事参赛资格的选拔标准改变与通知等程序问题就是一个长期存在的问题。如在 Isabella Dal Balcon v. Comitato Olimpico Nazionale Italiano (CO-NI) & Federazione Italiana Sport Invernali (FISI)[①]案中,焦点为基于选拔标准更改与通知送达而产生的参赛资格的认定问题。具体而言,该案主要焦点为:奥运会的选拔过程、任意(arbitrary)改变初始选拔标准。

该案基本案情是:在本案中,涉及的运动员选拔资格的标准,没有规定当一名运动员受伤或因教练替换另一名运动员而不能比赛时,如何适用资格选拔标准的问题。为了解决这个难题,相关体育组织在决赛的前一天召开了运动员大会,并向所有出席大会的运动员宣布了此种现行规则未规定情形下运动员选拔的新标准。但该标准未告知没有出席会议的申请人。经查明,该新标准直到比赛前两天才制定出来,并在决赛的前一天宣布给所有出席会议的运动员时,才为所有运动员知悉。仲裁庭认为,新的选拔标准是对原有选拔标准的根本改变,在运动员选拔过程中来得太晚,特别是其没有以一种完整的方式宣布并告知申请人,无法体现公平原则。因此,仲裁庭认为新的选拔标准是任意的,在任何情况下适用新标准都是不公平和不合理的。

———————————

① See CAS ad hoc Division (OG Turin) 06/008.

CAS 仲裁庭审理后作出如下裁判要点:(1)原有的客观选拔标准没有规定当运动员受伤或是因为教练更换运动员而不参加比赛时,适用何种选拔标准。相关体育组织拟定新标准并在决赛日之前向所有出席会议的运动员宣布新标准,但申请人因未能出席而没有收到该新标准。(2)新标准从根本上改变了旧标准。在选拔过程这方面其来得太晚以至于不公平,特别是新标准并没有完整地公布并传达给申请人。因此,这种新标准应被认为是任意的,其适用是不公平的、不合理的。

2.样本分析的正当程序问题

E. & A. v. International Biathlon Union (IBU)[①]案既涉及实验室和检测员的检测资格问题,也涉及检测标准问题,这些问题已经在上文得到检讨。此处涉及的是样本检测的正当程序问题,其也是案涉焦点问题:不同的检测员执行样本检测程序是否符合正当程序,从而能否支撑正当的处罚决定。好的程序不一定确保最好的结果,但一定能够避免坏的或恶的结果。

本案的基本案情如下:申请人为 E. 和 A.(俄罗斯冬季两项运动员),被申请人是 IBU。两名申请人参加了 2008 年 12 月在瑞典举行的 IBU 世界杯比赛。E.在 2008 年 12 月 4 日接受了比赛中的反兴奋剂测试。2008 年 12 月 5 日,A.也接受了赛外反兴奋剂测试。A 样本于 2008 年 12 月进行分析。2009 年 1 月 28 日,经 WADA 认可的洛桑实验室向 IBU 报告了上述检测中存在 r-EPO 的不利分析结果,运动员们要求对 B 样本进行分析。实验室于 2009 年 2 月 10 日开封 B 样本,并于 2 月 12 日确认所有 B 类样本均存在 r-EPO。A 样本分析是由实验室的检测员 Lamon 进行的,她还为 B 样本的分析准备了保留液萃取以及免疫亲和尿液纯化。IBU 于 2009 年 2 月 4 日对每位运动员实施临时禁赛。这两个运动员的案件都被 IBU 提交兴奋剂仲裁庭。仲裁庭于 2009 年 5 月 8 日举行听证会,2009 年 8 月 11 日,对每一名运动员的案件作出单独裁决,本案两名运动员从测试之日起被处以两年禁赛的处罚。2009 年 8 月 13 日,运动员向 CAS 提起上诉。申请人声称,同一检测员不能在 A 和 B 样本分析中执行样本分析程序,被申请人没有对这种情况的发生提出异议。

就"B 样本分析的实验室要求同一性"而言,仲裁庭指出,ISL 是强制性的二级国际标准,是 WADC 的一部分。2008 年 ISL 规定,在 B 样本开放和可获取期间,必须由与 A 样本检测员不同的检测员对 B 样本执行分析程

---

① See CAS 2009/A/1931.

序。在这种情况下,如果该规则生效,就可能发生违规行为。然而,B样本直到 2009 年 2 月 10 日至 12 日才进行分析。因此,2009 年 ISL 标准适用于 B 样本分析。根据《反兴奋剂条例》第 6.1 条的规定,被认可的实验室有义务采用当前有效的标准对样本进行分析。由于《反兴奋剂条例》第 6.1 条的动态引用,其适用 2009 年 ISL。2009 年的 ISL 取消了由不同检测员执行分析程序的要求。2009 年 ISL 的唯一要求是 B 样本确认应与 A 样本确认在同一个实验室进行,本案中这项义务得到遵守,因此,没有违反适用的 ISL。由于上述原因,不需要确定是否违反了 2008 年 ISL,因为其不是 B 样本分析的适用文件。

简言之,本案应当适用 2009 年 ISL,而非 2008 年 ISL。2009 年 ISL 取消了由不同检测员执行分析程序的要求。2009 年 ISL 的唯一要求是 B 样本确认应与 A 样本确认在同一个实验室进行。

(三)运动员的程序参与权问题

运动员的程序参与权是确保其权益获得保护的重要制度,在兴奋剂检测中尤其重要。该权利的一种表现形式就是,应确保运动员在样本采集与"开封与分析"中的程序参与。CAS 仲裁实践有如下数例值得关注:

1. Australian Olympic Committee(AOC)v. Fédération Internationale de Bobsleigh et de Tobogganing(FIBT)[1]案

仲裁庭认为,就"运动员参与 B 样本检测与不利分析发现的结合"问题而言,不利分析结果的出现并非运动员兴奋剂违规的充分条件,还需要通过 B 样本予以证实,且运动员必须充分参与这一过程,直到 B 样本证实不利分析结果,才能认定运动员兴奋剂违规。在该案中,仲裁庭认为,在评估这种情况时,区分不利分析结果和违反反兴奋剂规则是很重要的。不利分析结果仅仅是反兴奋剂实验室的一份报告,该报告揭示含有禁用物质的样本呈阳性。此后,适用的《反兴奋剂条例》规定了一个广泛的过程,包括运动员的权利保障,即要求 B 样本检测,出席 B 样本检测,并举行听证会对不利分析结果进行抗辩。只有在这个过程完成并且不利分析结果被确认后,才能认定兴奋剂违纪的存在。据此,对运动员的处罚才是以 FIBT 处罚决定的"后果"形式进行的。

---

① See CAS ad hoc Division(OG Turin)06/010.

2.Kaisa Varis v. International Biathlon Union[①] 案

该案争点也涉及运动员或运动员的代理人参加 B 样本的"开封与分析"的程序参与权利。

在该案中,申请人辩称,本人或其代表出席 B 样本的开封与分析是应当享有的一项基本权利。WADC(2003)第 7.2 条规定,如果运动员违反了反兴奋剂规则,运动员和/或运动员代表有权参加 B 样本的开封与分析(如果运动员有此要求的话)。IBU 未能合理地保障运动员的权利,应被视为对 B 样本分析的有效性是致命的。被申请人 IBU 并不质疑运动员有权派人在场观察 B 样本的打开和检测,但是这种权利并不是无限的。适用于该案的规则已经进行修改,测试时间缩短至 7 个工作日,IBU 不应该因为严格遵守规则而受到指摘,IBU 有正当的利益来平衡药物检测过程的完整性和运动员的异议。在这个案例中,运动员之前已经存在兴奋剂违纪行为,A 和 B 样本分析的阳性结果非常明显,这一证据不应被忽视。运动员有责任证明任何其主张的被申请人没有严格遵循程序而影响比赛结果的行为,但本案申请人未能完成举证责任。

本案不同寻常的一点是,在申请人提供其采样样本的前几天,新生效的国际实验室标准发生了变化。无论适用的标准是否符合 IBU 第 7.2.3(f)条或2008 年国际标准的规定,仲裁庭都认为,IBU 没有满足申请人在另一日期对 B 样本进行开封和测试的要求是不合理的。由于运动员因涉嫌违反反兴奋剂规则而面临终身禁赛的严重后果,正确遵守相关程序、明确传达有关运动员权利和补救措施非常重要。在仲裁庭看来,问题不在于 IBU 能否证明申请人代表在场,这对结果不会有任何影响,问题在于,IBU 未能遵循应予适用的规则,未能做出合理的尝试以适应申请人关于不同测试日期的要求,这导致 B 样本结果无效。仲裁庭认为,作为原则问题,即使程序错误不太可能影响 B 样本分析的结果,这种错误也可能严重到导致整个测试程序无效。运动员在样本采集和检测过程中的权利相对有限,因此,尊重和坚持这些权利就显得尤为重要。鉴于上述理由,仲裁庭认为,由于未能做出任何努力以合理满足申请人要求在其技术代表在场的情况下打开并检测 B 样本的要求,IBU 没有遵守《IBU 反兴奋剂规则》和有效的国际标准,因此,B 样本检测结果不能作为申请人涉嫌违反反兴奋剂规则的证据。

简言之,就"运动员或运动员代表参与 B 样本的分析"问题而言,仲裁庭

---

① See CAS 2008/A/1607.

认为,运动员有权获得合理的机会来观察 B 样本的打开和检测,这是非常重要的,即使所有其他证据都表明申请人违反了反兴奋剂规则的情况下,也需要强制执行。特别是在因涉嫌违反反兴奋剂规则,运动员面临终身禁赛的情况下更是如此,因为这种终身禁赛的后果对运动员来说是非常重要的。重要的是,应正确遵循程序,有关运动员的权利和救济的信息应清楚地传达或通知。

3. Y. v. Fédération Internationale de Ski (FIS)[①]案

本案也涉及运动员参加 B 样本"开封与分析"的权利范围问题。该案的基本案情如下:申请人为 Y.(一名俄罗斯越野滑雪运动员),被申请人是 FIS。2009 年 1 月 2 日,Y.参加了在意大利举行的越野比赛。比赛结束后,Y.接受了反兴奋剂检测。2009 年 8 月 14 日,相关实验室报告 Y.提供的样本中存在 r-EPO,这是《FIS 反兴奋剂规则》规定的一种禁用物质。2009 年 8 月 21 日,FIS 报告了不利分析结果,并根据《FIS 反兴奋剂规则》(2009 版)第 7.6 条对 Y.进行了禁赛。2009 年 9 月 3 日,Y.要求对 B 样本进行分析。2009 年 9 月 27 日,相关实验室对 B 样本进行了分析。2009 年 9 月 29 日,Y.在讨论关于是否可以以及如何进行复检之后,声称案涉检测违反了《FIS 反兴奋剂规则》第 7.1.4 条和 ISL 的相关规定,剥夺其参加 B 样本分析的机会。

就"运动员对 B 样本开封与分析的参与权的范围"而言,仲裁庭指出,运动员和其代表有机会参加 B 样本的开封与分析确实是兴奋剂控制程序中的一项基本权利,因为这反映了最终报告不利分析结果之前对运动员进行听证的需求,并为运动员提供了验证确认最初不利分析结果的程序被正确实施的可能性。运动员有权参加 B 样本开封与分析的目的也界定了其局限性。换句话说,这项权利并不一定延伸到参加那些不需要证实最初不利分析结果的分析实施行为,如参加案涉扩展凝胶(extended gel)进行分析实施行为。在本案中,申请人提出,没有给予其参加案涉凝胶进行分析的机会。事实上,Y.和其代表参加了 B 样本的开封和对常规凝胶(normal gel)的分析,这是没有争议的。仲裁庭认为:(1)申请人的主张与本案定性与处罚没有关联性,因为案涉分析指的是一种不必要的分析,并且对常规凝胶进行分析所显示的结果本身就足以确认不利分析结果;这意味着,即使因侵犯申请人的权利而认为对扩展凝胶进行的测试结果无效,对常规凝胶进行的分析所证实的不利分析结论也不会无效。(2)申请人的主张没有依据,因为不需要额外的测试来证实最初

---

① See CAS 2010/A/2041.

的不利分析结果。仲裁庭最终认为,申请人在本案中参加 B 样本分析的权利受到侵犯并不影响"不利分析结论"。

4.Stichting Anti-Doping Autoriteit Nederland (NADO) & the Koninklijke Nederlandsche Schaatsenrijders Bond (KNSB) v. W.[①]案

其争点涉及有关 B 样本分析的自由裁量与解释等问题。本案中,第一申请人为荷兰反兴奋剂机构,第二申请人为荷兰滑冰联合会,被申请人 W.是一名滑冰运动员,隶属于荷兰滑冰联合会。被申请人的样本由 WADA 认可的反兴奋剂实验室进行分析,实验室报告显示,禁用物质去甲雄酮(Norandrosterone)的浓度为 72.8 ng/mL,远远高于 2.0 ng/mL 的阈值水平。被申请人没有 TUE,也没有申请此种豁免。第一申请人告知被申请人不利分析结果以及在 B 样本分析时有参与和在场的权利。被申请人没有对此做出回应,也没有要求 B 样本分析。随后,第一申请人根据《反兴奋剂条例》第 3.4 条的规定,主动要求对 B 样本进行分析,B 样本的分析结果与 A 样本的分析结果一致。被申请人声称,在本案中,申请人未经被申请人同意,就擅自对 B 样本进行分析,使跟进测试无法进行,违反了 WADC。第一申请人则表示,考虑到该名运动员是未成年人,并且在该名运动员体内发现了大量禁用物质,就本案的敏感性解释了 B 样本的开封与分析。

就"B 样本分析的自由裁量与解释问题"而言,仲裁庭认为,不需要对 B 样本的分析作出解释,而且无论被申请人是否要求对 B 样本进行开封与分析,都没有发生违反 WADC 规定的行为。荷兰兴奋剂管理局有权对 B 样本进行分析,即使运动员放弃对 B 样本进行分析的权利,该行为完全符合 WADC 的规定。WADC 第 2.1.2 条规定,即使运动员不要求对 B 样本进行分析,负责结果管理的反兴奋剂机构也可以酌情选择对 B 样本进行分析。简言之,根据 WADC,反兴奋剂组织有权对 B 样本的分析行使裁量权,即使运动员并不请求对该样本进行分析,如此行为,无须解释也不违背 WADC。

5.Ralfs Freibergs v. International Olympic Committee (IOC)[②]案

本案涉及 B 样本分析的同意形式,以及实验室资质的溯及适用两大焦点问题。

本案基本案情如下:申请人系拉脱维亚曲棍球队队员,被申请人是 IOC。

---

① See CAS 2010/A/2311 & 2312.

② See CAS 2014/A/3604.

2014年2月19日,申请人与所在球队参加了加拿大对拉脱维亚的男子附加赛四分之一决赛。在深夜结束比赛后,申请人被要求提供尿样以进行兴奋剂检查。采样发生在午夜之后,即2014年2月20日00:15。尿样连同在同一采集过程中采集的其他尿样被送往在索契建立的实验室。2014年2月23日上午10点,按照《IOC反兴奋剂规则》第6.2.6条适用于"奥运会规则",不利分析结果和纪律程序都是在通知拉脱维亚代表团副团长之后完成的,因为当时申请人已离开奥运村。拉脱维亚代表团官员通过电话联系到申请人,申请人确认同意开封B样本。当天上午11时27分,拉脱维亚代表团副团长填写并签署用于确认B样本分析的表格,并明确指出,开封与分析将在申请人指定的代表在场的情况下进行。B样本的开封工作如期进行,实验室主任、IOC代表、独立证人、WADA在索契的独立观察员均在场。实验室主任、IOC代表在B样本打开议定书上书面确认,并在他们在场的情况下打开样本瓶,取出B样本的一部分进行分析,其余的B样本用安全盖重新密封。B样本分析确认了A样本分析结果和同一禁用物质的存在。申请人始终否认使用或摄入任何禁用物质,并(始终)未对不利分析结果(如使用受污染物质)作出任何解释。2014年4月23日,IOC纪律委员会决定取消申请人在男子附加赛加拿大对拉脱维亚四分之一决赛中的资格和第八名的成绩,并禁止其继续参加奥运会。对此,申请人提出上诉。

第一,本案焦点问题之一是B样本分析的同意形式。申请人声称,其没有在专门为此目的设计的表格上签字同意打开B样本,因此B样本没有按照规定打开。仲裁庭对此予以评判,要点如下:根据《反兴奋剂条例》第6.3.3条的规定,A样本抽样结果通知副团长,代表对申请人的有效通知;在遵守上述规则的基础之上,申请人本人实际上是通过电话得知不利分析结果的,并询问了关于B样本开封与分析的进行情况。尽管申请人本人不在场,但是其已确认同意在其私人代表在场的情况下打开并分析B样本。根据申请人的口头授权,运动员代表签署了B样本开封协议。适用规则中并没有要求运动员的同意必须以书面或特定形式发出才能生效,唯一必要的是,有关运动员实际上已同意开封与分析B样本。这一要求在本案中得到了遵守,这是没有争议的。因此,运动员在之后才收到经批准的IOC表格这一点并不重要。

第二,本案焦点问题之二是实验室的资质问题。申请人对索契实验室的能力提出质疑,其质疑的理由是,索契实验室不是经注册的俄罗斯法律实体,这样一个未注册的组织未被授权在俄罗斯执行任何活动,甚至在法律上都不存在。申请人称,即使是法律实体的分支机构也必须在俄罗斯联邦的企业登记处登记,才能获准在俄罗斯从事活动。索契实验室作为 WADA 认可的实验室的附属实验室(satellite laboratory),没有在俄罗斯进行登记,因此没有能力在索契奥运会上进行任何兴奋剂检测。仲裁庭注意到,申请人处理这一问题的方法是非常形式主义的。虽然应当严格遵守当地法律的所有正式要求,但仲裁庭强调,在国际体育运动的范围内,实验室对兴奋剂样本进行分析的能力是由 WADC 规定的,关于俄罗斯法律中不登记的后果,无论法律后果是什么,都不是问题。索契实验室是 WADA 在莫斯科认可的实验室的附属设施(satellite facility),在索契冬奥会之前,WADA 在适当的时候评估了索契实验室的能力,并发布了 2014 年 1 月 27 日至 4 月 15 日期间对索契实验室的正式认可,该认可证书确认索契实验室得到了 WADA 主席的认可。WADA认可实验室的附属设施能够对在重大活动中收集的样本进行分析,WADC(第 4.5 条)明确规定了这一能力。基于"反兴奋剂实验室没有作为法律实体在该国登记,这种未登记的组织无权进行任何活动"这一论点,对反兴奋剂实验室的兴奋剂检测的合法性提出挑战,这是一种非常形式主义的做法,虽然严格遵守当地法律的所有正式要求可能是更好的做法,但在国际体育领域,WADC 规定了实验室对兴奋剂样本进行分析的能力。所以,无论不注册的后果是什么,都无关紧要。

6. World Anti-Doping Agency(WADA)v. International Ice Hockey Federation(IIHF)& F.①案

本案涉及的焦点问题之一是放弃 B 样本分析是否构成减轻处罚的承认。本案是 WADA 针对 IIHF 于 2017 年 6 月 22 日的一项决定提起的上诉仲裁,该决定将斯洛伐克国籍的 F. 列为不合格选手。申请人为 WADA,被申请人为 IIHF 和 F.(一名斯洛伐克冰球运动员)。

仲裁庭指出,WADC 第 10.6.3 条规定,对违反第 10.2.1 条规定的运动员,可给予 4 年的禁赛处罚。为了缩减禁赛期,要求运动员在反兴奋剂组织质询后立即承认其违反反兴奋剂规则的行为,即自认可能获得禁赛期减期,但是减期需要得到 WADA 和负责结果管理的反兴奋剂组织的批准,在这种情况下,任何减期都取决于这两个机构的酌情决定裁量权。WADC 第 10.6.3 条中的关键词是"可以",而不是"必须",这取决于违纪的严重程度和运动员的过错程

① See CAS 2017/A/5282.

154

度。WADC 第 10.6.3 条的明显目的是避免(或减少)争议和争议所涉及的时间和成本,及其程序后果,即通过 WADC 第 10.6.3 条所预见的减期,以某种方式简化纪律处罚程序,给那些立即承认违反反兴奋剂规则的运动员带来利益。WADC 第 10.6.3 条没有要求运动员通过承认其意图,从而可能有条件减少其所规定的四年处罚。这是因为从表面上看,WADC 要求承认违反反兴奋剂规则,而不是接受其后果。

WADC 第 10.6.3 条所适用的违反行为并非"同质的"。换句话说,根据 WADC 第 2.1 条的规定,违纪行为是由一项不利的分析结果简单而充分地确定的,除非以 WADC 第 3.2.2 条所预设的限定方式予以反驳,否则应推定其准确性。对其他违纪行为,如逃避、拒绝或不提交采样(第 2.3 条),篡改或企图篡改兴奋剂控制的任何部分(第 2.5 条),可以要求更复杂的证据,以满足反兴奋剂组织承担的举证责任。而运动员的不利分析结果是判定运动员是否违反反兴奋剂规定的重要因素。在 WADC 第 10.6.3 条涉及的所有案件中,兴奋剂违纪自认是发挥 WADC 第 10.6.3 条作用的必要先决条件。然而,鉴于 WADC 第 2.1 条的规定,证明运动员违反了反兴奋剂规则,并不需要运动员承认其体内存在禁用物质,无论是简单承认不利分析结果,还是自愿放弃 B 样本分析,都不足以使运动员获得任何利益。相反,为了将 WADC 第 10.6.3 条的所有要素有效地应用到违反 WADC 第 2.1 条的情况中,运动员必须全面、真实地陈述违反兴奋剂规则的事实背景,而不仅仅是接受不利分析结果的准确性。这使得裁决机构能够确定该运动员是否可能因故意违规而受到禁赛四年的处罚。所以,根据仲裁庭的推理逻辑,放弃 B 样本分析并不构成对减轻处罚的承认。

二、接近仲裁:接近 CAS 的先决条件

在许多体育协会的制度设计中,同时也是一种值得遵守的行业惯例,在相关体育协会作出纪律处罚决定之后,被处罚的主体,通常是运动员,并非可以直接向 CAS 提交上诉仲裁。在提交上诉仲裁,也就是接近 CAS 仲裁救济之前,可能还需要履行一些先决的程序或满足特定的条件。这些程序或条件在 CAS 仲裁实践中主要包括:一类是穷尽内部救济程序;另一类则是所涉案件的可受理性问题;再一类则是必须存在一个现实或客观的争议。

(一)穷尽内部救济程序

Maria Belen Simari Birkner v. Comité Olímpico Argentino（COA）&
Federación Argentina de Ski y Andinismo（FASA）[①]案是非常具有代表性的
仲裁案例,该案中,既涉及穷尽内部救济程序的问题,又涉及可受理性的问题。
关于穷尽内部救济的问题,申请人在本案中主张:第一,案涉 NOC 没有设定
内部争端解决机构对本案进行审理,因此并不存在申请人可供利用的内部救
济,更别说穷尽的内部救济;第二,进一步或换言之,即便存在申请人可供利用
的内部救济措施,被申请人也应放弃所主张的穷尽内部救济的条件,以确保本
争议通过 CAS 特设仲裁庭快速高效地解决争议;第三,进一步或换言之,即便
申请人有内部救济可供利用,以及这些程序未被放弃,在本案中如果要求穷尽
内部救济程序,就将使上诉至 CAS 特设仲裁庭变得无意义。原因在于,本届
冬奥会赛事召开只有数天时间,申请人现在正在意大利训练,如果允许其参
赛,该运动员将不得不进行必要的旅行安排以确保尽可能参加冬奥会。显然,
穷尽内部救济将干扰 CAS 特设仲裁庭的设立目的,并使申请人在 CAS 特设
仲裁庭的上诉仲裁变得无意义。因此,CAS 特设仲裁庭对本案有管辖权。

关于被申请人是否存在内部救济程序,以及是否需要和已经穷尽了内部
救济程序的问题,被申请人答辩认为:第一,仲裁庭没有管辖依据,因为在阿根
廷奥林匹克委员会中存在必要的内部救济,但申请人没有向任何有关机构提
出救济主张;第二,申请人请求被申请人放弃内部救济的必要性的主张,被申
请人对此予以拒绝。因此,仲裁庭需要审查申请人提出的不同请求的管辖依
据。CAS 特设仲裁庭管辖权的某些方面是不受质疑的。首先就是属人管辖
权（ratione personae）,只要申请人是《奥运会特设仲裁规则》第 1 条赋予其向
CAS 提出仲裁申请的运动员即可。只要仲裁请求解决的是"产生于或关联于
奥运会的争议",《奥林匹克宪章》第 61 条规定的属事管辖权条件也满足。其
次,基于自愿（ratione voluntatis）的管辖权也是足够的,被申请人根据《奥林匹
克宪章》第 61 条服从特设仲裁庭管辖权,申请人虽然没有签署接受特设仲裁
庭管辖权的报名表,但已经通过提交仲裁申请的方式同意接受管辖。

被申请人就管辖权问题还提出了如下方面的异议:《奥运会特设仲裁规
则》的第 1 条和第 2 条规定的条件是否满足,即是否存在任何需要穷尽的内部

---

① See CAS ad hoc Division（OG Sochi）14/003.

救济？为回答该问题，仲裁庭要求被申请人提交阿根廷奥林匹克委员会和阿根廷滑雪联合会的相关规范。阿根廷奥林匹克委员会的相关规范规定了内部上诉庭，对该上诉庭的决定不服的可上诉至瑞士洛桑的 CAS。相关章节的内容共 5 条，大致内容如下：该上诉庭是一个内部审查机构，但其仅仅针对执行委员会的处罚决定进行审查，参赛资格问题并不是处罚问题。就阿根廷滑雪联合会的相关规范而言，相关规定大意如下：其内部委员会具有重要功能，可以作出纪律性处罚决定，确定参与体育竞赛的相关运动员。在该规范中，如果理事会通过一份处罚决定，则可以上诉至该协会的大会。换言之，在阿根廷奥林匹克委员会相关规范中，只有就纪律性事项进行审查的内部救济机制，阿根廷滑雪联合会相关规范没有规定有关运动员竞赛选拔的审查机制。针对这一问题，仲裁庭根据上述依据作出决定，本案没有需要穷尽的内部救济程序，申请人并未被禁止向特设分庭提交仲裁申请。因此，弃权问题就是无关紧要的了，只有存在需要穷尽的内部救济程序才涉及该问题的解决。

在其他一系列案件中，均涉及接近 CAS 仲裁的先决条件。在 S. and L. v. Fédération Internationale de Ski (FIS)[①]案中，仲裁庭审查了申请人上诉申请是否穷尽内部救济的问题。根据《与体育相关的仲裁法典》第 R47 条规定，当事人可对纪律委员会或联合会、协会或体育团体的类似机构的决定提出上诉，只要上述机构的章程或规章如此规定，或双方已达成具体的仲裁协议，并且申请人已根据上述国际体育协会的章程或规章在上诉前用尽了他所能利用的法律补救办法。在此案中，仲裁庭认为，案涉争议问题不在仲裁协议范围内，进一步而言，申请人没有穷尽被申请人规章所规定的法律救济程序；仲裁是建立在当事人同意及其所设定的条件的基础之上。据此，仲裁庭认为其不能受理。

类似的仲裁立场也体现在 Tatyana Borodulina et al. v. IOC[②] 案中。仲裁庭认为如果要求对 IOC、NOCs、国际联合会或奥组委等的决定进行仲裁，则申请人必须在提出该请求之前穷尽所有可利用的内部救济程序。根据有关体育组织的章程或条例，唯一的例外是，除非穷尽内部救济程序需要的时间将导致向 CAS 特设仲裁庭的上诉无效。

---

① See CAS 95/143.

② See CAS OG18 /04.

（二）案件可受理性问题

1.Maria Belen Simari Birkner v. Comité Olímpico Argentino（COA）& Federación Argentina de Ski y Andinismo（FASA）案

以上引案还涉及可受理性的问题。可受理性问题是一个较具有争议的问题，在有的 CAS 仲裁实例中，仲裁庭将可受理性问题与仲裁庭的管辖权问题明确地区分开来，认为二者不是同一个问题；有的仲裁庭则认为二者都可以概括为仲裁庭的管辖权问题，在法律效果上均挑战仲裁庭的管辖权。最典型或最突出的、涉及可受理性问题的争议就是关于奥运会赛事仲裁的属时管辖权问题，即提交仲裁申请的争议是否发生在开幕式举办前的十日之内，此即前文所提到的"十日之规"。从规则上言，对于奥运会开幕式举办前十日以外发生的争议不能提交奥运会特设仲裁庭仲裁，但并不否定该争议可以提交 CAS 的普通或上诉仲裁庭仲裁。因此，"十日之规"的问题在本质上确实有别于纯粹的管辖权问题，它只是否定了特定仲裁庭对案件的受理，但没有一般地拒绝给予该争议以救济的权利。因此，"十日之规"的问题在更精确的意义上属于奥运会特设仲裁庭的可受理性问题，而非管辖权问题，它同样构成特定争议能否接近 CAS 特设仲裁庭救济的先决条件。

在上述案件中，被申请人提出了这一问题，认为案涉争议发生于奥运会开幕式举办前十日之外，因此特设仲裁庭不能受理。本案中，《奥运会特设仲裁规则》第 1 条规定的条件是否满足，即争议是否在规定的时间范围内发生？这里的问题是特设仲裁庭的属时管辖权。特设机构只有权处理奥运会期间或奥运会开幕式前十日内发生的纠纷。因此，问题是要确定争议何时发生。这是许多国际仲裁中遇到的棘手问题，经常对国际法庭或仲裁机构的管辖权产生重要影响。必须说明，争议发生的日期本身不是提出仲裁请求的日期，必须把争议和主张区别开来。很明显，提交仲裁的争议要在正式向仲裁庭提出申请之前发生，否则就没有任何意义，仲裁庭不可能仲裁一个尚未发生的争议。为确定案涉争议何时产生，就需要仲裁庭确定争议构成的条件。许多争端解决机构都考虑过这一问题，但最著名和最经常被引用的定义是国际法院在一个世纪前给出的并不断重复的定义。在这里不能引用涉及这一定义的广泛的国际判例，但仲裁庭认为引用争议的最初定义是有意义的："争议是指两个人在法律或事实上具有不同意见、法律观点，或利益的冲突。"在审理过程中，申请人提及 Schuler 案[1]，目的是主张案涉争议确实在规定的时间范围内发生，并提出仲裁庭应遵循类似的推理。仲裁庭认为 Schuler 案的推理不能作为裁决的参考，本案与 Schuler 案的情况不同，本案中，体育组织给出的引起争议的解释函，无论是发出时间，还是申请人收到的时间，都远远超出特设仲裁庭具有管辖权的期间。

一般而言，在大多数情况下，争议发生的日期通常是申请人对纪律处罚决定不同意或不接受的日期。在某些情况下，这一日期可以推迟，例如，如果该处罚决定不是不言自明的，需要做出某种解释，以便对方当事人能够确切无疑地知道分歧的存在，从而需要证据来确定是否应当以晚于该决定接受的日期作为争议发生日期。本案中没有这样的证据，申请人所说的遭受的一般痛苦本身并不会延迟争议产生的日期。

根据仲裁庭的分析，当告知申请人没有被选中参与奥运会时，争议就已经产生了，尽管其对该决定完全不同意，但这不需要被申请人就作出该决定的理由进行新的解释。因此，案涉争议发生的日期是 2014 年 1 月 20 日，远早于开幕式前十日，故仲裁庭没有受理此案的管辖权。仲裁庭补充说，即使采用对申请人最有利的分析，并对争议发生的时间（即申请人收到对裁决的解释的日期）作出更灵活的解释，争议发生的日期也应是 2014 年 1 月 22 日。这距离开幕式典礼还有十日，仲裁庭仍然没有受理此案的管辖权。

2.Canadian Olympic Committee（COC）& Beckie Scott v. International Olympic Committee（IOC）[2]案

在本案中，其争议焦点涉及对《奥林匹克宪章》的解释，其中涉及瑞士法下的可受理性问题。该案基本案情如下：D.和 L.是俄罗斯越野滑雪队的成员。在 2002 年盐湖城冬季奥运会之前，在 2001 年 12 月 8 日和 20 日的两场赛后兴奋剂检查中，L.被查出服用违禁药物 Darbepoetin。尽管如此，L.还是参加了 2002 年盐湖城冬季奥运会，因为 FIS 只在 2002 年 6 月，即奥运会后对其实施了为期 2 年的禁赛处罚。2002 年 2 月 15 日，D.和 L.以及贝基·斯科特（Beckie Scott）参加了 2002 年盐湖城冬季奥运会女子 5 公里越野滑雪比赛，分别获得第一、第二和第三名，贝基·斯科特获得铜牌。2002 年 2 月 21 日，在女子 4×5 公里越野滑雪接力比赛开始前，D.和 L.被要求提供血样，随后又

---

[1]　See CAS OG 06/002.

[2]　See CAS 2002/O/373.

被要求提供尿样。2002 年 2 月 23 日,对 2002 年 2 月 21 日采集的血液和尿液样本的化验结果显示 D.和 L.的尿液中均含有 Darbepoetin,该物质是 EPO 的类似物或模拟物,根据 OMADC 的规定,EPO 是禁用物质。IOC 成立调查委员会,于 2002 年 2 月 24 日就 D.和 L.服用兴奋剂一事举行了听证会。在 2002 年 2 月 24 日纪律委员会结束对案件审议之前,D.和 L.都参加了女子 30 公里的竞赛项目,L.获得金牌,D.为第八名,并获得了相关证书。后 IOC 执行委员会作出决定:(1)取消 D.女子 30 公里越野滑雪比赛资格;根据《IOC 反兴奋剂规则》第 2 章第 2 条的规定,排除出 2002 年第 19 届盐湖城冬奥会;提请 FIS 相应地修改上述赛事的结果,并考虑在其职权范围内采取任何进一步行动。(2)2002 年 6 月,由于 L.在奥运会前的阳性检测结果,FIS 宣布从 2001 年 12 月 8 日至 2003 年 12 月 7 日暂停其比赛。因此,2003 年 6 月 29 日,IOC 执行委员会宣布取消 L.在 2002 年盐湖城冬季奥运会上的所有成绩。

上述决定对贝基·斯科特的影响是,其将在 2002 年盐湖城冬季奥运会女子 5 公里越野滑雪比赛中获得银牌。然而,贝基·斯科特认为其有资格在这个项目中获得金牌,因为应该取消 D.所有的奖牌,包括女子 5 公里越野滑雪比赛的银牌。因此,申请人决定对 IOC 于 2002 年 2 月 24 日的决定提起上诉。IOC 认为申请人缺乏提出申请的资格,理由之一是申请人不是 IOC 于 2002 年 2 月 24 日作出决定的当事方。此外,申请人提出的并非合同或侵权的权利请求,因此其有责任证明与 IOC 的决定存在相关联系。

CAS 仲裁庭审理后认为:在本案中,各方在整个仲裁过程中,即在听证会前的书面陈述和口头陈述中,依据的是奥委会和 OMADC 的规定,以及 CAS 关于兴奋剂案件的判例。仲裁庭认为,当事人各方这样做是对规则做了相应的选择。因此,仲裁庭将在此基础上对争端作出裁决。CAS 的判例明显地完善和发展了一些体育法的原则,比如(在兴奋剂案件中的)严格责任和公平原则,这些可能被视为新出现的体育法的一部分。由于 CAS 的判例主要是各种体育规则,当事人在他们的诉求中依据 CAS 的先例,相当于对具体的判例法体系做了选择,包括适用体育规则的共同原则。如果不能仅根据当事各方援引的规则解决所有问题,专家组将适用符合《与体育相关的仲裁法典》第 R45 条的瑞士法律,依据"如果没有这样的选择……争议应根据瑞士法律解决。在这种情况下,瑞士法律的适用也是合适的"。

在这个案件中,CAS 仲裁庭需要根据瑞士法律来判断该案是否具有可受理性。由于奥运会赛事中各具体的竞赛项目,均是一系列赛事的逐级进行,因此某一运动员或运动队成绩的高低及取消与否,不仅仅直接影响与其竞技的运动员或运动队,还会间接影响其他参赛的竞技者。在通常的 CAS 仲裁中,提起仲裁申请的主体一般是直接竞技者,但本案的发生则是源于间接的参赛运动员。根据本案申请人的主张,如果相关体育组织取消其指控的其他运动员的竞赛成绩和奖牌,其将可能获得金牌。本案涉及申请人是否具有提交仲裁申请的主体资格,也就是要判断其对案涉纪律处罚决定是否具有利害关系,这一问题也构成 CAS 管辖的可受理性问题。如何判断这一问题? CAS 认为这是一个准据法上的问题,因此需要通过所适用的法律来解决。本案彰显了奥运会赛事作为一系列赛事所产生的"涟漪"效应,一些素未"谋面"的运动员会因与自己没有直接参与或竞技的赛事对自己的竞技成绩产生影响,尽管存在事实上的利害关系,但可能因 CAS 仲裁庭所适用法律并不认可该利害关系而丧失诉诸 CAS 仲裁的机会,这就是案件是否具有可受理性的要害所在。

3.其他案件

同样的争点及裁判立场出现在 Tatyana Borodulina, Pavel Kulizhnikov, Alexander Loginov, Irina Starykh, Dimitry Vassiliev, Denis Yuskov v. International Olympic Committee (IOC)[①]案中。该案涉及的焦点之一是如何确定争议产生的时间点。CAS 仲裁庭援引先例认为,"争议是指两个人在法律或事实上的不同意见,法律观点或利益的冲突"。据此,CAS 特设仲裁庭认定,本案争议发生在奥运会举办前十日之前,不具有可受理性。

同样地,在 Pavel Abratkiewicz, Victor Sivkov, Anna Vychik, Evgeny Zykov, Anatoly Chelyshev, Danil Chaban, Konstantin Poltavets v. International Olympic Committee[②] 一案中,也谈到了穷尽内部救济和"十日之规"的可受理性问题。该案中,仲裁庭认为:(1)在奥运会举行之际或与之有关的任何争端,应根据《与体育相关的仲裁法典》专门提交 CAS。(2)如果要求根据 IOC、NOCs、国际联合会或奥林匹克运动会组织的决定进行仲裁,则申请人必须在提出该请求之前用尽所有可利用的内部救济程序。根据有关体育组织的法规或条例,除非用尽内部补救办法需要时间,从而导致对 CAS 特设仲裁庭的上诉无效。(3)CAS 特设仲裁庭只有在涉及"在奥运会期间或奥运会开幕

---

①　See CAS ad hoc Division (OG PyeongChang) 18/004.

②　See CAS OG18 /05.

式前十日之内引起的"争议的情况下才具有管辖权。(4)仲裁庭确信,申请人2018 年 2 月 1 日的电子邮件仅针对 2018 年 1 月 19 日发出的不邀请申请人参加 2018 年冬奥会的决定;因此,被申请人在 2018 年 2 月 4 日的来函只是告知申请人律师,他们尚未作出新决定,2018 年 1 月 19 日发布的不邀请申请人的决定也仍然有效。据此,仲裁庭得出结论认为,2018 年 2 月 4 日的讨论并不构成 IOC 作出的决定,而是对申请人立场的反驳。(5)基于以上分析,CAS 特设仲裁庭没有管辖权受理申请人在 2018 年 2 月 7 日提交的上诉仲裁申请。

在 Roland Diethart v. International Olympic Committee (IOC)[①]案中,仲裁庭也审查了申请人的上诉申请是否具有可受理性的问题。仲裁庭认为申请人提起的上诉申请是在规则所允许的时限内,也遵守了《与体育相关的仲裁法典》第 R48 条的规定,因此是可以受理的。从其推理思路看,可受理性的问题与上诉申请的时限和条件有关,而非与争议事项本身的关系或性质相关。

(三)可提交仲裁的"争议"

在 Claudia Pechstein v. Deutscher Olympischer Sportbund (DOSB) & International Olympic Committee (IOC)[②]案中,一个独特的争点是案涉争议是否属于一个客观、现实的争议。对于未来或假设的争议,是不能提交 CAS进行仲裁的。[③] CAS 仲裁庭的裁判要点如下:(1)根据《奥运会特设仲裁规则》,要通过仲裁解决的争议必须针对的是"IOC、NOCs、国际体育协会或奥组委宣布的决定";(2)一个运动员单纯假设(assumption)NOCs 将会拒绝其参加奥运会的提名的仲裁请求,从任何意义上讲,都不能达到可以向 CAS 仲裁庭提出上诉的"决定"的程度;(3)同样,NOCs 没有就运动员提名作出决定,不能被识别为是 NOCs 的决定,也不能等同于可以构成向 CAS 仲裁庭上诉依据的决定。

就"非现实的处罚决定(还没有发生效力的,假想的处罚决定)"问题而言,仲裁庭的认定如下:仲裁庭的分析必须从《奥运会特设仲裁规则》第 1 条开始,

---

① See CAS 2007/A/1290.

② See CAS ad hoc Division (OG Vancouver) 10/004.

③ 无独有偶,将当事人之间尚未发生的、未来可能存在的争议提交仲裁的想法和做法,在我国当前仲裁实践之中也有存在,这就是先予仲裁的问题。对于此种做法我国最高人民法院业已通过相关的司法解释紧急"喊停",并明确其属于应被撤销的仲裁裁决。参见张春良、旷菊:《论先予仲裁裁决的司法审查》,载《中国海商法研究》2019 年第 4 期。

并在本案件中结束。该条非常明确,在一定程度上,其规定了通过仲裁来解决的争议必须发生在奥运会期间或开幕式前十日内,必须是针对由 IOC 和 NOCs 宣布的决定。合乎逻辑的是,《奥运会特设仲裁规则》第 10 条规定:"任何个人希望将属于本规则第 1 条所规定的争议提交 CAS 特设仲裁庭,应向仲裁院办公室提出书面申请,该申请应包括:一份被上诉的决定的复印件……"在本案的申请中,申请人试图确定一项"决定",即其可以上诉的决定,这就是德国奥林匹克体育联合会没有"在瑞士联邦法院 2010 年 2 月 10 日的判决后,提名她作为一名运动员参加本届冬奥会"。这必须假定被申请人拒绝申请人在本届奥运会上的提名要求。仲裁庭认为,从任何角度解读,申请人的这种假设不能上升到可向特设仲裁庭提出上诉决定的程度。仲裁庭再次回顾,申请人在当时及今日均没有资格参加本届奥运会的比赛。当仲裁庭要求申请人准确地确定正在上诉的决定时,申请人随后表示,2010 年 1 月 29 日德国奥林匹克体育联合会决定不提名其参加冬季奥运会,尽管相关组织已于 2009 年 12 月 15 日向德国奥林匹克体育联合会提出该提名。因此,申请人所称的德国奥林匹克体育联合会不提名的决定,无论从哪方面来看,都不能等同于向特设仲裁庭提出上诉依据的决定。

简言之,根据 CAS《奥运会特设仲裁规则》,通过仲裁解决的争议必须是 IOC、NOCs、国际联合会或奥运会组织委员会的现实决定。一名运动员简单假设 NOCs 将拒绝其参加奥运会的提名要求,从任何角度看,都不能上升到可以向 CAS 临时仲裁庭提出上诉的决定的程度。同样,NOCs 没有作出提名运动员的决定不能被认为是 NOCs 作出不提名的决定,也不能等同于上诉到 CAS 特设仲裁庭的依据。

三、仲裁程序:CAS 冬奥仲裁程序

(一)仲裁程序的定位

1.合法性与合理性

CAS 冬奥会特设仲裁在形式上是一个"二审"或上诉审,即其所管辖和裁决的争议是经过相关体育组织内部解纷机制作出的决定。鉴于此类被上诉的决定具有准行政性,即具有命令与服从关系的体育组织对所管理的运动员进行的纪律处罚,因此,在这个二级审机制之中,CAS 特设仲裁庭是仅仅从合法

性角度进行审查,还是可以兼及对合理性问题进行审查,就需要明确的性质定位。根据一般的行政诉讼法理,行政审判庭通常是审查行政处罚决定的合法性问题,合理性问题一般不予审查,除非存在严重过度的情形。下述案件对此作出了回应。

在 Thibaut Fauconnet v. International Skating Union (ISU) & International Skating Union (ISU) v. Thibaut Fauconnet 合并仲裁案件中,ISU 认为,18 个月的禁赛期在体育组织的内部处理程序中得到确认,并且纪律委员会采取的处分,在其酌处范围内。在某些情况下,CAS 认为只有在处罚存在明显和严重不相称的情况下才应审查。实际上,作为一个国际上诉机构,在决定正确和适当的处罚时,仲裁庭还必须寻求在类似案件中保持不同决定之间的某种一致性,以维护在不同体育项目中平等对待运动员的原则。在这方面,WADC 的引言明确指出,其两个目的是促进世界各地运动员的平等,并确保反兴奋剂项目的协调。正如 CAS 2010/A/2107 仲裁裁决所指出的那样,处罚必须符合 WADA 的目标,即基于运动员的过错程度,在总体上对兴奋剂违规采取适当和一致的处罚。此外,根据《与体育相关的仲裁法典》第 R57 条,仲裁庭有权对争议事项进行全面审查。因此,仲裁庭将全权审查认为不适当的处罚。

简言之,CAS 特设仲裁庭具有"全权审查"的职能,既可以对被上诉决定的合法性进行审查,也可以对其合理性进行审查。当然,必须指出的是,正如 CAS 仲裁庭所特别强调的那样,在纪律处罚机构自由裁量权范围内,除非该处罚"明显和严重不相称",否则仲裁庭应服从纪律处罚机构的处罚。要言之,CAS 特设仲裁庭采取的是全面的合法审和附条件的合理审。

2.事实审与法律审

《与体育相关的仲裁法典》第 R57 条第 1 款规定即表明,CAS 仲裁庭采取的庭审模式为复审制,即 CAS 仲裁庭围绕着事实性问题和法律性问题等进行全面审查。在 Emil Hoch v. Fédération Internationale de Ski (FIS) &International Olympic Committee (IOC)[①]案中,涉及一个关键的问题即"一事不二罚"。如何认定某兴奋剂违纪行为属于"一个行为"或"一起事件",则是本案关涉的问题。在解决这个问题过程中,仲裁庭明确其上诉仲裁的范围和权限既包括事实审,又包括法律审,不局限于体育组织处罚机构的处罚决定。

---

① See CAS 2008/A/1513.

该案中,FIS 认为申请人的行为既违反了《FIS 反兴奋剂规则》第 2.6.2 条,宣布其在两年内没有资格以任何身份直接或间接参与 FIS 举办的任何赛事活动;又同时违反了《FIS 反兴奋剂规则》第 2.8 条,宣布其终身不具有直接或间接参加任何 FIS 认可的活动的资格。申请人向 CAS 提起上诉,其主张该决定存在程序性和实质性违规。仲裁庭围绕被申请人的处罚决定是否遵守了程序性规则以及实质性规则予以分析。具体而言:

(1)在程序性规则上,申请人认为,FIS 的决定在程序上存在严重的缺陷,因此从程序上看是非法的。申请人特别声称,该决定侵犯了 ECHR 第 6 条第 1 款所规定的程序基本权利,这些权利包括获得合理决定的权利和采取正当程序的权利。仲裁庭认为,体育协会在其纪律管辖范围内是否以及在多大程度上受到 ECHR 的约束尚不清楚,仲裁庭对 ECHR 在上述案件中的适用性表示严重怀疑,因为 ECHR 约束国家缔约方,而不是私人第三方。然而,在法律判例中,越来越多的权威人士主张 ECHR 也直接适用于体育协会。在本案中,这个问题可以不予回答,因为并非每一次对程序基本权利的违反都构成对 ECHR 第 6 条第 1 款的违反。根据 CAS《与体育相关的仲裁法典》第 R57 条的规定,在上诉仲裁程序中,CAS 有完全的权力审查案件的事实和法律,因此具有完全的管辖权。换句话说,仲裁庭重新审理案件,不受 FIS 所提供的意见和证据的限制。此外,仲裁庭的独立性、公正性和程序公正的程序原则也得到了验证,申请人已利用此机会向 CAS 提出上诉,并明确确认其有权在 CAS 的程序中听取意见并得到平等对待。有鉴于此,仲裁庭认为,其对本案的重新审理已纠正了 FIS 决定中任何正当程序缺陷的问题,因此,没有必要考虑 FIS 实际上是否为申请人提供了正当程序。

(2)在实质性规则方面,申请人被 FIS 并用《FIS 反兴奋剂规则》第 2.6.2 条和第 2.8 条予以处罚。这两项规定之间的关系在《FIS 反兴奋剂规则》第 10.6 条(有关潜在多重违反的规则)中有所界定。《FIS 反兴奋剂规则》规定如下:根据第 10.2 条、第 10.3 条和第 10.4 条实施处罚,只有在 FIS 能够在运动员或其他人收到通知后确定该运动员或其他人第二次违反了反兴奋剂规则时,才可以考虑实施本处罚;或者,在 FIS 作出合理努力后确定运动员系第一次违反反兴奋剂规定,如果 FIS 不能证实这一点,则兴奋剂二次违纪将受到更严厉处罚。在本案中,申请人被指控的两项违反行为是一项违反反兴奋剂规则的行为,而不是两项单独的违反反兴奋剂规则的行为,这是无可争议的。

综合上述,仲裁庭审查了程序性问题,也审查了实质性问题,还审核了法律适用问题,审查分析了法律条文之间的关系,即如何正确适用条文。可见,CAS 仲裁庭的审理包括事实审和法律审。在仲裁庭的裁判要旨中,说得更透彻:

第一,CAS 有权对上诉案件的事实和法律进行全面审查,因此属于仲裁庭的审理属于再审(de novo),不受一审时的申请和启动程序的证据限制。而且,仲裁庭的独立和中立原则以及"公平程序"(fair proceedings)原则应确保达到国家法院的类似程度。因此,一审程序中的程序基本原则的违背在 CAS 上诉仲裁程序中不需要再次提出,因为 CAS 的再审可弥补被上诉的决定中的任何正当程序的缺失。

第二,严重的兴奋剂违纪是指持续对多个第三方兴奋剂违纪提供实质帮助(substantial help);也包括多人涉入更大范围的兴奋剂违纪的共谋行动,并因此显示了高度的违纪能力(criminal energy),以及兴奋剂违纪对相关运动员特别危险的情形。

第三,只有在违纪的严重程度是最极端(most extraordinary)的情形,如故意帮助未成年人实施兴奋剂违规,或是兴奋剂违纪共谋的主犯,此时适用终身禁赛才是合理的。但只要不能排除他人包括更高级别的官员在兴奋剂违纪共谋中起到穿针引线的作用,即便被指控的人在兴奋剂违纪中负有决定性责任(decisive responsibility),但不是唯一或最高的领导责任(leadership responsibility),则终身禁赛就是不相称的处罚。

仲裁庭指出,CAS 有充分的权力审查上诉的事实和法律,因此可以重新审理案件,而不受最初程序所提供的意见和证据的限制。此外,仲裁庭的独立性、公正性和程序公正的程序原则也得到了与国家法院类似的保障。因此,在 CAS 冬奥上诉仲裁程序中,由于重新审理已经纠正了上诉裁决中缺乏程序正当性的问题,因此不能再断言初审程序中违反了程序基本原则。

CAS 就被上诉裁定是否内在地正确作出的裁定进行审查,而非审查被上诉裁定是否正确。在 P. v. International Skating Union (ISU) & Deutsche Eisschnelllauf Gemeinschaft e. V.(DESG) v. International Skating Union (ISU)①案中,涉及的焦点问题有:兴奋剂(血液兴奋剂);CAS 完全的审查权力的含义;新科学证明方式的追溯适用;作为一种单纯证明方法的纵向生物学剖面图;无不利分析发现的反兴奋剂程序和举证责任;不利分析认定的缺乏和

---

① See CAS 2009/A/1912 & CAS 2009/A/1913.

对国际检测标准的偏离；兴奋剂案件证明标准的仲裁庭的充分满意标准；不正常的生物学价值和兴奋剂违规的证实。

CAS仲裁庭的裁判要点如下：(1)CAS的充分审查权力是指CAS上诉仲裁程序承担了一种二审职能，其并不限于裁定作出被上诉裁定的机构是否正确。CAS仲裁庭的使命是就当事人的争议是否内在地正确作出裁定，而不是审查上诉裁定的正确性。

(2)新的科学性证明方式即便在反兴奋剂规则中没有具体规定，也能在任何时候用以调查和发现过去未经检测的兴奋剂违规，唯一的限制是8年时限和纪律处罚程序的及时启动。只要对特定兴奋剂违规进行处罚的实体规则在行为前即生效，诉诸新的证明方式并不构成追溯性适用法律的情形。

(3)禁用物质或方法的"使用"(use)，并不完全取决于不利分析结果的发现，以与旧版WADC和国际体育协会反兴奋剂条例完全一致的方式，确认不利分析结果后，才构成反兴奋剂规则的违反。

(4)"纵向生物学剖面图"构成证明兴奋剂规则违反的方式，这也可被作为旧版WADC规定的兴奋剂违规的证据。

(5)无不利分析发现的兴奋剂违规情形下，认为存在兴奋剂违规的体育协会必须证明：第一，用以获取运动员血液指标、形成血液剖面图的血液样本是合适地获取的；第二，存在血液样本从搜集地到实验室过程的可信赖的监管链条；第三，分析血液样本的仪器是可信赖的可精确记录血液指标的设备；第四，血液指标传递和存储在体育协会数据库是值得信赖的；第五，运动员的血液指标是其是否使用禁用方法的可靠证据。

(6)对于血液筛查测试产生正确结果，这并非事实推定。根据CAS判例法，在反兴奋剂程序中而非阳性检测程序中，免除体育权威机构兴奋剂违规的证明责任并不简单，在这种情况下并无推定适用的情形。相应地，体育协会承担完全的证明责任，向仲裁庭提交合理可信的证据以说服仲裁庭，该运动员按照所适用的证明标准实施了兴奋剂违规行为。

(7)在缺乏不利分析发现(只要所提供的推定支持反兴奋剂组织)的情况下，国际体育协会不能迫使运动员证明未使用禁用方法。国际体育协会必须遵守WADA《国际检测和调查标准》和WADA ISL，满足样本收集、测后管理、样本运输、分析程序和文件整理的所有合理的实践。

(8)CAS仲裁实践中周知的标准是充分满意标准(主要用于血液操纵和严重形式的兴奋剂违规)，其已经成为CAS反兴奋剂案件中的通常标准，甚至优先于 WADC。许多仲裁裁决已经过瑞士联邦最高法庭的审查,该法庭业已声明,反兴奋剂程序是私法而非刑法事项,私法案件中的举证责任和证据评估不能以专属于刑法的概念为基础进行规范。超越合理怀疑的证明标准是典型的刑法标准,其在反兴奋剂案件中不能适用。

需要注意的是,仲裁庭指出,根据《与体育相关的仲裁法典》第 R57 条规定,仲裁庭有充分的权力审查事实和法律。正如 CAS 法理所反复陈述的那样,这意味着,CAS 的上诉仲裁程序需要重新审查,而不局限于作出上诉裁决的机构决定是否正确。因此,仲裁庭的任务是独立决定当事人的争论本质上是否正确,而不是评估上诉决定的正确性。

在 Thibaut Fauconnet v. International Skating Union (ISU) & International Skating Union (ISU) v. Thibaut Fauconnet[①] 案中,CAS 仲裁庭的裁判要点如下:(1)根据《与体育相关的仲裁法典》第 R57 条,仲裁庭有完全的权力审查案件事实和适用的法律,即便违背了正当程序原则或侵犯了先前程序中参与听证的权利,也可以通过 CAS 上诉得到救济。上诉制度允许在上诉机构重新进行听证,其优点是与一审法庭的公平公正相关的问题渐渐淡出人们的视野。

(2)纪律处罚机构在设定适当处罚方面具有自由裁量权,这不能被援引作为法律原则。CAS 仲裁庭可以审查纪律处罚机构在特定案件中的裁决,只要该处罚很明显且总体上与违纪行为不成比例。的确,CAS 仲裁庭作为一个国际性的上诉机构在决定正确和适当比例的处罚时必须追求在具有可比性的案件中不同体育协会的裁决之间维持某种一致性(coherence),旨在维持不同体育领域的运动员平等对待原则。

在另外一个案件中,即 Ukrainian Figure Skating Union (UFSU) v. International Skating Union (ISU)[②] 案,所涉争点就包括 CAS 的审理范围。对此,仲裁庭说明了重新审理以及具体审理的内容:通过声明执法裁判的行为不当和违背职业条例,国际体育协会的纪律委员会表明,国家体育协会在指定该裁判员作为国际体育协会的裁判员时没有行使必要注意的义务。因此,国家体育协会对该裁判员的执法进行审查是有正当利益的。《与体育相关的仲裁法典》第 R57 条赋予仲裁庭重新审议争议标的的权力。仲裁庭不限于评估先

---

① See CAS 2011/A/2615 & CAS 2011/A/2618.

② See CAS 2013/A/3227.

前程序和决定的正确性,甚至有义务对申请人的论点是否正确作出独立裁定。然而,这意味着仲裁庭有机会审查一审决定所依据的证据,特别是重新审理证人和当事方,如果案件需要,还可以重新审理专家证言。如果重审证据不具有可能性,并且没有提交新的证据,仲裁庭就必须依靠一审的结果。仲裁庭认为,如果纪律委员会等机构认定的案件事实没有反映案件有关要素、证据程序不完整或者根据证据程序认定的事实得出错误的法律结论,则可对该处罚决定进行审查。只要一审机构正确行使了裁量权,仲裁庭就不会干预。

3.评价性与裁判性

评价性和裁判性的区分在于,CAS 仲裁庭在仲裁案件的时候,是仅仅对所争议的、通常已经经过被申请人内部处罚机构或解纷机构审理过的决定进行评判,还是可以同时进行裁判。如果 CAS 仲裁庭的职能仅限于评判,则其仲裁裁决或裁定就只能作出积极(维持决定)或消极(撤销决定)的结论,而不能作出裁判性即直接变更体育组织处罚决定的结论。CAS 仲裁案例表明,CAS 仲裁庭握有完全的职能:从维持决定、撤销决定,再到直接变更被上诉的决定。

需要明确的是,CAS 至少包含三类仲裁程序:一类是仲裁与体育相关的普通纠纷的仲裁;另一类是仲裁与体育组织或机构内部处罚决定相关的上诉仲裁;再一类则是直接或独立针对反兴奋剂违纪实施的反兴奋剂仲裁。根据《与体育相关的仲裁法典》第 S12 条规定,仲裁庭的责任除其他外包括:(1)通过普通仲裁解决提交的争端;(2)作为一审级别的仲裁机构或单独审理,解决与反兴奋剂有关的事宜;(3)通过上诉仲裁程序解决与体育联合会、协会或其他体育相关机构的决定有关的争议,只要该体育相关机构的章程规范或具体协议有规定;(4)通过调解解决提交的当事人纠纷。结合《与体育相关的仲裁法典》第 R47 条之规定,当事人可以对纪律法庭或联合会、协会或国际体育协会的类似机构的决定提出上诉,只要上述机构的章程或规章如此规定,或双方已达成具体的仲裁协议,并且申请人已根据上述国际体育协会的章程或规章在上诉前用尽了其所能利用的法律救济程序。可见,CAS 可以对国际单项体育联合会内部争端解决机构的处罚决定之裁决进行审查。但 CAS 仲裁庭针对被上诉裁决是否可以维持、撤销、变更等,我们需要从 CAS 判例中寻求答案:

(1)维持裁决。以 E. & A. v. International Biathlon Union (IBU)^①一案为例,该案基本案情在此从略。本案被申请人 IBU 于 2009 年 2 月 4 日对每位运动员实施临时禁赛。这两件事都被 IBU 提交反兴奋剂仲裁庭。仲裁庭于 2009 年 5 月 8 日举行听证会。2009 年 8 月 11 日,对每一名运动员的案件作出单独的裁决。两名运动员都被发现违反了反兴奋剂规定,从测试之日起被处以两年禁赛。最终 CAS 驳回了 E. & A. 的上诉,事实上维持了 IBU 内部争端解决机构的裁决。

(2)撤销裁决。以 Canadian Olympic Committee (COC) & Beckie Scott v. International Olympic Committee (IOC)^②一案为例,案情从略。仲裁庭裁决,接受申请人的申请,拒绝被申请人的请求,同时裁决 IOC 执行委员会于 2002 年 2 月 24 日作出的决定无效。争议事项已提交 IOC 执行委员会,并命令其在 2004 年 3 月 15 日前作出新的决定。由此可见,CAS 仲裁庭可对国际单项体育协会内部裁决予以撤销,并对案件重新全面审理,作出新的裁决。

(3)变更裁决。以 K. v. FIS^③一案为例,基本案情见上文。CAS 仲裁庭作出裁决,国际泳联反兴奋剂委员会在 2005 年 6 月 13 日作出的决定和在 2005 年 7 月 13 日的声明中所作出的修正,将根据案件的案情重新作出决定。由此可见,CAS 仲裁庭可对国际单项体育协会内部裁决予以变更。

综上所述,CAS 判例表明仲裁庭对体育组织内部的纪律法庭或联合会、协会或国际体育协会的类似机构的决定作出根本性改变,不只是撤销或维持的评判性行动,还包括直接变更的裁判性职能。正是如此,CAS 被誉为"最高体育法院"。

4.司法性与专业性

仲裁被认为是专业化的纠纷解决机制,因此,相对于诉讼而言,仲裁员本身就是也应当是特定领域的专家。特别是对于 CAS 仲裁而言,作为体育领域的主流解决机制,CAS 仲裁员和仲裁庭也是此类领域的专家。然而,在 CAS 仲裁所涉及的范围之内,仍然有许多过于专业化的问题,超出仲裁庭的把握范围,从而需要更精细的专业知识和专家。就此而言,CAS 仲裁是介于司法性与专业性之间的过渡状态的裁判机构。一方面,CAS 仲裁是专业性机构,这

---

① See CAS 2009/A/1931.

② See CAS 2002/O/373.

③ See CAS 2005/A/918.

是相对于一般的法院诉讼而言的;另一方面,CAS 仲裁又是司法性机构,在更为精细的专业领域,CAS 仍然需要依赖专家提供专业辅助。在后者的意义上,CAS 仲裁及其程序也就更突显其司法性色彩,即它主要是一个裁判机构,在专家支持下对案涉专业问题进行裁判。这一程序功能和定位尤其在反兴奋剂仲裁中得以突显。

在 Deutscher Skiverband & Evi Sachenbacher-Stehle v. International Ski Federation (FIS)[①]一案中仲裁庭对此有明确的认识。该案涉及争点包括:血红蛋白值的认定及处罚规则的特殊适用问题。该案基本案情如下:申请人之一的 Evi Sachenbacher-Stehle 女士是代表德国参加都灵冬季奥运会的越野滑雪运动员。被申请人是 FIS。2006 年 2 月 9 日,该名运动员接受了 FIS 的一项全面现场测试,即血液筛选/测试。血液检测报告显示血红蛋白值升高。因此,FIS 根据《FIS 反兴奋剂规则》向运动员发布了禁赛通知,根据此禁赛令,运动员不得参加 2006 年 2 月 9 日至 2006 年 2 月 13 日(包括)期间的任何比赛。由于这一禁令,这位运动员将错过 2006 年 2 月 12 日的第一个奥运会比赛项目。就该禁赛决定,申请人在 2006 年 2 月 10 日向 CAS 提起上诉。

仲裁庭指出,自 2003 年以来,每年都有大量的请求要求为此类运动员签发自然升高的高血红蛋白豁免,但所有此类申请都未能成功说服 FIS。FIS 确实认定该运动员的血红蛋白水平有所偏高,这足以驳回依照《FIS 反兴奋剂规则》签发豁免的请求。在过去的三年中,CAS 仲裁庭的观点远不能替代相关专家的观点,这些专家对血红蛋白水平升高有更为权威和专业的判断,仲裁庭不能超越专家立场给予相关运动员以豁免的权利。尽管被申请人等要求仲裁庭作出医学专家的判断,但仲裁庭不能予以实施。该案表明,CAS 明确其自知之明,仲裁庭不能像医学机构那样进行专业评估。这也就意味着,CAS 仲裁程序和功能更偏向于司法性,专业的事情应当提交专家进行评判。

5.刑事性与私法性

CAS 冬奥会仲裁的主题很多情形下参照行政性或刑事性法律原则处理,在涉及兴奋剂违纪的情形下,甚至可能涉及刑事犯罪的主题,[②]由此带来一个需要在理论和程序上澄清的定位问题,即冬奥会仲裁究竟是刑事性、公法性,

---

① See CAS ad hoc Division (OG Turin) 06/004.

② 例如,我国刑法修订案就将兴奋剂"入刑",对于特定类型的兴奋剂行为列入刑事处罚的范畴。

还是私法性的纠纷解决安排。CAS 冬奥仲裁案例表明,仲裁庭恪守自身的私法立场,即便涉及或参照刑事性法理裁决案件,也应明确秉持分割论的态度,即仲裁庭仅在私法属性范围内处理争议。[①]

案例之一是 P. v. International Skating Union (ISU) & Deutsche Eisschnelllauf Gemeinschaft e. V. (DESG) v. International Skating Union (ISU)[②]案。该案中,仲裁庭指出,"充分满意"的证明标准在 CAS 实践中是众所周知的,因为其在许多反兴奋剂案件中已经成为 CAS 标准。[③] 许多仲裁裁决也已经受瑞士联邦最高法庭的审查,该法庭业已声明,反兴奋剂程序是私法而非刑法事项,"举证责任和证据评估'是'私法案件,不能根据专属于刑法的概念为基础进行规范"。因此,仲裁庭不能同意运动员主张,由于针对 P.处罚的严重性,证据标准必须接近于"排除合理怀疑",但是排除合理怀疑的证明标准是一种典型的刑法标准,在反兴奋剂案件中不适用。显然,仲裁庭注意到了 ISU 提出的处罚决定的严重性,但在仲裁庭看来,这和任何其他涉及血液兴奋剂的反兴奋剂案件一样严重,不多也不少。因此,对于有争议的事实,仲裁庭将在没有进一步限制的情况下适用正常的充分满意标准,该标准是由《ISU 反兴奋剂规则》所规定的,而且该标准在许多涉及操纵血液或其他严重兴奋剂处罚的 CAS 案件中都得到了应用。简言之,"超越合理怀疑"标准作为刑法标准不适用于私法性的 CAS 仲裁。但鉴于相关处罚的严重性,接近于该标准的标准应予适用。"接近于"的意思也就是大致相当、适度"参照"的意思。类似案件还有很多,此处不再赘述。

6.商业性与纪律性

这主要就 CAS 仲裁事项的范围和性质而言,也涉及体育仲裁的可仲裁性问题。总体而言,CAS 仲裁既包括体育类商事纠纷的仲裁,由 CAS 普通仲裁庭负责;也包括体育组织对其运动员作出的纪律性处罚,由 CAS 上诉仲裁庭负责。在 CAS 冬奥会赛事仲裁中,更主要的仲裁事项是后一类争议事项,因此 CAS 冬奥会仲裁具有鲜明的纪律性。

该特性在 Viking Schaatsenfabriek B.V. v.German Speed Skating Asso-

---

① 刘想树主编:《国际体育仲裁研究》,法律出版社 2010 年版,第 90 页。

② See CAS 2009/A/1912 & CAS 2009/A/1913.

③ See TAS 2002/A/403-408,CAS 98/208,CAS OG/96/004.

ciation[①]案中得到彰显。该案涉及的争议焦点包括:关于制造商商标展示的商业争议、《奥林匹克宪章》第61条的目的,以及不公平竞争。仲裁庭的裁判要点如下:(1)《奥林匹克宪章》第61条并非旨在规范商业竞争,其旨在规范可能在奥运会使用的设备上出现的商业标识的数量和规模。因此,制造商不能依靠第61条来寻求救济以弥补促销上的损失和潜在的冒名顶替问题。(2)在特设分庭有限的时间内不可能对必须解决的事实问题进行审判,这些事实问题本应该在有关不正当竞争之诉的裁决作出之前得到解决。因此,申请人可以违反《奥林匹克宪章》以外的其他法律为由在其他仲裁庭采取维权行动。

针对商业争议而言,仲裁庭认为:《奥林匹克宪章》第61条的目的不是规范商业竞争。该条例旨在规范在奥运会使用的设备上可能出现的商业标识的数量和规模。因此,如果申请人就促销的损失和可能的假冒行为寻求救济,就不能援引第61条。在CAS特设仲裁庭提起的仲裁程序的时间限制内,不可能就指控不公平竞争必须解决的事实问题进行审判。因此,申请人应以违反《奥林匹克宪章》以外的法律理由在其他场合采取行动。具体而言,要给予禁令救济,仲裁庭必须发现违反了《奥林匹克宪章》和适用的体育规则,或者违反了一般的法律原则和其认为应当适用的法律规则。为避免含糊不清,仲裁庭强调其决定只限于适用《奥林匹克宪章》,没有对违反不公平竞争法的行为作出裁决,并适当注意到,申请人保留了除以违反《奥林匹克宪章》以外的其他法律理由在其他场合采取行动的权利。换言之,一般的商事性争议由于有足够的时间,可留待CAS其他仲裁庭进行仲裁解决,所以不能向CAS奥运会特设仲裁庭提起仲裁,后者仅解决与竞赛直接相关的那些急迫的事项,例如参赛资格问题、禁赛问题、兴奋剂违纪问题,等等。

另外,在Claudia Pechstein v. Deutscher Olympischer Sportbund (DOSB) & International Olympic Committee (IOC)[②]案中,CAS特设仲裁庭的裁判要点明确指出:根据CAS《奥运会仲裁规则》,要通过仲裁解决的争议针对的必须是"IOC、NOCs、国际体育协会或奥组委宣布的决定"。从该案我们可以合理推出,根据CAS《奥运会仲裁规则》,通过仲裁解决的争议必须违背IOC、NOCs、国际联合会或奥运会组织委员会的决定。可见,仲裁庭仅针对纪律性处罚决定进行审理。商业性争议原则上应分流到CAS普通仲裁庭或一般的上诉仲

---

① See CAS ad hoc Division (OG Nagano) 98/003.

② See CAS ad hoc Division (OG Vancouver) 10/004.

裁庭进行解决,不占用更为宝贵稀缺的 CAS 奥运会特设仲裁庭。这也符合急用先行、分流解纷的原则。这样的案件管辖设计确保了奥运会仲裁的快速、高效和纯粹。

(二)仲裁员回避

有什么样的仲裁员,就有什么样的仲裁。因此,仲裁员的品质就是仲裁的生命线,无论怎么强调都不为过。现行仲裁机制对此提供了大量的救济方案,最主要的就是仲裁员回避。CAS 奥运会特设仲裁也是如此。

仲裁员回避的典型案例是(Decision)Finnish Ski Association & Aino-Kaisa Saarinen v. Fédération International de Ski (FIS)[①]案。该案中,第一申请人芬兰滑雪联合会是 FIS 的成员,第二申请人是芬兰越野滑雪选手和芬兰越野滑雪队成员,FIS 为本案的被申请人。申请人在其上诉声明中指定芬兰的一名律师 Rauste 先生作为本案的仲裁员。被申请人告知 CAS 法庭办公室,这一提名应受异议,因为该律师在反兴奋剂案中担任过其他运动员的律师,而 FIS 正是此案中的被申请人。具体事由是,数年前,该律师曾作为另一名芬兰运动员的法律顾问,参与了芬兰滑雪联合会之前的仲裁程序,这表明该律师缺乏独立性和公正性。

申请人认为:首先应注意的是,被申请人对提名该律师为仲裁员的异议,未提及任何程序依据或提供任何其他具体理由。当事人提名的仲裁员回避的可能理由是《与体育相关的仲裁法典》第 S18 条和第 R34 条。第 S18 条规定,CAS 仲裁员不得担任当事人在 CAS 进行的仲裁程序中的律师。如果 CAS 仲裁员仍然在 CAS 仲裁中担任律师,CAS 将有权就其仲裁员的职能对其采取特殊措施。但是,需要注意的是,第 S18 条自 2009 年 10 月 1 日起生效,在此日期之前,《与体育相关的仲裁法典》中并没有这样的限制。Rauste 先生在 CAS 于 2009 年 3 月 13 日作出的一项仲裁裁决中,担任过一名运动员的律师,是在上述第 S18 条生效之前,因此,不能根据第 S18 条对 Rauste 先生的提名提出异议或回避申请。进一步而言,根据《CAS 仲裁规则》第 R34 条,如果这种情况使当事人对仲裁员的独立性产生合理的怀疑,可以对仲裁员提出回避。根据《与体育相关的仲裁法典》第 R33 条,每位仲裁员应保持独立于当事人,并应立即披露任何可能影响其独立于任何当事人的情况。仲裁员与申请

---

① See CAS 2010/A/2090.

人沟通会削弱其独立性,但 Rauste 先生现在和过去都没有与申请人联系。Rauste 先生在被申请人为受罚方的案件中担任律师,这一事实并不削弱对申请人的独立性。

仲裁庭认为:被申请人试图对 Rauste 先生的仲裁员任命指定提出异议的所谓理由是据称其缺乏独立性和公正性。PILA 规定的独立性要求,主要基于瑞士联邦法庭有关《瑞士联邦宪法》第 30 条第 1 款的规定,以及基于《洲际仲裁公约》第 19 条的规定,这一公约的效力优先于 PILA。事实上,PILA 规定仲裁员的独立性必须根据案件的情况进行评估,因此不能基于一般的或主观的在当前案件中没有得到客观验证的假设。一个人的纯粹主观印象不能被考虑在内;相反,对偏袒或不独立的不信任必须表现为有客观依据的。因此,这种主观印象只有建立在具体事实的基础上,并且这些事实本身可以客观和合理地证明一个行为正常的人的这种印象是合理的,才能予以考虑。此外,仲裁庭还指出,仲裁员参与涉及相似当事人的类似案件本身,并不损害其对案件当事人的独立性,也不造成任何利益冲突。

需要指出的是,构成 CAS 特设仲裁庭仲裁员回避的理由有很多,本案只是指出其中的一种,而且还是未被仲裁庭接受的一种类型。但本案也在根本上显示了,所有试图挑战、异议或请求仲裁员回避的努力,都必须建立在一个根本的基准上,这就是该仲裁员在本案中基于特定原因不具有独立性。理由万千,但其最终得以挑战仲裁员回避的根本支点还是独立性的问题。

(三)仲裁主体适格性

当事人向 CAS 特设仲裁庭提起仲裁申请的主体资格问题,既是实体问题,也是程序问题。这一问题在 CAS 冬奥会仲裁中占据一定数量,是进入 CAS 特设仲裁程序的入门条件。

在 Puerto Rico Ski Federation & David Quinn Steele, Jr v. International Olympic Committee (IOC)[①]一案中,争议焦点包括:(1)关于奥运会滑雪比赛的参与和资格标准的有效性;(2)滑雪运动员提出申请的资格依据;(3)NFs 提出申请的资格依据。在本案中,关于 CAS 仲裁当事人资格问题,仲裁庭分别就 Steele 以及波多黎各滑雪联合会的资格予以说理。

第一,关于 Steele 的当事人资格问题。Steele 并不是冬奥会的适格运动

---

① See Arbitration CAS ad hoc Division (OG Nagano) 98/001.

员。在听证会上,Steele 显然意识到,其没有资格参加长野冬奥会的任何高山滑雪项目。对此,Steele 表示,其主要感兴趣的是由仲裁庭决定的 IOC 有关参与和资格标准的决定的有效性问题。因此,Steele 是以个人身份提出的申请,不是作为一名被认可的冬奥会运动员提出的申请。Steele 主张,其属于《奥林匹克宪章》第 1 章第 3 条定义规定的奥林匹克运动的一员。然而,Steele 的上诉仲裁申请不是作为一名与奥运会有关的运动员,而仅仅是作为对滑雪特别是在长野冬季奥运会和 FIS 的运动项目上有兴趣的公众的一员提出的。因此,仲裁庭认为,其没有资格在仲裁庭面前声称存在一个与奥运会有关的争议。根据《奥林匹克宪章》第 74 条,仲裁庭有权决定其管辖范围。根据该规定,仲裁庭无权管辖该仲裁请求。

第二,关于波多黎各滑雪联合会的当事人资格问题。本案中 Steele 还以波多黎各滑雪联合会秘书长的身份提出仲裁请求。从听证会上的证词可以明显看出,该机构没有被承认是一个适合的国家联合会,并没有被确定是一个有效的存续实体。即便该实体的法律存在是有效的,也不能确定 Steele 有权代表该实体行事。仲裁庭认为,没有发现 Steele 所代表组织的合法存在根据,事实上,这样一个组织的存在和有效性并没有被确立。因此,经认定,波多黎各滑雪联合会没有资格在本仲裁庭提出仲裁请求。如果没有这种法律地位,就不能要求本仲裁庭审查其是否具有《奥林匹克宪章》第 74 条所规定的管辖权,以确定波多黎各滑雪联合会试图向 CAS 仲裁庭提交案件的是非对错问题。

概括而言,CAS 仲裁庭围绕仲裁当事人资格问题,在本案中作出如下裁判要点:(1)如果某滑雪运动员的上诉不是作为与奥运会有关的运动员而提出的,只是作为对滑雪感兴趣的公众成员,尤其是在长野冬季奥运会及其 FIS 赛事活动中,滑雪运动员即使是拥有 FIS 积分而属于奥林匹克运动的个人,也无权在 CAS 奥运会特设分庭提出仲裁申请,除非其主张有一个与奥运会相关的争议。没有此种资格,CAS 特设仲裁庭就无权根据《奥林匹克宪章》第 74 条对其仲裁申请行使管辖权。(2)如果一个 NF 没有得到其 NOC 的承认,那么该 NF 在奥运会上的存在性和有效性就不能成立,则其不能向 CAS 奥运特设分庭提出仲裁申请,并请求仲裁。

Canadian Olympic Committee (COC) & Beckie Scott v. International Olympic Committee (IOC)①案起因于 2002 年盐湖城冬季奥运会某些越野滑

---

① See ,CAS 2002/O/373.

雪比赛的奖牌颁发争议。在这一案件中,仲裁庭认为,根据瑞士法律,受理请求的条件因适用民事程序规则或行政程序规则而异,应适用哪一项规则取决于将该仲裁请求定性为民法问题还是行政法问题。在本案中,就其受理条件而言,仲裁请求在性质上可能有点混合性质,因为尽管争议主要是合同关系,但是被挑战的 IOC 的决定是由一个对奥运会管理具有重要意义和权威的组织发布的,地位与发布决定的公共机构类似。

由于申请主要是契约性质的,仲裁庭首先参照民事程序规则审议是否可予受理。在瑞士的民事诉讼法中,基本原则是申请人如果具有其本身的实体权利,即来自合同、侵权或其他来源的权利,并且申请人的请求是可接受的,则申请人具有起诉资格。毫无疑问,Beckie Scott 是在行使自己的合同权利来对 IOC 于 2000 年 2 月 24 日的决定提起上诉仲裁。因此,该要求是可以接受的。或者说,根据瑞士的行政程序规则,基本原则是如果申请人有值得保护的利益,其有起诉的资格,即申请人在事实上直接受到所作决定的影响以及申请人在一审中没有机会获得救济,而这种影响可以通过撤销决定来消除,则被认为是可以提交 CAS 仲裁庭上诉仲裁的情况。获得奥运奖牌是明星运动员职业生涯中的一个终极目标,这可以带来许多收益,因此如果判决结果的改变可以让其获得未曾获得的金牌或者奖牌,这会使运动员对处罚决定提出异议具有特别具体的利益。

此外,仲裁庭还强调,某一特定运动员在本案情况中的具体主张可予受理的事实并不意味着在其他情况下,被处罚运动员的竞争者也有提起仲裁的资格,或者他们有足够的利益提起仲裁或从适格的仲裁中获益。仲裁申请取决于每个案件中都需要确立一个基本的仲裁理由,即使被处罚的运动员失去了奖牌,那些没有机会获得奖牌或获得高排名的运动员也可能没有足够的利益提出申请。简言之,只要利益所在,即可诉。

(四)临时救济与证据保全

鉴于冬奥会赛事安排的紧凑性和比赛的时效性,即便 CAS 特设仲裁庭已经做了力所能及的制度设计和安排,但仍然难以避免在纠纷未决的情形下运动员难以参赛的问题。为确保"涉嫌违纪"的运动员参与奥运会赛事的合法权益,有时候需要 CAS 特设仲裁庭颁发临时救济或先行救济的命令,准予其先行参赛,再做裁决。与此同时,证据作为证明事实的核心材料,有时候会存在灭失的可能从而需要仲裁庭签发命令对该证据予以保全,此即证据保全。临时救济和证据保全作为 CAS 特设仲裁庭常用且重要的程序举措,对于保证冬奥会赛事仲裁的顺利、合理进行具有特别重要的价值。以下通过数则案例释明之:

1.Thibaut Fauconnet v. International Skating Union(ISU)& International Skating Union(ISU)v. Thibaut Fauconnet[①]案

本案涉及临时救济的条件认定问题,可以概括为"三要素"问题。根据PILA 第 183 条,设于瑞士的国际仲裁院有权应一方的请求下令采取临时或保护措施。《与体育相关的仲裁法典》第 R37 条明确规定,CAS 上诉仲裁庭主席或副主席有权对临时措施的申请作出决定。从仲裁院的法理角度出发,在决定是否给予临时措施时,仲裁院一般考虑以下三个因素,这些因素原则上是递进的:(1)无法弥补的损害测试(irreparable harm test)。该措施是否有助于保护申请人免受不可弥补的损害。申请人必须证明所要求的措施是必要的,以保护其在以后阶段不受不能或很难补救、消除的损害或风险的影响。(2)胜诉的可能性测试(likelihood of success test)。该措施在案件审理上是否存在任何仲裁胜诉的机会。申请人必须至少有一个看似可信的证据,证明他所依据的事实和他试图强制执行的权利存在,并满足了诉因的实质标准。(3)利益衡量测试(balance of interest test)。申请人的利益是否大于对方和第三方的利益,并且,有必要权衡比较立即执行该决定对被申请人的不利影响和不执行该决定对申请人的不利影响。

仲裁庭根据以上三个标准,逐一进行了分析:

第一,无法弥补的损害。考虑到根据瑞士联邦法庭的判例,如果一项最终裁决,即使对申请人有利,也不能完全补救这种损害,则应认定为将会造成不可弥补的损害。瑞士法学说认为,保全措施应避免如果不立即下令采取措施就会存在难以补救的损害。本案中,如果不暂停执行裁决,即便 Fauconnet 在上诉中获胜,也不能参加 2011 年 12 月 2 日至 12 月 4 日和 12 月 9 日至 12 月 11 日举行的世界杯竞赛,为此将遭受不可弥补的损害。考虑到申请人将不能参加下一届的世界杯比赛,如果被上诉的决定没有被中止,申请人必将遭受不可弥补的损害,因此,CAS 副主席认为,本案符合第一个标准,即采取保全措施有助于保护申请人免受以后阶段难以补救的重大损害。第二,上诉成功的可能性。根据初步证据,CAS 副主席认为,申请人提出了看似合理的理由,证

---

① See CAS 2011/A/2615 & CAS 2011/A/2618.

明他所依赖的事实和试图实施的权利客观存在,并且已满足诉因的实质性标准。第三,利益的平衡。申请人可能面临的损害风险,比如不能参加 2011—2012 年赛季的世界杯,比 ISU 的利益更重要。考虑到上述情况,CAS 副主席认为,应该签发临时救济令,批准申请人的延期申请。

2. P. v. IIHF[①] 案

本案仍然涉及临时救济的签发条件问题。在本案中,申请人认为:第一,避免申请人因《IIHF 反兴奋剂规则》下的禁赛而受不可弥补的伤害,否则,申请人将错过 2006 年 1 月 20 日白俄罗斯锦标赛第二轮球员注册的截止日期,导致申请人没有收入养活其妻子和孩子。第二,申请人向 CAS 提出的上诉很可能胜诉。据申请人称,与 IIHF 反兴奋剂机构作出决定时的立场相反,现在能够提供一个文件证明在 3 月 21 日比赛后的住院期间医院给他注射了案涉禁用物质,其成功的机会已大大提高。第三,申请人的利益超过了 IIHF 的利益。

仲裁庭不同意申请人的主张。仲裁庭认为,申请人违反了反兴奋剂规则,这是毫无争议的,因为其体内存在禁用物质或其代谢产物。因此,申请人必须被禁赛两年,除非申请人能证明他无过错或过失,或无重大过错或过失,从而禁赛期限必须被取消或缩短。申请人为证明将遭受不可弥补的损害提出的论点是停赛可能会造成经济、情绪及心理上的困难。在仲裁庭看来,这是职业运动员停赛的必然结果。申请人未能提出任何可作为临时救济令签发理由的补充性具体佐证。仲裁庭也无法在先例中找到申请人胜诉的充分可能性。申请人在处罚决定作出后提出的唯一补充证据是白俄罗斯共和国卫生部(不是实际治疗申请人的医生)发表的专家意见,该意见与上次提交的一份类似文件相反,不再将注射禁用物质列为推荐用药,而是列为按需注射用药。在听取主治医生本人关于申请人在医院接受治疗的情况之前,仲裁庭无法对这份文件给予更大的确信,其难以证明签发临时救济令是合理的。

3.Emil Hoch v. Fédération Internationale de Ski(FIS)[②]案

该案的焦点仍然是临时救济令的签发问题,即在仲裁程序的初步阶段签发中止执行处罚决定的仲裁庭命令。在本案中,申请人请求暂停执行 FIS 的决定,因为一旦 FIS 的决定被执行,申请人将有可能失去列支敦士登国家滑雪

---

① See CAS 2005/A/990.

② See CAS 2008/A/1513.

联合会教练的工作。为了支持停止处罚决定的请求,申请人提出他会遭受不可挽回的伤害,即如果失去了列支敦士登国家滑雪联合会职业教练的工作,不利的经济后果也必将不可避免地产生。此外,申请人表示,其多年来一直是一名专职教练,因此保留工作是一种存在的必要性。

被申请人认为,丧失资格对有关人员的职业生涯造成后果这一事实本身并不是中止实施处罚的充分动机,临时救济的条件在本案中没有得到满足。被申请人还进一步强调,即使在对申请人来说可能是最好的情况下,申请人也根本没有理由避免适用严厉的处罚,即使不是简单地确认终身禁赛,也意味着长期禁赛。

与上述案件一致,仲裁庭首先说明,根据仲裁院的判例法,一般情况下,在决定是否暂缓执行上诉决定时,需要考虑该措施是否有助于保护申请人免受不可弥补的损害,胜诉的可能性以及申请人的利益是否大于对方的利益,有必要比较申请人立即执行判决所带来的风险和剥夺被申请人执行处罚决定所带来的不利因素(利益平衡)。申请人必须至少提出一个看似合理的理由,说明其所依据的事实和试图实施的权利存在,并且进行仲裁的实质条件已满足。接着就本案而言,仲裁庭认为,在本案这一程序的初步阶段,申请人提出的论点不能证明撤销 FIS 决定是正当的。考虑到上述情况,加上申请人未能就案情提供成功可能性的证据,仲裁庭裁定申请人提出的暂缓执行处罚决定的请求将被驳回,其他条件无须考虑。换言之,为了使 CAS 在程序的初步阶段签发临时救济令,申请人提出的证据应可能证明有理由撤销被上诉的决定(根据案情成功的可能性)。如果申请人未能根据案情提供成功的可能性,则在没有证明中止执行处罚决定是正当的情况下应驳回中止请求。

4.Canadian Olympic Association (COA) v. International Skating Union (ISU)[①]案

本案涉及两个焦点问题:一是临时救济的条件成就与否的问题;二是证据保全的命令应否签发的问题。基本案情为:2002 年 2 月 14 日晚上 8 时 10 分,申请人,即加拿大国家奥委会,向 CAS 特设仲裁庭提交了临时救济申请。申请人特别要求 CAS 发出命令,强迫特定人士到 CAS 出庭提供证据。申请人还要求 CAS 作出决定,即美国法院应向要求到 CAS 作证的个人发出传票。上诉申请针对的是 2002 年 2 月 21 日举行的花样滑冰双人比赛所颁发的金银

---

① See CAS ad hoc Division (O.G. Salt Lake City) 02/004.

奖牌的决定,被要求出庭作证的人士就是那次比赛的评委。就目前的事实而言,这项决定引起了很大的争议。申请人声称裁判员之间发生了不正当行为,一名或多名裁判员被迫以某种方式投票。申请人也寻求实质性的救济,即应将金牌授予滑冰队员 Salé/Pelletier 组合。

仲裁庭指出,根据《奥运会仲裁规则》第 14 条,仲裁庭可就临时救济的申请作出裁定。依据《奥运会仲裁规则》第 14 条第 2 款规定,仲裁庭必须采用下列测试方法:"在决定是否给予任何临时救济时,特设仲裁庭或其首席仲裁员应当考虑该救济是否为保护申请人免受不可弥补的损害所必需,根据申请成功的可能性,以及申请人的利益是否超过对方当事人或奥林匹克共同体其他成员的利益。"仲裁庭认为,上述每一项考虑都是有关的,其中任何一项都可能对某一个事实起着决定性的作用。

在本案中,上述申请实际上是为在未来数天内可能取得成功的事项保存证据。紧急情况下允许申请人援引《奥运会仲裁规则》第 14 条,在目前这种情况下尤其如此。在本案情形下,不可能安排一场双方当事人之间的听证会,而且如果不立即给予救济,申请人显然可能遭受不可弥补的损害。由于执法裁判可以随时离开盐湖城,因此专家组确信,如果不下达命令,申请人可能遭受不可弥补的损害,并且申请人的利益超过了被申请人或奥林匹克共同体其他成员的利益。仲裁庭还确信在提出这一申请的特定情况下,应给予单方面的救济;临时救济的申请将于 2002 年 2 月 15 日在各方之间进行听证。在听证会上,被申请人和仲裁庭允许的任何其他方均可参加并进行陈述。听证会之后,仲裁庭可以确认、修改或撤销该决定。

事实上,CAS 冬奥会仲裁程序在实例中发生的问题并不限于上述问题,但上述问题无疑是 CAS 冬奥仲裁中较为频繁和主流的问题。这些问题作为程序性问题,必须遵循正当程序的要求。程序产生正义,这也是 CAS 冬奥仲裁得以公正裁决的基本保障。就此而言,CAS 冬奥仲裁中的程序问题比实体问题更为严格,也为 CAS 冬奥特设仲裁庭所注重。存在程序瑕疵的仲裁裁决或命令通常会构成被瑞士联邦最高法庭进行司法审查的关注对象。①

---

①　由于 CAS 及其各类仲裁庭已经通过其仲裁规则明确为仲裁地在瑞士洛桑的仲裁,因此根据国际仲裁的法理,仲裁地的瑞士联邦最高法庭就是唯一对 CAS 各类仲裁庭作出仲裁裁决进行司法审查的适格管辖法院。张春良、贺嘉等:《国际反兴奋剂争端解决专题研究》,厦门大学出版社 2021 年版,第 22 页。

第五章

冬奥赛事仲裁争议预判与经验总结

一、冬奥会赛事争议的预判

作为冬季奥林匹克运动最高竞技赛事的冬奥会,其赛事法治工作可分为静态的法制架构与动态的法治运行两大维度。冬奥会法制架构以奥运会规则体系为中心,主要包括 IOC、洲际奥委会、IFs、冬奥组委会等奥运赛事组织主体制定的体育法规、纪律条例、章程规范等在体育领域内具备强制拘束力的"硬法",为体育赛事主体和赛事行为划定规范边界。除此以外,一系列工作指南、示范性文件作为体育领域的软法也在积极引领体育治理的自我完善和现代化改革,弥补硬法在治理方面的滞后性,是国际体育赛事框架的重要组成部分。

根据 IOC 对冬奥会体育赛事的项目划分,冬奥会运动项目可分为 15 项,回溯 CAS 所作出的关于冬季运动项目的裁决,有 8 项冬奥会赛事项目产生过赛事纠纷并提交 CAS 进行仲裁解决,如果依照运动项目的类型对仲裁案件进行梳理,体育赛事争议发生频率最高的运动项目分别是滑雪类、滑冰类、冰球类和雪车。滑雪和滑冰均包含一系列子项目,其中滑雪包括越野滑雪、跳台滑雪、北欧两项、高山滑雪、自由式滑雪和单板滑雪 6 个分项,滑冰包括速度滑冰、短道速滑和花样滑冰 3 个分项。较多的项目数量以及作为冬奥会代表性赛事所带来的激烈竞争,可以预见滑雪类、滑冰类、冰球类和雪车这四大领域会成为冬奥会的高风险板块,冬奥会的赛事筹办应当通过规则设计、人员配置等手段对这四大板块进行重点风险防控,以期妥善应对冬奥会期间的赛场争议。

　　高频率争议类型方面,根据所统计的 128 件与冬奥类项目相关的 CAS 裁决,涉兴奋剂类的案件数量和占比最多,分别是 77 件并占全部案件的 60%;其次则是资格类案件,有 33 件并占全部案件的 26%。上述两类案件构成 CAS 有关冬奥类项目仲裁案件的绝对主体,两者共有 110 件,在全部案件中占比高达 86%。由此可见,涉兴奋剂类和非兴奋剂相关的参赛资格类案件,仍然是 CAS 有关冬奥类项目案件中主要的两大争议类型,这预期也将是未来冬奥会赛事中两大高频率争议类型。

　　在风险的预判和防控方面,无法按照"风险领域及其应对措施"进行精细化的条块分割,因为即使是高频率发生的项目争议,不同的项目所涉及的实体和程序争点依然存在共通性,多有交叉。此外,即使是常见的参赛资格类和反兴奋剂案件,其案件争点也往往存在实体问题与程序问题交织的现象。基于此,本章将提取历届冬奥会仲裁案件争点的最大公约数,从实体和程序两大层面剖析冬奥会赛事纠纷的关键风险类型、风险防控措施以及赛事治理建议。

　　(一)四大仲裁实体争议风险

　　1.规则适用风险

　　规则适用问题是冬奥类项目案件仲裁中首要的实体关键争点。相当比例案件中当事人对案件事实的认定并无异议甚至积极"认罪",但当事人往往着眼于案件应该适用何种类型的法律、如何解释这些法律,以及如何具体适用这些法律。

　　体育领域作为一个相对独立的社会领域,除了适用一般的国家法律、国际条约和国际惯例之外,还需要适用其独有的自治性规范,特别包括 IOC 的《奥林匹克宪章》、WADA 的 WADC,以及各国际体育协会的内部章程和规范。如此理解的法律已然超越一般国家法律意义上的广义"法律"类型,在结构上呈现为三大板块:国家之间的相关法律规范;国家相关法律规范;体育领域的自治规范。就 CAS 仲裁实践观之,围绕 CAS 仲裁适用的法律类型问题,主要集中在两个争点上:第一,CAS 是否适用行政法或刑法性质的公法问题。第二,国际条约,特别是 ECHR 等是否在 CAS 有适用空间的问题。由于 CAS 注册并位于瑞士,因此瑞士国所处的欧洲法律,包括其相关公约对 CAS 是否存在,以及如何存在、存在多少影响,值得关注。

　　一方面,关于 CAS 是否适用公法问题。首先,CAS 上诉类仲裁程序针对的是相关国际体育协会就受其管理的成员方作出的纪律性处罚决定,这一仲裁主题的特殊性在仲裁实践中触发了关于 CAS、CAS 仲裁程序,以及 CAS 所适用的规则和标准的性质之争。具体而言,CAS 仲裁的性质究竟为何;其所适用的规则中是否有其他性质的内容,如刑法等。其次,关于 CAS 的法律地位及其职能属性问题。具体而言,CAS 应当属于什么性质的仲裁机构,私法性或是公法性;该机构在行使职权时是否针对特定范围进行裁决,抑或涉及仲裁的方方面面。最后,关于 CAS 适用的证明标准的法律属性问题。兴奋剂违规事项的仲裁无疑是 CAS 冬奥会特设仲裁的主要争议事项,对于兴奋剂违规的证明标准问题也在相当长时期内被认为是没有规定的。迄今 CAS 仲裁庭业已采取了众所周知的充分满意标准作为通常标准,但该标准是否刑罚上的排除合理怀疑标准,不无疑义。

另一方面,关于 ECHR 是否可适用于 CAS 仲裁问题。ECHR 是有关人权保障的国际公约,其中诸多条款约束和规范缔约国的刑事诉讼程序。CAS 仲裁地国即瑞士国也是该公约的成员方,因此在 CAS 冬奥类项目仲裁案件中,ECHR 在 CAS 中的适用问题主要在两种情形中被提出:第一种情形是 CAS 仲裁过程中,当事人通常援引 ECHR 对 CAS 的管辖权、法律适用和程序问题提出异议,主张应适用 ECHR 进行调整。第二种情形则是在后 CAS 仲裁程序中,一般是在当事人向瑞士联邦最高法庭寻求撤销或修正 CAS 仲裁裁决被驳回的情形下,转而以瑞士国为被告,向 ECtHR 提起诉讼,请求适用 ECHR 认定瑞士联邦最高法庭违背该公约的规定,要求其撤销或修正 CAS 仲裁裁决。已经有多起案件当事人因不服瑞士联邦最高法庭对 CAS 仲裁裁决的不撤销裁定,转而以瑞士国为被告向 ECtHR 提起上诉。本书主要关注第一种情形,即 CAS 仲裁中是否可援引适用 ECHR。鉴于该公约主要是规范各缔约国在刑事诉讼中的人权保障问题,因此公约能否在 CAS 仲裁中适用的问题同时还涉及对 CAS 仲裁及其法律适用的定性问题。诸如以上问题,都是冬奥会应当重点关注并明确的问题。

2.规则解释风险

规则解释是法律适用中的核心问题,绝大多数疑难或有争议的案件几乎都源于对相关规则的理解和解释。规则的解释在本质上仍然属于准据法的适用问题,因此针对规则解释而发展出来的解释规则应由准据法自身予以确定。在相关准据法对解释规则没有规定时,CAS 仲裁庭在其实践中则不得不诉诸作为兜底准据法的一般法律原则。从 CAS 仲裁判例看,其依赖的一般法律原则通常转向了仲裁地法即瑞士法律。因此,探索 CAS 仲裁判例中关于规则的解释问题,对冬奥会具有极为重要之意义。

(1)一般解释规则

第一,CAS仲裁庭裁决案件所适用的规则作为广义的法律,有关其解释的规则也一般地遵循法律解释规则,并被仲裁庭称作一般解释规则。关于应适用的国际体育协会的法规、条例等"必须适用一般解释规则"。根据法律解释规则,同时结合CAS仲裁实践看,CAS冬奥类项目案件仲裁中仲裁庭较为普遍地援引的一般解释规则主要包括文义解释、目的解释、历史解释与体系解释。① 一般来说,文义解释与体系解释的配对结合是解释的基础,而目的解释和历史解释则是重要辅助。在若干CAS仲裁案件中,作为当事人的争点,同时也是仲裁庭重点解决的问题涉及的都是有关常用单词的解释,看似直白无疑的表述却因意义解释和解释分歧而左右着案件的最终裁决。在文义解释与体系解释的配对结合难以探究真正的词义时,就不可避免地将规则的解释活动纳入时间维度之中,通过目的解释和历史解释内在地揭示所适用规则中的含义。

(2)信任原则

应当看到,在CAS仲裁的一般解释规则中存在着主观解释与客观解释的张力,对文义原有含义的追求,特别是对立法者目的或意愿的探究,体现了解释中较为鲜明的主观倾向。但另一方面,强调体系的制约力量,强调从历史角度,特别是双方在规则、合同的磋商和履行前后的内容相符性角度进行解释,这又展示了CAS仲裁中仲裁庭走出解释的主观而偏向客观维度的态势。随着CAS仲裁实践的进一步发展,更为偏向客观的解释规则开始进入仲裁庭的裁决说理之中,信任原则作为解释规则就是值得关注的实践动态。

(3)相反推定解释规则

从CAS冬奥类项目争议仲裁所采取的一般解释规则到信任原则的发展,可以觉察到解释的重心存在从文本的意义到相对人的信任理解之间的转移。其解释模式的转换可以概括为是从规则提供者到相对方的立场变迁。但这并不是CAS仲裁解释实践的全貌,解释重心的天平进一步向规则相对方立场的倾斜则是一个值得跟踪关注的发展动态。

(4)禁反言解释规则

在CAS冬奥会仲裁实践中援引"禁反言"规则进行解释的模式可以概括

---

① See CAS ad Division OG 10/003.

为"一类案例、两种手法"。所谓"一类案例",即仲裁庭主要针对如下类型案例援引禁反言规则:此类案例的一方当事人通常具有推选或提名运动员参赛资格的权力,另一方当事人则是备选运动员,最终由于备选运动员未能入选或获得参赛资格从而引发包括规则解释在内的争议。所谓"两种手法",即仲裁庭在进行规则解释时采取正、反两种方式援引禁反言规则。CAS 冬奥会仲裁实例对其予以阐述,因此有必要总结 CAS 判例关于援引禁反言规则的做法,探索其适用方式。

3.事实认定风险

事实认定是裁判者在多主体下进行的认知活动。也就是说,裁判者借助双方当事人所提供的证据(已被仲裁庭采纳的或由仲裁庭主动收集的)对争议之中的案件事实所作的判断和认定。作为裁判的前提与基础,事实认定关系到公平正义能否真正实现以及案件纠纷能否得以解决。可以说,事实认定是一切纠纷解决机制的核心环节。在体育仲裁中,事实认定的重要性主要体现在举证责任、证据证明力以及证明标准这三方面。对 CAS 关于冬奥项目案件裁决实例的事实认定问题进行分析,将对冬奥会中所涉争议具有启发意义。

(1)举证责任

体育仲裁作为程序法的组成部分,其举证责任的分配,应借鉴民事诉讼和普通仲裁的相关理论。根据《与体育相关的仲裁法典》第 R44.3 条有关举证程序的规定,"一方当事人可以要求仲裁庭命令另一方当事人提交其占有或控制下的文件。该方当事人应表明文件可能存在并且是相关的。如仲裁庭认为补充当事人的陈述是适当的,则其可随时命令提交补充文件或询问证人,委任和聆讯专家,并采取其他的程序性措施"。分析可知,在 CAS 体育仲裁中,确立了"谁主张,谁举证"的举证责任分配标准。然而 CAS 仲裁实例中具体如何认定举证责任、涉及故意或无故意的举证责任、国际体育协会针对操纵比赛和腐败的受限调查权及地位和性质,以及对举证责任和证明力的影响等问题均值得我们去探寻研究,并从中总结经验。

需要指出的是,在兴奋剂违纪中普遍采取的是严格责任原则,是指只要从运动员体内采集的样品中发现某种禁用物质,就构成兴奋剂违规,无论运动员是否故意使用,或是由于疏忽大意或其他因素所致。严格责任原则是 CAS 在有关兴奋剂纠纷长期实践中确立的,被认为是符合兴奋剂控制目的的基本归责原则。仲裁实例①指出,CAS判例法一贯认定:运动员对其体内的物质负有严格责任(存在即违规),且基于剥夺资格(不同于禁赛)之目的,不需要处罚机构证明运动员存在故意或过失。虽然严格责任业已被CAS判例所认可,但其具体如何适用以及严格责任的适用是否存有例外等问题,仍然需要诉诸CAS仲裁实例。对此深入研究将有助于我国国际体育协会及运动员针对冬奥会上可能发生之争议提升风险防范能力。

　　由于严格责任原则的运用,运动员的举证责任便异常沉重。一方面,由于实验室检测的推定合规,运动员必须证明兴奋剂阳性检测结果有误,而此种证明又必须满足:第一,证明实验室的操作程序和方法不符合国际标准;第二,证明正是由于实验室不符合国际标准的操作程序和方法导致了阳性检测结果的产生;第三,必须达到"充分满意"的证明标准。另一方面,当运动员无法完成前述证明,即无法进行"无罪辩护",唯有转向"减刑辩护",即证明自身无过错或无重大过失或疏忽等以尽可能地减轻处罚力度。因此,把握此类举证责任和责任归属的制度设计,有助于冬奥会仲裁庭和当事人在各自的行动中采取必要的措施,确保正确完整地贯彻此类制度安排。

　　(2)证据证明力

　　就体育仲裁来说,证据证明力是指裁判者在仲裁庭调查之后,对证据自身可信性及其证明力大小的判断。一般包括两个环节:关于证据自身可信性的评价和证明力大小的评价(纯粹的证明力评价)。前者是指证据自身是否可靠及其可信程度。就实务证据而言,可信性问题主要表现在该证据是否真实存在,是否经过人力雕饰加工等方面;就人证而言,则主要包括证人本身的"能力上的信用性"与"品行上的信用性"。其中,能力上的信用性与证人的感知能力、表达能力密切相关;而品行上的信用性则受证人自身的诚实品行等道德因素决定。当裁判者通过相关调查,结合日常经验确信如此,裁判者同样根据日常经验和相关法理知识就能够作出一般性判断。例如,原始证据的证明力一般大于传来证据;直接证据的证明力一般大于间接证据;证人提供的对与其有亲属或者其他密切关系的当事人有利的证据的证明力一般小于其他证人提供的证据;指向同一结论的多个证据的证明力一般大于单个证据,如此等等。裁判者对证明力大小的判断难点在于,当若干证据指向的结论相互矛盾时,应如何判断证明力的大小。证据具有可信性之后,接下来将要面对的是各个可信

----

　　①　See CAS 2002/A/376.

性证据的证明力大小的判断。通过透析 CAS 仲裁实例在证据证明力问题上的立场,可以为冬奥会可能所涉争议提供宝贵经验。

(3)证明标准

第一,证明标准的选择。证明标准是卸除证明责任必须达到的范围或程度。关于 CAS 仲裁庭的证明标准与国际体育协会的证明标准是何关系,以及 CAS 仲裁庭应当适用何种证明标准,我们无法从 PILA 以及 CAS《与体育相关的仲裁法典》中得到答案,因此我们需要从 CAS 的长期实践中去发现:一是 CAS 与国际体育协会的证明标准;二是准据法证明标准与充分满意标准的适用位序等问题。

第二,证明标准的类型。一是优势证据标准。何谓优势证据标准,简言之,当事实主张存在的可能性大于不存在的可能性时,则所主张的事实被认定为成立。优势证据规则运用于仲裁中的合理性在于仲裁根植于当事人的自治。仲裁庭不同于一国法院或者其他权力机构,不具有强大的权力和资源去收集和采证。《与体育相关的仲裁法典》中并无证明标准的相关规定。WADC 第 3.1 条规定:"如果《条例》要求被指控兴奋剂违规的运动员或其他当事人承担举证责任,以反驳一项推定或证明具体事实或情况,除条款第 3.2.2 条和第 3.2.3 条的规定外,证明标准应当为优势证明的标准。"可见,在 WADC 中,盖然性占优势标准一般适用于被指控兴奋剂违规的运动员和其他人员。

二是充分满意标准。充分满意标准不同于一般的民事案件的优势证据标准,其产生的合理性在于,当对包括兴奋剂违规在内的严重体育违规行为进行认定时,由于该认定将会严重影响运动员的人身权以及财产权,故必须选择一种比优势证据标准更高的证明标准。WADC 第 3.1 条规定:"反兴奋剂组织应当对已发生的兴奋剂违规承担举证责任。反兴奋剂组织对兴奋剂违规的证明能否使听证小组认识到所提出指控的严重性,并充分满意地相信存在兴奋剂违规。这一证明标准在所有案件中都高于盖然性占优势标准,但低于排除合理怀疑标准。"可见,在 WADC 下,充分满意标准适用于反兴奋剂组织。

三是排除合理怀疑标准。排除合理怀疑标准通常见诸刑事案件,将该标准运用到体育仲裁领域备受批评和质疑。反对观点主要包括:一方面,考虑到体育纠纷不能与刑事案件等同,两者具有极大的差异性,体育纠纷的严重性远远不及刑事案件;另一方面,同在优势证据标准与充分满意标准两者之间抉择上的考量一致,在承担兴奋剂违规等体育违规行为的举证责任上,要求国际体育协会或者反兴奋剂组织等承担排除合理怀疑标准难度过大,相较于国家权力机关而言,这些组织或机构的权力和资源相当有限,无法强制要求提供证据文件资料,其能收集的证据通常是当事人同意提供的信息,过高的证明标准使得打击包括兴奋剂违规在内的诸多体育违规行为的希望更加渺茫,无法维护体育行业应有之秩序。

CAS 在具体仲裁实例中究竟如何认定证据的证明标准、是否适用接近"排除合理怀疑"的证明标准,以及如何认定准据法的国际体育协会标准与CAS 证明标准之间的关系等问题,已经通过部分仲裁实例予以明晰,需要进行必要的总结,为后续冬奥会赛事仲裁提供指引。

4.仲裁裁决风险

仲裁裁决是仲裁过程的综合结果,它凝聚着当事人的合作、仲裁庭的智慧和仲裁机构的努力。仲裁裁决的品质直接关涉当事人的权利义务,间接涉及仲裁员、仲裁机构的声誉与竞争力,且 CAS 经常处理存在强烈分歧的敏感争端。因此,CAS 的仲裁裁决本身也时常成为争议的主题。关于仲裁裁决风险,主要包括以下几个方面:定性问题、处罚问题以及裁量权问题。

(1)定性问题

在 WADC 中,对于故意、过错(重大、无)、过错程度、注意(diligence)、最大注意等关键词的认定缺乏证据法上的可知性,以此作为裁决依据,存在证明难的问题。具体而言,包括但不限于:关于故意的认定、排除及过错的衡量;严重兴奋剂违规的认定;注意标准、正当勤勉义务、特别情节的认定;最大注意的适用与无重大过错或过失的使用问题、无过错或过失标准的认定及运动员的注意义务与注意标准,以及无"重大过错"类型中过错等级的评估;过错或过失的认定标准;衡量程度的问题。CAS 判例对以上问题的定性、裁决说理等,将有助于我国体育界正确理解有关条例的认定标准,为冬奥会提供经验启示。

(2)处罚问题

体育处罚是体育的刹车系统,可以维护体育的健康发展,实现体育中的正义,维护运动员精神。具体而言,体育处罚中包括但不限于以下问题:第一,从旧兼从轻规则;第二,减轻处罚的情形,其中包括自认和实质性帮助指证其他兴奋剂违规;第三,加重处罚的情形;等等。通过对 CAS 相关案例的收集与分析,总结出国际体育仲裁中的相关处罚问题以及认定标准,将为冬奥会提供经验启示。

（3）裁量权问题

随着国际体育运动的发展,赛场中裁判的判罚引起的争议也逐渐增多,裁判结果与自由裁量权的行使密不可分。具体而言,裁量权问题将涉及:第一,国际体育协会自由裁量权的限制或条件问题;第二,CAS 对国际体育协会纪律处罚的自由裁量权的审查问题;第三,国际体育协会的自由裁量权问题,其中还涉及体育自由裁量权行使的一般要求、自由裁量权滥用的举证责任以及自由裁量权行使的限制原则;第四,自由裁量权行使的结果控制问题;第五,比例原则问题。

对 CAS 关于自由裁量权相关问题的案例进行剖析,总结其认定标准、裁决说理等,将有利于加深我国国际体育协会对相关制度的理解,从而提升在冬奥会中的风险防控能力。

(二)三大仲裁程序争议风险

1.仲裁前的纪律程序

（1）检测资格

第一,检测机构资格要求,涉及检测机构有无认证资格及认证资格的追溯适用问题。关于这一问题,某仲裁庭的观点值得关注[①]:在样本测试时,该实验室没有获得特定测试的认可,这并不意味着该实验室没有能力进行兴奋剂违规的测试。OMADC 专门规定了科学知识和测试程序的演变,没有认证并不影响结果,但所进行的测试程序必须符合科学界的现行标准和惯例,使仲裁庭感到满意。这就是实验室适格实质重于形式标准。

第二,B 样本检测资格的同一性要求。仲裁案例指出,2008 年 ISL 规定,在 B 样本开放和可获取期间,必须由与 A 样本分析员不同的分析员对 B 样本执行分析程序,2009 年 ISL 则取消了由不同分析员执行分析程序的要求。[②]

第三,检测技术资格问题。就检测技术的资格问题,仲裁庭认为,实验室必须始终使用最先进的技术和知识来识别禁用物质和方法。[③]

（2）运动员的程序参与权

运动员的程序参与权主要以兴奋剂 B 样本的"开封与分析"中的程序参

---

① See CAS 2002/A/374.

② See CAS 2009/A/1931.

③ See CAS 2009/A/1931.

与及其例外为主,予以说明。根据相关仲裁庭的立场,[①]运动员有权获得合理的机会观察 B 样本的开放和检测,这一权利非常重要,即使在所有其他证据都表明申请人违反了反兴奋剂规则的情况下,也需要强制执行。特别是在运动员因被指控违反反兴奋剂规则而面临终身禁赛的情况下,正确地遵循程序和保障有关运动员的权利就变得十分重要。

但运动员的程序参与权并非没有范围,仲裁实践表明,运动员或其代表有机会参加 B 样本的"开封与分析"确实是兴奋剂控制程序中的一项基本权利,然而,这一权利并不一定延伸到允许运动员参加那些不需要确认最初不利结果的程序中去。[②]

(3)选拔标准改变与通知等程序问题

这也是 CAS 仲裁程序风险的主要来源之一。选拔标准涉及运动员的参赛资格,也涉及相关 NOCs 的名额利益,因此其设定和发布必须合理。如果存在选拔标准变动的情形,应确保两个核心要点:一是发布的有效性,确保对利益相关者的全覆盖;二是发布的及时性,应确保利益相关者有合理的期限采取必要措施进行相应的调整。上文所述的案例显示,相关体育组织如果未遵守上述两点,其选拔标准未充分、及时覆盖相关利益者,就必然引起相关 NOCs 和运动员的异议,从而引发诉争风险。

2.接近仲裁的程序

(1)可受理性

关于申请人的上诉申请是否具有可受理性的问题,CAS 针对申请人提交的上诉申请与争议事项本身的关系和性质是否相关,是否与穷尽内部救济有关,以及是否与如时间因素有关,进行判断。仲裁实践认为,CAS 仲裁涉及的焦点问题是如何确定争议发生之日。一般而言,在大多数情况下,争议发生的日期通常是申请人不同意的裁决的日期,但是在某些情况下,这一日期可以推迟,例如,决定需要作出某种解释。[③] 可以预判的是,后续冬奥会仲裁必然会不断出现基于"十日之规""争议时点"等引发的可受理性问题。因此,明确争议时点以及争议的构成等,是解决这一问题的关键。

---

① 　See CAS 2008/A/1607.

② 　See CAS 2010/A/2041.

③ 　See CAS ad hoc Division (OG Sochi) 14/003.

（2）穷尽内部救济

穷尽内部救济，是申请人将相关争议提交 CAS 仲裁时必须遵守的原则。根据《与体育相关的仲裁法典》第 R47 条规定，当事人可以对纪律法庭或联合会、协会或国际体育协会等类似机构的决定提出上诉，只要机构的章程或规章如此规定，或双方已达成具体的仲裁协议，并且申请人已根据国际体育协会的章程或规章在上诉前用尽了他所能利用的法律补救办法。若仲裁申请人对 IOC、NOCs、某国际单项体育联合会等所做裁定存有异议，则应该在提请仲裁之前穷尽其根据相关国际体育协会之立法或规章所能够采取的内部救济措施。但有原则必有例外，当穷尽内部救济需要时间以至于向 CAS 特设仲裁庭提请上诉仲裁失去意义时，则申请人可不必遵守穷尽内部救济原则，而径直诉诸 CAS 特设仲裁庭。[①] 但仍有必要探寻 CAS 实践如何运用该制度。

3.临时措施

由于奥运会赛事安排时间上的紧凑性等因素，当存在异常紧急情况时，CAS 特设仲裁庭主席可不考虑被申请人之意见径直采取临时救济措施，包括中止被上诉的处罚决定的效力以及其他救济措施。

根据仲裁院的判例法，在决定是否给予临时救济时，仲裁院一般考虑以下三个因素，这些因素原则上是累积的[②]：第一，该措施是否有助于保护申请人免受不可弥补的损害（irreparable harm test）：申请人必须证明所要求的措施是必要的，以保护其在以后阶段不受不能或很难补救的损害或风险的影响。第二，赢得仲裁的可能（likelihood of success test）：申请人必须至少有一个看似可信的证据，证明所依据的事实和试图强制执行的权利的存在，并满足了诉因的物质标准。第三，申请人的利益是否大于对方和第三方的利益（balance of interest test）：有必要比较立即执行决定对申请人的不利影响和被申请人被剥夺执行决定的不利影响。

（三）其他争议风险

1.政治风险：外交抵制的视角

体育与政治无涉，或者说政治不能干涉体育，这是奥林匹克运动自创设以

---

① 张春良：《论奥运会体育仲裁程序》，载《西安体育学院学报》2007 年第 5 期。
② See CAS 2005/A/990.

来就一直秉持贯彻的初心。① 然而,在冬奥会和其他大型国际体育赛事举办之际,仍然存在部分利用政治干涉奥运会的现象。例如,在 2022 年北京冬奥会期间,美国政府就于 2022 年 12 月 6 日宣布,将不派任何外交或官方代表出席 2022 年北京冬奥会和冬残奥会,其荒谬理由就是以政治问题为根据。其后,加拿大政府也错误地跟风不参与。美国政府和其他极少数政客这种将体育运动政治化的恶劣行径,严重践踏国际奥林匹克精神,是美国遏制中国行动的组成部分,也是美国单边主义霸道行径在国际竞技体育领域的一个重要表现。美国政府的外交抵制毫无道义、违背条约、逆流而行,其试图向其盟国推广其外交抵制的意图是不言而喻、不可不防的。

2.刑事风险:兴奋剂入刑的视角

由于兴奋剂违规行为严重损害国家形象,破坏体育竞赛公平竞争,严重损害运动员身心健康,我国《刑法修正案(十一)》第 44 条,在原刑法第 355 条"非法提供麻醉药品、精神药品罪"中增加一条,作为第 355 条之一:"引诱、教唆、欺骗运动员使用兴奋剂参加国内、国际重大体育竞赛,或者明知运动员参加上述竞赛而向其提供兴奋剂,情节严重的,处三年以下有期徒刑或者拘役,并处罚金。组织、强迫运动员使用兴奋剂参加国内、国际重大体育竞赛的,依照前款的规定从重处罚。"这一条款主要惩罚包括教练、队医、领队等在内的运动员辅助人员在重大体育竞赛中引诱、教唆、欺骗、组织、强迫运动员使用兴奋剂的行为。显然,中国并非唯一的"兴奋剂入刑"国家。在这些国家,承担冬奥会都面临着此类刑法应否适用、如何适用的问题。

刑法作为公法具有严格的适用条件,属地适用是其主要的适用方式。只要是在中华人民共和国领域内实施的行为违背上述刑法条款的,无论行为主体是否属于中国自然人、法人或非法人组织,就必然触发上述条款的适用。尽管刑事惩罚措施将有力打击运动员辅助人员的兴奋剂违法行为,但在作为重大国际性赛事的冬奥会中,如对其他国家运动员、辅助人员的相关兴奋剂违法行为施用刑法将引发广泛关注。

3.网络风险:数据安全视角

自 1992 年巴塞罗那奥运会首次运用计算机网络以来,奥运网络安全受到的冲击呈现出不断加剧的趋势。2018 年平昌冬奥会开幕式遭遇的大规模网络攻击,导致官网瘫痪多项服务中断,造成世界级的网络安全事故。东京奥运

---

① 刘想树主编:《国际体育仲裁研究》,法律出版社 2010 年版,第 9 页。

会承包商富士通的数据库被入侵,奥运会工作人员(其中包括数据安全专家)与赞助商的个人信息被盗取。奥运赛事的历史表明国际体育赛事面临网络安全攻击挑战。

恶意软件的技术迭代导致勒索软件入侵能力的革命性升级,一旦此种入侵能力与国家网络武器相结合,必将构成对网络空间新的重大威胁。网络空间技术正在深度重塑国际政治的内涵与形态,围绕技术的争夺和秩序构建是21世纪国际战略竞争的关键。保护本国的关键基础设施不受敌对国家网络攻击,是各国政府在网络安全领域的首要任务。奥运会作为竞技体育赛事所天然具备的丰厚产业属性,规模化、国际化特征,以及体育机构手里掌握的众多参赛方案、运动员交涉策略、医疗记录、赞助协议以及薪资情况等敏感信息均使得奥运会可能成为网络攻击的首要目标。在东京奥运会上,虽然日本事先考虑到了应对网络攻击的措施并将网络安全上升至国家安全战略层面,但网络攻击的新态势导致日本未能全面抵御,从而导致网络安全和数据安全问题显现。因此,奥运会赛事举办应高度警惕境外势力实施定向网络攻击,积极维护网络安全、数据安全。

4.知识产权风险:版权治理视角

随着媒介与网络技术的迅速融合,融媒体传播和网络视频产业的快速发展,全媒体时代宣告来临。东京奥运会可以说是全世界享受的第一次全媒体盛宴,从中央电视台到腾讯、快手等网络直播、点播,奥运会的版权经济价值大幅提升。与此同时,如何保护奥运视频版权,尤其是短视频版权侵权问题,正成为社会各界关注的焦点。习近平总书记在主持中共中央政治局第二十五次集体学习时指出,加强知识产权保护,是完善产权保护制度最重要的内容,也是提高我国经济竞争力的最大激励。冬奥会承办城市及其所属国家能否有效保护奥运版权必然会引发国际社会高度关注。从东京奥运会情况来看,网络盗版形势依然严峻。体现在以下方面:

一是奥运赛事视频侵权严重。2021年7月20日,中央广播电视总台发布《关于第32届夏季奥林匹克运动会版权保护的声明》,该声明强调了其对于东京奥运会在中国大陆的独家全媒体权利。但东京奥运会期间,奥运赛事视频的侵权数量仍居高不下。中央广播电视总台发布的声明显示,截至8月3日,累计监测到直播侵权链接数达4759条,点播侵权链接数量则高达103221条;在短视频方面,个别重点商业网站的累计侵权链接已将近30000条,并且在赛事期间持续走高,另有个别重点商业网站的累计下线率虽然超过80%,

但其 24 小时下线率却不足 40％。

二是网络平台监管疲乏。一方面,利益天性驱动导致平台监管缺乏动力。奥运会热度所带来的商业利益使得部分重点商业网络平台为赚取点播量故意设置奥运会专区或话题入口,为奥运侵权视频、侵权链接提供了传播渠道,各大网络视频平台成为侵权内容大肆生产和传播的土壤,助长了奥运侵权乱象。另一方面,"避风港规则"成为平台逃避主动监管义务的"避风港"。短视频生产迅速、传播广泛的特点导致权利人搜索所有侵权人的时间成本高,互联网模式下流量千载一时又稍纵即逝,平台利用权利人发现侵权现象到通知平台删除之间的时间空隙便可以在获得流量利益的同时摆脱侵权责难。这种情况下,"避风港规则"成为平台注意义务证成的阻碍,具备监管优势的平台反而在侵权监管机制中缺位。

三是现有救济渠道的拖延性与滞后性。作为本届奥运会的持权转播方,中央电视台联合版权执法、人民法院等各方加大了维权力度,依法采取有效措施,坚决打击侵犯奥运节目版权的行为。但在"流量为王"的时代,奥运会版权侵权的核心,即盗取了某特定时段的持权转播方的流量,且无论是网络直播、点播的侵权链接,还是平台监管义务缺位的取证都较为困难,即使有了初步的证据,到了损害赔偿阶段仍面临数额计算的难题。可见,奥运会版权维权过程中存在的周期长、成本高、赔偿低、效果差、举证难等问题在全媒体时代愈发凸显。

鉴往知来,面对全媒体时代的冲击与挑战,构建冬季奥运会的版权治理体系,迫在眉睫。

二、冬奥会赛事争议仲裁的经验总结

(一)有关仲裁实体争议的经验总结

上文业已对 CAS 仲裁实践予以逐一详尽分析,其中 CAS 有关实体问题的裁决规则,包括法律适用、事实认定以及仲裁裁决等一系列问题,通过对 CAS 裁决说理予以总结分析,能够提升我国运动员庭审技巧,从而保障自身合法权益,为冬奥会中的维权提供宝贵经验。

1.规则适用的经验总结

第一,关于 CAS 是否适用公法问题。客观而言,CAS 所适用的规则、法理和逻辑中确有准刑法、准行政法的内容,但无论是 CAS、瑞士联邦最高法庭还是 ECtHR 均将 CAS 仲裁视为私法争议解决程序,其中并无公法,特别是刑法的适用空间。仲裁实践指出,体育协会作出的纪律处罚受民事法律调整,且必须明确地与刑事处罚区分开来。

第二,关于 CAS 的法律地位及其职能属性问题。CAS 并不是刑事法院,作为私法性仲裁机构仅限于在体育法范畴内进行仲裁,其职能是在体育法范围内作出仲裁裁决,既不能颁布也不能适用刑法。CAS 只能在体育法语境中作出裁决,而不能在没有规定时创设禁令或处罚。此外,CAS 仲裁庭对本身的地位属性作了一个兼具民事和行政法主体的复合型的定位,它认为当事人将 IOC 的决定提交仲裁,这一事项是否具有可受理性决定于该仲裁请求是民事法律事项还是行政法律事项。

第三,关于 CAS 适用的证明标准的法律属性问题。经过大量案件的仲裁实践,CAS 现已确认,作为刑法上的排除合理怀疑标准并不等同于充分满意标准,CAS 作为非刑事程序并无适用刑事标准的空间。CAS 曾在仲裁实例中明确指出:"适用刑事标准 …… 将混淆国家公法与国际体育协会的私法 ……"[1]同样,CAS 进一步指出,属于刑事法律的相关标准在 CAS 仲裁中无适用的空间。[2] 可以合理预见的是,鉴于 CAS 上诉仲裁主题事项的特殊性,针对其法律地位及与之相关的程序和适用法律的性质的争论和挑战还将继续存在。尽管不得不承认的是,基于 CAS 仲裁案件当事人在地位上的隶属性,不可避免地涉及诸如"从旧兼从轻"等准刑事性和"比例原则"等准行政性的规则或法理的应用,但是目前看来并无撼动对 CAS 仲裁程序及其法律适用的私法定性的可能。

第四,关于 ECHR 是否可适用于 CAS 仲裁问题。关于 ECHR 是否适用于仲裁,这个问题已经发生过争议。根据瑞士法律之规定,由体育协会针对运动员作出的与体育相关的纪律性处罚程序被识别为民事法律解纷程序,而非刑事法律程序。[3] 仲裁实践往往强调 CAS 仲裁的私法属性,通过排除 CAS 仲裁的刑事性质的定位,从而最终排除 ECHR 中规范刑事程序的第 6.7 条在 CAS 仲裁中的适用。然而,围绕 ECHR 中相关条款是否可以适用于 CAS 仲

---

① See CAS 98/208.

② See CAS 2009/A/1912.

③ See CAS 2010/A/2311 & 2312.

裁的问题,并不因为 CAS 仲裁庭的反复强调和相互印证地予以排除而为当事人所认可。

如上所述,CAS 及其仲裁在性质定位上虽然是私法程序,但在具体适用中,"无罪推定""一事不二罚"等准公法性质的法律原则仍然对 CAS 仲裁的规则适用具有重要影响,这是应当关注的方面。

2.规则解释的经验总结

对规则解释问题进行研究就是寻求 CAS 适用法律时解释规则的偏好,总结出 CAS 裁决的规律,这有助于我国当事人在涉诉前避免文本争议,同时在涉诉时援引 CAS"先例"一针见血指出问题所在从而维护自身权益。

(1)一般解释规则

就规则解释问题,CAS 实践指出:在应适用的条例中没有包括任何有关解释的规则,因此将根据其认为适当的法律原则进行解释;根据 CAS 判例,有关法规和类似文件的解释应由瑞士法律调整。事实上,瑞士法律中的解释规则往往通过三种路径支配着 CAS 仲裁案例中的规则解释问题:一是通过仲裁条款直接被指定为案件准据法,从而以准据法身份规范 CAS 仲裁的规则解释问题;二是作为仲裁地法而予以适用,从而以兜底规则身份规范 CAS 仲裁的规则解释问题;三是通过仲裁庭"认为适当的法律"的自由裁量权予以适用,从而以一般法律原则的身份规范 CAS 仲裁的规则解释问题。[①]

一方面,关于文义解释与体系解释的关系问题。文义解释必须结合体系解释才能实现。要言之,文义解释是解释的基础,体系解释则是对文义解释的精准聚焦,借助体系所形成的语境对被解释对象的意义进行固定,从而达到精确化被解释对象的意义的目标。进一步言,关于文义解释与体系解释的关系问题,甚至有 CAS 仲裁庭在裁决冬奥类项目争议时明确指出,[②]体系解释优于文义解释。仲裁庭认为:第一,文义解释是基本规则,契约中的用语应该被赋予自然的含义。第二,但体系解释更为重要,文义解释规则并不意味着被解释对象必须被赋予字面意义或字典意义,不能孤立地考虑合同用语,而应根据整个合同的上下文予以考虑。

由于强调体系解释的重要性,一些 CAS 仲裁案件中仲裁庭还超越被解释对象的文字含义,以体系解释的结论作为裁决标准。仲裁庭在解释中更多地

---

① 　See CAS ad hoc Division (OG Sochi) 14/001.

② 　See CAS 2011/A/2590.

从表述所处段落、其他相关段落,以及整个文件的体系角度进行。这就使得体系解释获得了比文义解释更高的地位和力量。此外,体系解释还逻辑地要求在彼此相关联的文件中进行彼此协调一致的解释。

另一方面,目的解释与历史解释相关联,构成了 CAS 仲裁庭在解释规则时重要依赖的辅助方法。在 CAS 仲裁实践中,表现出的是仲裁庭更为倚重目的解释,强调对关键词和条款的解释不能违背相关国际体育协会的"总体意愿"、备忘录的内容以及各国际体育协会建构的契约性框架的内容,这些意愿、内容本质上就是立法目的。① CAS 仲裁庭曾指出,对于法律的解释必须更客观,而且要从规则的用语出发;审判机关必须考虑规则的含义,关注所使用的语言、合适的语法和句法规则;不仅如此,裁决机关还需要进一步识别规则起草机构的意愿,该机构也可以考虑阐明其起源的历史背景,以及特定规则所处位置的整个规范语境。②

综上所述,需要汲取的经验至少包括三点:第一,无论如何,应当强调和突出对瑞士法律,特别是瑞士法律中有关解释规则的研究,它很可能作为准据法发挥规范作用;第二,体系解释应置于优先位置,结合文义解释的基础、目的和历史解释相辅助;第三,应梳理 CAS 仲裁有关解释的先例,形成先例谱系,作为维权的援引。

(2)信任原则问题

所谓信任原则,是指任何人向另一相对方作出意思表示时,要根据合同签订人能够且应当通过理性和诚实理解的意思来进行表达。考察 CAS 相关仲裁实践,关于信任原则的适用分化为积极和消极两种方式。

关于积极适用方式,仲裁实例对信任原则解释的层次可概括为如下三个递进的解释立场:③第一,文义解释是基础的解释方法;第二,在文义解释与目的解释相冲突的特殊情形下,应考虑目的解释的优先性;第三,在目的解释的目的探究中,要突出解释的客观维度,这就是立足合同或规则相对方的立场,以该相对方对规则或合同提供方的客观理解为准则。判断仲裁庭的立场可知,国际体育协会或协会通过提供协会的章程、法规、条例、规则或者格式化的合同、表格进行的意思表示,如果出现对其表意模糊或不清晰之处需要进行解

---

① See CAS 2004/A/757.

② See CAS ad hoc Division (OG Sochi) 14/004 & 005.

③ See Arbitrage TAS 87/10 X./HC Y., sentence du 15 July 1989.

释的,应当按照一个理性的、诚实的相对人对所提供的文件或资料的可信任的理解进行解释。这种解释立场开始引入了相对人的视角,从而推动解释从文件或资料的提供者迈向相对者的客观化之旅。至此可认为,潜伏在一般解释规则中的客观化倾向终至于开显成为明确的仲裁庭宣言,并足以成为值得讴歌的先例。

此外,仲裁实例通过明确"何种信任"的问题,深化了信任原则的解释标准,[①]这涉及仲裁协议和仲裁准据法的双重解释问题。针对仲裁准据法的解释问题,CAS仲裁庭强调了体系解释的方法,比如,已经签署 WADC 的 IFs 必须采用和实施与 WADC 一致的反兴奋剂政策和规则,并且作为会员条件要求 NFs 的政策、规则和项目与 WADC 一致;在这方面,IFs 必须根据上述对 WADA 的承诺调整其法律秩序。如果没有进行这样的调整,IFs 规则必须在适用时被解释为符合 WADC 的规定。

此外,仲裁庭强调了信任原则的解释方法。特别是针对"病态仲裁条款",仲裁庭认为,应以中立性的客观方式进行解释,即如果对方当事人争辩说,他以不同的方式理解了仲裁条款,则应适用信任原则。这意味着各方的意愿旨在确立为:应当是和必须是按照被解释对象所提交的相关方立场进行善意解释。这就将信任原则与"善意"原则相关联,这里的信任必须是一个正常理性人基于善意而对被解释对象所理解的意义之信任。

关于消极适用方式,即禁反常信任,禁止对相关解释对象作反常的信任。作为信任原则的反面表述,禁反常解释也常为 CAS 仲裁庭在仲裁案件中所采用,但其并未被明确表述。禁反常解释主要在两类仲裁实践中予以应用:一类是禁止以信任之名导致荒谬结论的规则解释,即如果根据某种解释,将会使特定被解释规则所产生的规则意义及其导致的裁决结果是明显反常乃至荒谬的,此时应排除该种解释。另一类则是禁止以信任之名导致矛盾结论的规则解释,即如果根据某种解释,将会使被解释的规则所产生的规则意义及其导致的裁决出现矛盾或者违背内在一致性时,此时应排除该种解释。

(3)相反推定解释规则

体现 CAS 解释重心的天平向规则相对方这一立场倾斜的解释态势的是

---

① See CAS 2008/A/1564.

对规则提供者进行不利的"相反推定"(contra proferentem)解释,①近来的CAS仲裁实践②再次重申了这一解释规则。CAS仲裁庭在适用相反推定的解释规则时,通过适度明晰性即低于刑法所要求的明晰性对其适用予以限制和矫正,避免走得过远而失衡。这就在解释规则过程中展示了较为明晰的有利于和不利于倾向,同时又保持着防止过度和失态的自律清醒,以此实现中庸之道的极高明之妙。无论如何,在国际体育协会所提供的规则未达到适度明晰性的情形下,有利于规则相对方、不利于规则提供者的"相反推定"毕竟还是传递了裁判者对规则承受者相对于信任原则适用情形中更为明显的倾斜。这一倾斜不应理解为正义的偏差,而是与世俗法律解释中不利于格式契约提供者这一立场一脉相承的,是亚里士多德所谓的矫正之正义。

(4)禁反言解释规则

仲裁庭直接援引禁反言规则进行解释即正面援引方式。这一援引方式一般是直接针对双方当事人中具有推选或提名运动员参赛资格一方进行限制性解释,禁止该方前后行动或承诺不一致。

CAS仲裁庭在冬奥会仲裁实践中除了明确、直接援引"禁反言"作为解释规则之外,有案例也显示其反用禁反言规则进行解释的实践,这就是"合理期待"解释规则。该解释规则通常是仲裁庭站在双方当事人中备选运动员的立场,指出相对方的行动或承诺给予备选运动员以获得参赛资格的正当或合理的期待,并为实现这种期待而积极满足相对方的行为指示。可见,"合理期待"与"禁反言"正好形成相对称的解释规则,前者立足备选运动员立场并对其立场予以积极支持,后者则立足相对方的立场并对其立场予以消极限制,二者是一体两面的关系。

3.事实认定的经验总结

(1)举证责任

首先,明确了基本的"谁主张、谁举证"的举证责任。如前所述,根据《与体育相关的仲裁法典》第R44.3条关于举证程序的规定,CAS在体育仲裁中确立了"谁主张、谁举证"原则,这也成为国际体育仲裁举证责任分配的主要标准。该举证原则在明确当事人举证责任的同时也明确了仲裁庭在举证程序中

---

① See CAS 2013/A/3324 & 3369;CAS 94/129;CAS 2009/A/1752;CAS 2009/A/1753;CAS 2012/A/2747;CAS 2007/A/1437;CAS 2011/A/2612.

② See CAS 2014/A/3832 & 3833.

的职责,既能有效保障体育纠纷双方当事人的程序权利,也有利于仲裁庭查明案件真相。

其次,在仲裁实践①中明确了兴奋剂违纪中举证责任的严格责任。仲裁实例指出:CAS判例法一贯认定:运动员对其体内的物质负有严格责任(存在即违规),且基于剥夺资格(不同于禁赛)之目的,不需要处罚机构证明运动员存在故意或过失。但需要指出的是:在严格责任方面,严格责任原则在瑞士法下并非不可反驳的,只要运动员有权就其与兴奋剂违反相关的过错或过失提出相反证据;在举证责任方面,CAS认可这一原则没有违反瑞士法律,且WADC第10.5条要求运动员承担责任证明其没有(重大)过错或过失,因此将证明责任转移给了运动员,证明标准为优势证据的标准。

最后,除了重点涉及的严格责任以外,国际体育协会针对操纵比赛和腐败的受限调查权及地位和性质,以及对举证责任和证明力的影响,亦为举证责任中需注意的要点。仲裁实践认为:一方面,在评估负有举证责任的国际体育协会提出的证据证明其规则被违背时,仲裁庭必须考虑到国际体育协会有限的调查权力,因此,国际体育协会难以拿出与腐败行为有关的证据;另一方面,违反适用的竞争规则的赛场行为可能构成操纵或腐败,操纵或腐败必须有对法律的故意规避和非法行为。② 针对这一方面,证明运动员直接或间接参与竞赛结果的操纵或腐败,必须具有令人信服的证据,仅仅对特定赛事结果的怀疑并不充分。

(2)证据证明力

CAS仲裁在证据证明力问题上的立场主要体现在以下几方面:

首先,不利分析结果的有效证明问题。仲裁实例指出:不利分析结果仅仅是反兴奋剂实验室的一份报告,该报告显示禁用物质的样本呈阳性。③ 由此,适用的反兴奋剂条例规定了一系列扩展性的程序,包括运动员的权利:要求B样本检测,出席B样本检测,并举行听证会对不利分析结果进行抗辩。只有在这个过程完成并且不利分析结果被确认后,才能被认定其违反了反兴奋剂规则。其次,检验方法的科学性亦是证据证明力的认定标准之一。仲裁实例认为:只要有证据证明了相关检测方法的可靠性,仲裁庭就会认为该检测方法

---

① See CAS 2005/A/990.

② See CAS 2014/A/3832 & 3833.

③ See CAS ad hoc Division OG 06/010.

在科学上是合理的,检测结果是可靠的。①

其次,CAS体育仲裁实践②还将检验方法的科学性与不利分析结果相结合得出证据的证明力,以此保证案件裁判的公正性。

最后,在证据证明力问题上,CAS仲裁庭还强调仲裁庭与专家之间的分工与合作。仲裁实例③指出:仲裁庭的职能不是站在科学专家的立场上,重复专家所做的工作。面临专家证据冲突的任何情形,仲裁庭都必须谨慎处理证据,并认识到仲裁庭在所审查领域的科学知识的缺乏。在这一方面,仲裁庭并不试图代替专家,或深度介入专家才能评估的事项范围,仲裁庭与专家评估之间应有所为有所不为。

(3)证明标准

为了赢得诉讼,必须运用证据证明事实,达到审理者满意的程度。而在国际体育仲裁中,应当如何认定证据的证明标准、是否适用排除合理怀疑的证明标准,以及如何认定准据法的国际体育协会标准与CAS证明标准之间的关系,需要从CAS仲裁实例中获得经验指引,概括而言,就是"优势证据标准>充分满意标准>排除合理怀疑标准"。

首先,在国际体育协会标准与CAS证明标准之间的关系上,采取的是协会标准优先,否则适用CAS证明标准,通常为充分满意标准。仲裁实例指出,无论是PILA还是CAS《与体育相关的仲裁法典》,都没有明确规定CAS证明标准。④ 因此,在CAS程序中可能会出现两种不同的情况:一种情况涉及有关体育管理机构明确规定的标准,另一种情况则没有规定明确的证明标准。关于前者,一贯的判例维持了体育管理机构选择自身规定的应适用之证明标准的有效性。在后一种情况下,仲裁实践⑤表明,在CAS仲裁程序中,如果所适用的条例中没有规定任何证明标准,则适用CAS的一般证明标准。

其次,就CAS证明标准的实质内容,采取的是充分满意标准。根据CAS在纪律处罚案件中的一贯法理,充分满意标准已被定义为不仅是优势证据标准,而且是接近排除合理怀疑范围的标准。接近排除合理怀疑标准成为CAS

① See CAS 2002/A/370.
② See CAS 2010/A/2041.
③ See CAS 2014/A/3488.
④ See CAS 2014/A/3832 & 3833.
⑤ See CAS 2016/A/4558.

实践中务实的证明标准。关于排除合理怀疑的证明标准在 CAS 中适用的问题，仲裁实例之间存在分歧。有的认为，排除合理怀疑标准是刑法标准，并不能适用于 CAS 仲裁；有的则认为，二者相差无几，"几乎没有实践性差异"。较为中庸的仲裁立场则认为，CAS 仲裁程序是私法程序，排除合理怀疑标准是刑法标准，因此在法律定性上该标准是不能适用于 CAS 仲裁的；然而，CAS 仲裁中的证明标准非常接近排除合理怀疑标准，这就是 CAS 在实践中更为务实的接近排除合理怀疑的证明标准。

4.仲裁裁决的经验总结

(1)裁决的逻辑流程

CAS 仲裁裁决有其相对稳定的裁决逻辑，就 CAS 仲裁中具有代表性的兴奋剂裁决而言，其一般包括如下几个逻辑步骤：第一，体内是否有禁用物质？如有，则剥夺成绩(不同于禁赛)。第二，是否故意？如是，还需判断是几次违规，给予程度不同的禁赛。第三，如是，则判断其主观过错或过失程度，这尤其需要结合注意力(utmost/normal，due diligence，manifestly disregardance 等，这又与运动员经历、高水平否、人类认知能力等有关)认定"重大(significant)/一般(normal)/轻微(light degree)过错或过失(fault or negligence)"等。第四，结合主客观因素，进行量刑。第五，法定的和裁量的加重(多次违纪)、减轻(实质性帮助检举他人违纪)或免责(TUE)事宜。第六，得出修正后的相应处罚。

在上述流程中，有如下关键性节点问题需要把握：

一是关于"故意"的认定。运动员的注意义务和注意标准(standard of care)，构成过错有无、轻重的判断基准。仲裁实例指出，运动员在确保遵守反兴奋剂义务方面负有个人注意义务。高水平运动员的注意标准非常高，这主要基于其经历、对反兴奋剂规则的认知，以及对特定体育的公共影响。运动员主要的个人责任是确保没有禁用物质进入其身体，同样的结论也适用于身患残疾或缺陷的运动员，例如注意缺陷障碍或残疾，但其残疾程度不足以阻碍进行尽职调查。[①] 就此，根据具有代表性的仲裁庭的立场，其要点有四[②]：第一点，运动员的"简单检查"义务。如果一名运动员通过"简单检查"就能意识到正在使用的医疗产品含有禁用物质，而这种禁用物质在产品的包装和使用通

① See CAS 2017/A/5320.

② See CAS 2017/A/5015，CAS 2017/A/5110.

知上都有标明,那么该运动员就未能履行其应有的注意义务。第二点,运动员应尽最大注意义务。为了证立无过错的行为,运动员在避免使用兴奋剂时必须行使"最大注意"。即使是极端情形,且只有最小的过失,运动员也不能免除最大注意义务,特别是高水平运动员。第三点,运动员"必须始终亲自"检查的义务。运动员必须始终亲自采取非常严格的措施来履行这些义务。医生开的治疗药方并不能减轻运动员检查药品是否含有禁药的义务,医生的失职也不能免除运动员的个人责任。第四点,运动员的"交叉核查"义务。运动员有责任交叉核查医生提供的承诺,即使该医生是体育专家。

二是关于"过错"及其程度的认定。兴奋剂违纪中的过错在大类上可分为两类:一类是无过错,另一类是有过错。在有过错的序列中,按照其程度可进一步区分为三类,分别是重大过错(significant degree of fault)、一般过错(normal degree of fault)和轻微过错(light degree of fault)。其中,一般过错或轻微过错又可概括为无重大过错或过失(no significant fault or negligence)。关于无重大过错或过失的认定标准,仲裁庭的立场是:运动员证明其不知道或怀疑,或即使在"极其谨慎"的情况下也不能"合理地知道或怀疑"其已经使用或服用过禁用物质。根据 CAS 判例法,符合满足"无重大过错或过失"的条件要求不得设置得过高或过低。标准设定得过高,对非重大过错的禁赛处罚期间就难以进行有意义和公平的区分。但该标准的下限也不能定得太低;否则,违反反兴奋剂规则所规定的两年禁赛期就成为例外。

三是关于"量刑"的问题。仲裁实例指出,在无重大过错类别中,更大程度的过错可能导致 20 个月至 24 个月的禁赛处罚,一般过错程度可能导致 16 个月至 20 个月的禁赛处罚,轻微过错可能导致 12 个月至 16 个月的禁赛处罚。[①]

四是关于加重或减轻处罚的认定。在确定了"无重大过错"的相关程度之后,CAS 仲裁庭必须转向任何可以用来减轻或加重违纪运动员的主观过错因素。关于无(重大)过错或过失的证明标准,有代表性的仲裁实例指出:第一,根据《兴奋剂管制规则》,为了确证"无过错或过失",运动员必须证明其在尽最大注意时也不可能合理地知道或怀疑已经使用禁用物质。一个运动员在意识到且被其国家协会告知其必须每年核查禁用物质清单的情况下,该运动员整整一年完全没有看过该清单,这不能证明该运动员尽到了最大的注意。第二,

① See CAS 2016/A/4840.

为了确定"无重大过错或过失",必须综合考虑整体情况是否达到"无过失或疏忽"标准。[①]

（2）处罚的调整问题

在运动员存在兴奋剂违纪的情形下,还需要衡量其是否存在加重或减轻处罚的问题。

第一,关于减轻处罚的情形。关于减轻处罚原则的认定,有代表性的仲裁实例[②]指出,减轻处罚原则意味着,如果适用的规范被修订,则处罚程度较低的法律应予适用。因此,减轻处罚原则涉及的是适用的处罚,而不是适用于证据的科学依据下的技术规则。减轻处罚的情形包括两种:一是对揭发其他兴奋剂违规提供实质性帮助;二是自认。就前者而言,仲裁实践认为将规则内容的可适用性与形式标准（例如,某体育协会是否以及在何种程度上可以或不可以对所揭发的事实及其涉及的人员具有管辖权）联系起来用以区别应当减轻或不能减轻处罚的行为,这种做法是武断且不恰当的。[③] 因此,实质性帮助揭发他人违规,不应同时要求满足形式条件,才减轻处罚。就自认而言,有代表性的仲裁实例表明,自认的认定和适用可能表现为:在获悉不利分析结果后,运动员表示接受关于两个样本的不利分析结果,不再要求举行听证会。此即自认的典型表现。[④]

第二,关于加重处罚的情形。加重处罚的因素有很多,包括多人、多次违规,对未成年人实施违规,以及有组织地实施违规行为等。需要指出的是,在多次违规的加重情形中,无过错情形不应纳入多次违规计算基础。[⑤]

在加重处罚中,最严重的问题是关于终身禁赛适用及其合理性的问题。仲裁实例认为:只有在最极端的违纪情形中,终身禁赛的适用才具有合理性。[⑥] 参鉴仲裁实践,此类极端情形主要包括:故意帮助未成年人实施兴奋剂违规、兴奋剂共谋违规之主犯等情形,在第二种情形下,该主犯必须是兴奋剂共谋违规中的最高负责人,如果仅在共谋违纪中起到一定的决定性责任,并不能处以终身禁赛之处罚。

[①]　See CAS ad hoc Division OG 06/001.

[②]　See CAS 2008/A/1607.

[③]　See CAS 2005/A/847.

[④]　See OG 18/03.

[⑤]　See CAS 2016/A/4889.

[⑥]　See CAS 2008/A/1513.

（3）裁量权问题

裁量权问题是 CAS 仲裁中普遍存在的问题，其对仲裁裁决的影响甚巨。从 CAS 仲裁实例中，可以得出有关裁量权行使的若干启示。这些启示包括但不限于：

其一，关于对国际体育协会行使自由裁量权的限制或条件。有代表性的案件[①]表明，虽然没有明确约束裁量权的标准，但作为一个法律问题，其受到四个限制：第一，必须善意行使，而不能专断、任意或不合理地行使。第二，目的限制裁量。不论相关规则的措辞多么广泛，行使裁量权都不能与授予该裁量权的文书之目的相悖。第三，比例原则。作出处罚的纪律机构根据相关规则的允许行使自由裁量权所作出的处罚的程度，只有在处罚"明显且严重地与违纪不相称"时才能予以审查。根据 CAS 判例，对运动员施加的处罚不得与违纪不相称，而且必须始终反映运动员的过错程度。第四，规则的自我设限。国际体育协会可以在其规则中限制确定处罚时应考虑的情况，从而也限制比例原则的适用。如果这些规则构成对个人权利（personal rights）的侵犯，那么体育协会就超越了自治权，这种侵权的性质和范围极其严重，与所处罚的行为完全不相称。

其二，关于 CAS 对国际体育协会纪律处罚的自由裁量权的审查。CAS 在对相关体育协会的自由裁量权进行审查时采用严格方法（strict approach）。仲裁实践表明，CAS"使用严格的方法界定其对设定纪律处罚的体育协会纪律处罚机构使用的自由裁量权进行审查的权力"。[②] 自由裁量权是国际体育协会的章程、法规、条例或其他规则在解释与适用中赋予相关权力机构在行使权力时的裁量自由，在 CAS 仲裁语境下尤其是指国际体育协会的内部纪律处罚机构或内部纠纷解决机构在对相对人施加纪律性处罚，或评判该纪律性处罚时所具有的裁量自由。可见，CAS 仲裁中的自由裁量权具有双重意蕴：一是作为被审查对象，即 CAS 仲裁中通常作为被申请人的国际体育组织的纪律处罚机构行使自由裁量权；二是作为审查方式，即 CAS 仲裁庭在对该裁量权进行审查时自身所具有的裁量权。

一般而言，相关体育组织的自由裁量权是相关规则赋予国际体育协会的权利，CAS 仲裁庭原则上不对其行使管辖权。仲裁实践表明，CAS 仲裁庭应

---

① See CAS 2011/A/2590.

② See CAS 2012/A/2756.

对体育组织在处罚的比例上予以尊重。此种处罚的比例或尺度也就是体育组织享有的处罚上的自由裁量权。仲裁实例指出,在任何情况下,理性人(包括体育团体)可能对违反体育规则的不同行为的严重程度以及适合的处罚有不同的看法,这是不言而喻的。尽管 CAS 有权就任何处罚的相称性形成自己的观点,但在确定何种处罚适合何种罪行时,不应忽视特定运动机构的专业知识。此外,在仲裁实践中 CAS 仲裁庭也指出了一些需要介入审查的例外情形,主要有二:一是自由裁量权的行使方式存在恶意或有违诚信原则的;二是自由裁量权的行使显失公平或显失比例的。

其三,关于自由裁量权滥用的举证责任。自由裁量权滥用的举证责任在运动员。仲裁实例指出,如果运动员不能主张相对方裁量权的行使方式存在恶意或采取歧视方式,或者如果这个运动员没有提供任何证据证明存在不公正及不合理的情形时,则不能证实相对方裁量权行使是专断的。[①]

其四,关于 CAS 仲裁庭裁量权行使的一致性要求。这一要求涉及不同体育领域中运动员的平等对待原则,意义重大。仲裁实例表明,根据《与体育相关的仲裁法典》第 R57 条,仲裁庭有完全的权力审查案件事实和适用的法律。但 CAS 仲裁庭作为一个国际性的上诉机构,在评判相关体育组织正确和适当比例的处罚时,必须追求在不同体育协会具有可比性的案件裁决之间维持某种一致性,旨在维持不同体育领域的运动员的平等对待原则。[②]

(4)裁决中的免责问题

TUE 是主要的免责事由。通过对 CAS 仲裁实例的分析,可总结出 CAS 关于免责相关问题的如下立场:关于 TUE,仲裁实践表明,运动员可以事后申请 TUE 的情形,如治疗急性疾病。[③] 如果运动员在抽取样本之前知晓治疗细节,却没有申请 TUE,则行为存在过失。在这种情况下,不能适用"无过错或过失"规则,只能适用"无重大过错或过失"规则。据此,禁赛期处罚就不能完全免除,只能缩短。

关于 TUE 是否适当,CAS 仲裁庭曾提出五点测试法。仲裁实践显示,为确定某项医疗治理是否符合 OMADC 的规定,CAS 仲裁庭提出了"五点"测试法:(1)该药物治疗为治疗特定运动员的伤病所必须;(2)在限定的情况下,没

---

① See CAS ad hoc Division OG 06/002.

② See CAS 2011/A/2615.

③ See CAS 2006/A/1041.

有不属于兴奋剂的有效可行的替代治疗方案;(3)该药物治疗无法提高运动员的成绩;(4)在进行药物治疗之前,需先对运动员进行医学诊断;(5)该医疗方案需在合格的医疗环境中,由有资质的医务人员勤勉地实施;(6)保留适当的医疗记录,并可用于检查。

(二)有关仲裁程序争议的经验总结

遵守仲裁程序是 CAS 仲裁的硬指标,程序瑕疵可能构成 CAS 仲裁及其裁决的致命瑕疵,从而引发当事人在瑞士联邦最高法庭提起仲裁裁决撤销之诉。对于当事人而言,也必须恪守 CAS 仲裁的程序,切实捍卫自身的合法权益,避免因程序问题让自身的实体权益湮灭。总结上文提到的 CAS 仲裁中的程序,其既包括 CAS 仲裁本身的程序,也包括 CAS 仲裁中提到的被审查的相关体育组织的纪律处罚程序,其需要铭记的经验包括但不限于:

1.确保遵守正当程序

(1)仲裁纠纷的可受理性

一是确定争议产生的时间点。仲裁实例表明:第一,注意 CAS 仲裁庭之间的类型分工,即注意 CAS 上诉仲裁庭与奥运会特设仲裁庭之间的分工。在奥运会之际或与之有关的任何争端,应根据《与体育相关的仲裁法典》专门提交体育仲裁法院。第二,穷尽内部救济程序原则,除非该程序的要求在时间上将导致无效 CAS 仲裁。如果要求根据 IOC、NOCs、国际联合会或奥林匹克运动会组织的决定进行仲裁,则申请人必须在提出该请求之前用尽所有可利用的内部补救办法;根据有关体育团体的法规或条例,除非用尽内部补救办法需要时间,否则对 CAS 临时仲裁机构的上诉将无效。第三,恪守"十日之规"。CAS 临时仲裁庭只有在涉及"在奥运会期间或奥运会开幕式前十日之内引起的"争议的情况下才具有管辖权。① 仲裁实践认为,在大多数情况下,争议发生的日期通常是申请人对相对人的决定持有异议的日期。在某些情况下,这一日期可以推迟,但需要满足两个条件:条件之一是相关决定模糊不清,需要进一步解释;条件之二是需要举证证明相关决定需要解释。②

二是关于被上诉纪律决定的现实性。主要焦点问题为没有决定或者假设

---

① See CAS ad hoc Division（OG PyeongChang）18/004.

② See CAS ad hoc Division（OG Sochi）14/003.

的决定能否提起上诉。仲裁实践①指出:第一,根据《奥运会仲裁规则》,要通过仲裁解决的争议针对的必须是"IOC、NOCs、国际体育协会或奥组委宣布的决定";第二,一个运动员单纯假设其NOC将拒绝其参加奥运会的提名的要求,从任何意义上讲,都不能达到可以向CAS专家组提出上诉决定的程度;第三,同样,NOC没有就运动员提名作出决定不能被识别为是NOC作出"没有指定特定运动员的"决定,也不能等同于可以构成向专家组上诉的依据的决定。

三是可受理性问题尽管时常和可仲裁性、管辖权等问题相关联,但它是一个独立的问题。仲裁实例表明,可受理性问题与上诉申请的时限和条件有关(程序性质要素),而非与争议事项本身的关系或性质相关(可仲裁性或受案范围问题)。②

(2)穷尽内部救济

关于是否穷尽内部救济问题,有代表性的仲裁实践表明,根据CAS《与体育相关的仲裁法典》第R47条规定,当事人可对纪律法庭或联合会、协会或体育团体的类似机构的决定提出上诉,只要上述机构的章程或规章如此规定,或双方已达成具体的仲裁协议,并且申请人已根据上述国际体育协会的章程或规章在上诉前用尽了他所能利用的法律补救办法。③此外,仲裁实践指出,穷尽内部救济的限制性条件是,用尽内部救济需要时间从而可能导致对CAS临时仲裁庭的上诉无效。

(3)仲裁申请人资格问题

关于仲裁申请人的适格性问题,也是合法有效进入CAS仲裁的先决性程序问题。有代表性的仲裁实例指出,根据瑞士法律,受理请求的条件因适用民事程序规则或行政程序规则而异。④应适用哪一项规则取决于将该要求定性为民法问题还是行政法问题。就其受理条件而言,仲裁请求在性质上可能有点混合,因为它的依据主要是合同关系,被挑战或提起仲裁申请的纪律决定又通常是对申请人具有管理职能的体育组织作出。由于申请主要是契约性质的,仲裁庭将首先参照民事程序规则审查仲裁当事人的适格性问题。在瑞士

---

① See CAS ad hoc Division (OG Vancouver) 10/004.

② See Arbitration CAS 2007/A/1290.

③ See Arbitration CAS 95/143.

④ See CAS 2002/O/373.

的民事诉讼法中,基本原则是申请人具有起诉资格,并且申请人的请求是可接受的,前提是申请人具有其本身的实体权利,即来自合同、侵权或其他来源的权利。

2.其他程序问题的经验总结

(1)运动员的程序参与权

第一,兴奋剂 B 样本的"开封与分析"中的程序参与权非常重要,应严格保障,否则极易引发讼争,实践中常见的焦点问题是此类程序选择权的范围,以及特定情形下程序选择权的例外。有代表性的仲裁实例①表明,运动员有权获得合理的机会观察 B 样本的开放和检测,这一权利非常重要,即使在所有其他证据都表明申请人违反了反兴奋剂规则的情况下,也需要强制执行。特别是在运动员因被指控违反反兴奋剂规则而面临终身禁赛,以及这种禁赛对运动员具有重要法律后果时,正确地遵循程序和保障有关运动员权利,以及明确告知如何救济的信息,就显得十分重要。

但运动员的程序参与权并非没有范围,仲裁实践表明,运动员或其代表有机会参加 B 样本的"开封与分析"确实是兴奋剂控制程序中的一项基本权利,因为这反映了在最终报告不利分析结果之前听取运动员意见的必要性,并使运动员有可能核实旨在确认最初不利分析结果的程序适当地实施。② 然而,这一权利并不一定延伸到允许运动员参加不需要确认最初不利分析结果的分析工作的实施。简言之,与不利分析无关的前期准备工作,并非程序参与权的保障对象或内容,运动员不能以此为由请求 CAS 仲裁撤销相关纪律决定。

第二,选拔标准改变与通知等程序问题。有代表性的仲裁实践指出,适当通知是重要的程序性权利,而适当通知至少包括两个方面的内容:一是及时性,如果相关标准或规则的改变是突袭性的,则没有给予相关运动员必要的准备和适应时间,此种变更就是不妥当的;二是全面性,应确保所有相关利害关系者都能得到相应的通知,否则此种通知就是有违程序公正和正当的,理应得到纠正。③

(2)临时救济程序

由于奥运会赛事安排时间上的紧凑性,当存在异常紧急情况时,临时救济

① See CAS 2008/A/1607.

② See CAS 2010/A/2041.

③ See CAS ad hoc Division (OG Turin) 06/008.

措施就摆在冬奥会特设仲裁庭的面前,其方式有二:一是仲裁庭主动依职权采取,具体而言就是 CAS 特设仲裁庭首席仲裁员可不考虑被申请人之意见径直采取临时救济措施,包括中止被上诉的处罚决定的效力,以及采取其他救济措施。二是当事人依申请而采取,具体而言就是申请人也可以在满足相关条件下,向仲裁庭申请采取临时救济措施。此方面应予汲取的经验主要是关于签发临时救济令,暂停纪律处罚决定或者证据保全的条件。

(三)针对其他赛事争议的应对术略

1.不同主体角度的应对建议

(1)赛事承办主体的角度

国际性大型体育赛事能否成功举办,很大程度上取决于专业的竞赛组织的运行。赛事规模愈大,成功举办的难度愈大,而当前竞技体育专业人才的匮乏更是加剧了竞赛组织的难度。编制大型体育赛事竞赛组织技术规范有助于我国应对当前体育赛事运作人才匮乏等挑战。

在国家层面,目前我国大型体育赛事竞赛组织管理并没有一个统一、完备的技术规范,各类竞赛组织管理的技术规范散见于各部门规章文件中。一方面,我国现行大型体育赛事竞赛组织管理技术规范的可操作性需要进一步提升。有关各大型综合性体育赛事组织运作的规范文件多以语言描述性表达预期结果,可操作性的程序性规范还不多,虽能对赛事竞赛组织运作起到一定程度的指导作用,但这些操作性需要提升的规范仍导致大型体育赛事在竞赛组织运作方面过多损耗人力、物力和财力。是故,要想真正有效指导竞赛的组织运作,尚需系统全面地加强竞赛组织运作管理,并制定出相关切实可行的程序性规范。[1]

另一方面,我国现行大型体育赛事的竞赛组织管理技术规范还需要进一步提升系统性。虽然奥运会在长期的组织运营中形成了一套较为完整的赛事竞赛运作技术规范体系,且我国业已成功举办 2008 年北京奥运会,但我国有关大型体育赛事竞赛组织管理技术规范在形成完整的体系性方面还有进一步优化的空间。不同的规范性文件散见于各个不同的职能部门,条块分割,不利于各部门之间的协调,加大了各部门之间协调的难度,影响各部门之间协同的

---

[1]　朱洪军:《我国大型体育赛事竞赛组织管理技术规范框架体系研究》,载《体育科学》2013 年第 6 期。

效度。将不同部门所颁布的规范整合成一个完整的规范体系,对竞赛组织管理实践将起到现实的指导作用。进一步言,可以在如下环节用力:

一是增强赛事法律风险的管控。首先,就赛事组织管理风险而言,赛事举办的成功与否很大程度上取决于赛事的选择时机和赛事举办的时间安排。若赛事时机选择不当,恶劣的天气等因素会对赛事造成直接影响,甚至导致赛事无法如期进行。同样,天气的变幻莫测亦可能浇灭观众的观赛热情以及弱化比赛的呈现效果。而赛事举办的时间安排不周,可能导致整个赛事活动的混乱,任何一个小的时间安排出现紊乱都可能牵一发而动全身,致使赛事无法顺利举行,围绕着赛事的一系列工作亦受波及。因此,恰当的时机选择以及合理的时间安排对赛事举办具有重要的影响。作为一项国际性赛事的冬奥会,参与人员涉及赛事管理人员、裁判人员、教练员、运动员、志愿者、观众、政要、安保人员、检验检疫人员等,可能有数十万乃至上百万人。如何保证如此庞大的人群能够有条不紊地参赛、观赛,避免突发秩序性事件,是国家奥组委必须直面的重大风险考验。此外,庞大人群的通信及信息传达的通畅、准确,场地与器材的安全风险等问题同样是奥组委面临的挑战。

其次,就赛事经营风险而言,该风险包含冬奥会赛事资金的筹集风险以及资金回收的风险。确保冬奥会顺利举行的一大前提是及时筹集到充足的赛事资金,这同样是奥组委需要解决的风险挑战。关于资金回收风险,基于疫情考虑,2020年东京奥运会采取零观众空场举办,作为东道国的日本损失惨重。门票营销是资金回收的一部分,在可能遭受不测疫情影响的情形下,如何确保冬奥会最大程度实现资金回收亦是奥组委亟须关心的问题。除开不测疫情的影响,奥运会门票营销价格策略的恰当与否同样影响资金回收。门票销售方式,如直销或分销等均是影响赛事资金回收的因素。此外,体育赛事的转播蕴含着巨大的商业利益,通过准确把握电视转播权的定价、促销策略以及营销的时机,能够将转播权蕴含的商业价值最大化,进而扩大赛事资金的回收渠道。

面对一系列客观或主观的不确定因素,因类施策能够准确、有效地处理冬奥会中所潜藏的各种风险,避免不必要的损失,从而增加收益。譬如:第一,对于人员伤亡或者财产损失等客观风险可以通过投保的方式将风险转移;对门票销售等业务可以通过外包等分散风险。第二,对于诸如恶劣天气等因素可能导致的风险尽量采取回避的方式,降低损失。第三,对于赛事组织管理之类的风险,可以任用专业的、经验丰富的风险管理人员,制定详尽、经科学论证行之有效的风险管理计划,设立专门的组织或岗位处理冬奥会各式各样的风险挑战,实现赛事的完满举行以及收益的最大化。①

　　二是强化冬奥会赛事法治信息的宣传。从过去的二十多届冬奥会看,欧美争霸始终是主旋律,美国、俄罗斯、德国和加拿大是公认的四大冰雪竞技强国。我国的冰雪运动存在竞技水平不高、群众参与面不广、产业基础薄弱等问题,发展任务艰巨繁重。目前我国冰雪运动还面临群众参与度不够、场地建设不足、专业人才短缺三大短板。但北京冬奥会的成功申办,为我国冰雪运动带来了前所未有的发展契机。但从整体看,中国体育还是"夏强冬弱",中国冬季运动"冰强雪弱",冰雪运动还有非常大的发展空间。北京冬奥会为推进中国冰雪运动发展提供了难得的契机,吹响了冰雪运动大发展的号角。值此契机,通过北京冬奥会大力宣传我国冰雪运动,号召群众广泛参与。

　　一方面,数字经济的蓬勃发展为冬奥带来新的推广途径,通过线上运动项目、运动产品以及竞赛活动的推广,带动线下的运动体验、产品消费以及文化传播。有关部门应当尽快搭建平台,如完善推广网站等。在宣传的方式上,要注重青年人的信息接受习惯,多维度、多层次对冬奥会的来源、历史以及运动知识进行宣传。各社会机关应积极响应国家号召,加强冬奥宣传力度,如推动冬奥会宣传进校园,开展冬奥巡回宣讲、知识竞赛等。另一方面,要注重法治冬奥的宣传教育。党政机关、社会团体、企事业单位以及社会各界都应该加强对法治冬奥的认识、重视程度,树立法治冬奥意识,加强法治冬奥的宣传与教育。总结大型体育赛事重大涉法问题的经验和教训并纳入法制教育课程,纳入冬奥会宣传。

　　(2)立法、司法及行政机关的角度

　　奥林匹克法律事务主要有二:其一为各国或地区的法律法规;其二为《奥林匹克宪章》以及奥林匹克内部的法律文件,包括 WADC 等法律文件。由于现代奥运会管理体制以及运行机制的制度化、法律化,且涉及的领域十分广泛,其中还包括一些特殊领域,如电视转播、广告等,使得奥林匹克法律事务异常复杂:中国法律法规同现有的国际惯例、IOC 规则存在诸多矛盾与冲突,需要对此提出应对方案,维护我国权益;对策研究以及风险防范,前已述及;涉及有关奥林匹克的合同业务以及知识产权保护等方面的事务。

　　一是立法挑战及应对。在北京奥运会申办成功之际,短短数十天奥组委筹备办公室专设法律事务组并单设法律事务部。一方面,有关北京申办冬奥

---

①　王峰:《体育赛事风险管理》,载《中国行政管理》2006 年第 11 期。

会的国际规则、对外承诺其中部分内容需要转化为国内立法。有关冬奥会的保障、服务等工作,同样也需要得到立法支持。建议相关部门认真研究立法经验,准确研判、分析冬奥会立法需求,立足我国现有政策法律条件,高质量、科学地完成有关冬奥会的立法转化和支持任务。总体上,需要全国人大常委会和国务院针对一些重要事项颁布或修改相关法律、行政法规、地方立法,解决常规事项。各业务主管部门应当依据修改后的《奥林匹克标志保护条例》,抓紧完善相关的配套政策、规章。针对国际社会和奥林匹克大家庭成员一向较为关注的出入境、互联网、电视转播、广告控制、税收、政府采购等领域的政策和法律法规,宜统筹考虑、早作准备。[①] 另一方面,在冬奥立法方面,通过大量新的立法解决冬奥会问题不太现实且不具操作性。中国特色社会主义法律体系已臻完备,有关奥林匹克方面的学术研究、实践经验相当丰富,相关专业人才储备亦较为充足。如今最大挑战不在于立法,而在于法之必行。相关主管部门、运行部门应研究分析如何保障现有奥林匹克法律法规全面、高效、准确地落实。

二是司法挑战及应对。纵观往届奥运会,CAS 奥运会特设仲裁庭的裁决相当比例得到当事人的自觉履行,很少部分案件当事人因不服 CAS 裁决而上诉至瑞士联邦最高法庭,而当瑞士联邦最高法庭作出裁决后,往往裁决能够得以顺利执行。如若出现极端情形,裁决进入国内法院强制执行程序,由于 CAS 仲裁具有高度司法化以及独特的审理规则,同国内仲裁理论和实践有相当大的出入,则裁决在国内的承认与执行将引发一系列连锁问题。

为了促进国际仲裁的发展,提升外国仲裁裁决的可流通性,1958 年在美国纽约召开的联合国国际商事仲裁会议上通过了《承认与执行外国仲裁裁决的纽约公约》(简称《纽约公约》),但由于体育纠纷与体育仲裁裁决的独特属性,外国体育仲裁裁决能否凭借《纽约公约》在国内法院得以承认与执行成为首要问题。《纽约公约》第 1 条第 1 款便规定了其适用范围,即"在一个国家请求承认和执行在另一个国家领土内基于自然人或法人之间的争议和执行这个国家不认为是本国的仲裁裁决时,也适用本公约"。由此可见,《纽约公约》是否适用于仲裁裁决的判断标准在于"是否在另一个国家领土内作出的",易言之,仅此标准,无关仲裁所涉纠纷的属性、另一国是否公约成员国等因素。进

---

① 刘岩:《北京奥运会、冬奥会的法律实践》,载《苏州大学学报(法学版)》2019 年第 2 期。

言之,仲裁的类型不仅包括针对契约性争议所做的仲裁裁决,还包括针对非契约性争议所做之仲裁裁决。由此可见,《纽约公约》采取的是广泛的适用范围,本书所涉的外国体育仲裁裁决应当可以依据《纽约公约》而得到承认与执行。①

尽管《纽约公约》适用范围相当广泛,但对于严格区分商事纠纷与非商事纠纷的国家而言可能难以接受,且公约第 1 条第 3 款允许缔约国在加入公约时作出商事保留。我国曾在加入《纽约公约》时作出"商事保留",即外国仲裁裁决若要在中国法院得以承认与执行,必须属于"商事性质",否则将被拒绝。反观 CAS 特别仲裁庭,其所管辖的争议包括具有商事性的体育契约纠纷,更大比例还涉及因兴奋剂等相关体育纪律处罚以及参赛资格等体育行业管理纠纷。根据我国分类,体育纠纷大致可以分为体育商事类纠纷、体育纪律处罚和体育管理类纠纷。针对前者,当事人当然可以依据公约请求我国法院予以承认和执行,在没有公约规定的可以拒绝承认和执行的理由下,我国法院应当裁定予以承认和执行。但就后者而言,对包括 CAS 奥运会特设仲裁庭在内的外国仲裁机构就体育纪律处罚以及体育管理争议所作仲裁裁决,在我国尚未撤回"商事保留"的现状下,存在逻辑上的难度。2008 年 6 月 10 日印发的《最高人民法院关于人民法院是否受理北京奥运会期间有关体育争议的通知》规定:当事人不服国际体育仲裁庭就运动员资格、兴奋剂检测、比赛成绩及裁判判罚而作出的仲裁裁决,向人民法院请求撤销的,或者向人民法院申请执行的,人民法院不予受理。以此支持 CAS 北京奥运会特设仲裁庭有效行使其仲裁权和裁决权,由此暂时性解决 2008 年北京奥运会 CAS 仲裁与我国现行法律制度可能发生的冲突。② 但最高人民法院 2008 年的通知并不属于我国正式的法律渊源,仅仅在当时且涉及 2008 年北京奥运会相关体育争议时才可适用。因此,在我国承认与执行 CAS 裁决以及 CAS 奥运会特设仲裁庭裁决所涉问题需要得到根本的解决。

从逻辑上分析,《中华人民共和国仲裁法》第 2 条规定:"平等主体的公民、法人和其他组织之间发生的合同纠纷或其他财产权益纠纷,可以仲裁。"可见,运用仲裁解决纠纷须具备两个条件:其一,争议当事人双方为平等民事主体;

① 刘想树主编:《国际体育仲裁研究》,法律出版社 2010 年版,第 377 页。
② 郭树理,李倩:《奥运会特别仲裁机制司法化趋势探讨》,载《体育科学》2010 年第 4 期。

其二,争议必须是合同纠纷或其他财产权益纠纷。回到体育纪律处罚和体育管理问题,此类纠纷的当事人为体育管理机构和体育活动参加者,双方并非严格意义上的平等的民事主体。同时,体育纪律处罚以及体育管理争议通常并不直接涉及合同或其他财产权益纠纷。如此来看,目前我国体育纪律处罚以及体育管理类纠纷被排除在普通仲裁范围之外。而根据《纽约公约》第5条第2款规定,如果被请求承认和执行裁决的管辖机关查明争议事项依据该国法律不可以用仲裁方式解决,则可以拒绝承认和执行该裁决。简言之,我国体育纪律处罚以及体育管理类纠纷不具有普通商事仲裁的可仲裁性,此类外国体育仲裁裁决难以在我国得以承认和执行。[①]

针对CAS奥运仲裁乃至整个体育仲裁领域,应当看到,世界各国法院的普遍做法——谨慎、较少介入体育纠纷。面对这一发展趋势,有必要充分考虑体育行业自治精神以及尊重CAS在体育纠纷解决中的权威地位。如此,方能有效减少可能出现的冲突。此外,立法机关应当重新考量对《纽约公约》的“商事保留”,适时作出撤回保留决定;可以将CAS裁决所涉体育争议均明确地纳入“商事争议”的范畴;明确体育纪律处罚以及体育管理类纠纷的可仲裁性,促进我国体育仲裁的发展,为包括CAS奥运会特设仲裁庭所做仲裁裁决在内的外国体育仲裁裁决提供在我国法院承认和执行的可能。

三是行政挑战及应对。法律的生命力在于实施,法律的权威也在于实施。有关冬奥会的行政执法同样坚持法定职责必须为、法无授权不可为,要将权力关进制度的笼子里,各级政府必须坚持在党的领导下、在法治轨道上开展工作;依法全面履行政府职能;健全依法决策机制;建立行政机关内部重大决策合法性审查机制;深化行政执法体制改革;坚持严格规范公正文明执法;强化对行政权力的制约和监督;全面推进政务公开。同深化行政执法体制改革结合起来,必须严格依法办案,不以冬奥会为由进行选择性执法、差别化执法,不以冬奥会为由采取畸轻畸重的处罚或强制措施。在冬奥会筹备、举办期间应对突发事件时,更要确保依法处置、严格执法。应合理配置执法资源,尤其是在依法查处奥林匹克标志侵权、盗用冬奥组委会名义等案件方面做好前期预案,优化、整合针对重点区域和时段的行政执法资源,组织市场监管、城管、文化、公安等部门齐抓共管,主动纳入日常巡查、整治的范围,并对常规的执法权

① 石现明:《承认与执行国际体育仲裁裁决相关法律问题研究》,载《体育科学》2008年第6期。

限、分工做出必要调整或临时安排。

就冬奥会安保工作而言,以网络安全风险为例,由于冬奥会自赛事规划、筹备、过程到赛事结束,时间跨越较大,在对公众开放的网站上,由于网络的非实名制以及网络信息传播的快速特色,极易发生谣言传播、舆情事件炒作等问题,严重影响冬奥会社会环境甚至政治环境。因此,针对冬奥会网络安全问题,一方面,要构建起网络安全保障体系,考虑到冬奥会可能遭遇的复杂形势以及面对的多方风险,进行科学分析,构建起合理的网络安全风险评估体系,结合大数据、云计算、物联网等新兴技术实时监控网络安全态势并收集数据;通过网络安全风险评估,根据安全态势的变化适时调整安全策略。另一方面,构建起联合整治合作机制。针对网络病毒、木马等开展打击整治专项行动,关闭违法网站;针对新型网络犯罪形式,联合整治专项活动能起到"示范"的作用,对网络违法犯罪起到整体上的威慑作用。[1]

依法操办冬奥会各项筹备工作,冬奥组委会和承办城市有关机关应积极起到守法合规的带头模范作用。特殊事项的承办工作亦必须在法律的轨道上合法合规地运行,绝不搞超越法律法规的特殊待遇。承办城市、冬奥组委会应建立健全与冬奥会重大决策相关的前置性法律咨询论证和审核机制,坚持公众参与、专家论证、风险评估、合法性审查、集体讨论决定和其他法定程序,确保决策科学、程序正当、过程公开、责任明确,以行政效能监督、绩效检查、评估等方面为重点,法律事务部门与纪检、监察、审计部门加强联系、密切配合,建立和完善法治冬奥的执行、监督机制。[2]

2.仲裁运行方面的应对建议

CAS 冬奥仲裁适用的法律规范因上诉仲裁和冬奥会特设仲裁不同而有类型上的差异。规范 CAS 冬奥争议上诉仲裁的规则是《与体育相关的仲裁法典》第 R58 条,该条规定,仲裁庭裁决上诉类争议适用的法律包括:应适用的条例,并结合适用当事人选择的法律规则,或在当事人没有选择时,则适用作出被上诉决定的体育联合会、协会或体育相关组织住所地国的法律,或结合适用仲裁庭认为适当的法律,但仲裁庭必须给出其裁决的理由。根据本条之规

---

① 王一伊、王淑荣:《为北京冬奥会构建网络安全屏障》,载《人民论坛》2020 年第 16 期。

② 刘岩:《北京奥运会、冬奥会的法律实践》,载《苏州大学学报(法学版)》2019 年第 2 期。

定可得出如下结论,CAS 仲裁庭在仲裁冬奥争议的上诉仲裁案件时,其法律适用具有如下结构和位序特征:应适用的条例+(当事人选择的法律>作出被上诉决定的相关国际体育协会住所地国法,或仲裁庭认为适当的法律规则)。从其具体类型看,CAS 上诉仲裁可适用的法律类型主要有三类:国际体育协会或机构的自治性规范;相关国家的法律,包括当事人选择的法律或国际体育协会住所地国法律;其他法律规则,只要仲裁庭认为适当且在裁决中说明其理由即可。

与之略有不同的是,在专设的 CAS《奥运会仲裁规则》中明确了冬奥会等奥运会特设仲裁庭在裁决案件时所适用的法律类型。该仲裁规则第 17 条规定:仲裁庭裁决争议应根据《奥林匹克宪章》、应适用的条例,以及仲裁庭认为适当的一般法律原则和规则。从其规定来看,冬奥会特设仲裁所适用的规范类型只包括两类:一类是体育自治性规范,主要是《奥林匹克宪章》、应适用的体育组织自身的规章条例;另一类是一般法律原则和规则,只要仲裁庭认为适当。比较而言,冬奥会特设仲裁排除了当事人选法和国际体育协会住所地国法等国家法律的适用机会。究其理由,可能是为了避免国别相互冲突法律的适用对奥运会赛事争议解决的不一致,而通过《奥林匹克宪章》和相关国际体育协会条例的适用,结合一般法律原则的调剂,则可最大限度地实现冬奥会赛事争议解决的统一性。

仲裁的启动来自双方当事人合意将争议提交仲裁庭,自启动仲裁到当事人在仲裁过程中可选择仲裁员、仲裁程序规则、仲裁地点以及适用的实体法律规则等,当事人的意思自治贯穿于仲裁的始末。当事人意思自治同样也是现代仲裁与司法诉讼的重要区别。适用何种仲裁规则一般规定于仲裁协议之中,当事人可以自行制定个性化的仲裁规则,也可以自由选择仲裁机构业已制定完毕的仲裁规则。总体而言,仲裁规则通常由当事人自由选择适用。然而,当仲裁制度介入体育领域,意思自治相比之下不再有适用的空间。奥运会特设仲裁庭将适用《与体育相关的仲裁法典》第 R23 条"规则的适用"之规定——"如当事人约定将有关体育之争议提交 CAS 解决,本程序规则适用",从而排除当事人选择仲裁规则的权利。此外,《奥运会仲裁规则》在第 23 条中规定:"本规则被视为《与体育相关的仲裁法典》不可分割的一部分。"故,作为奥运会特别仲裁专属之程序规则的《奥运会仲裁规则》可以排除当事人的意志,径直强行适用。根据《奥运会仲裁规则》,对于奥运会特别仲裁临时措施的管辖和实施,由 CAS 奥运特设仲裁庭行使,我国人民法院的权力受到排除。

而我国仲裁法仍然明确规定由法院实施临时措施。奥运会特别仲裁的高度司法化再次与我国法院司法权相冲突。

以奥林匹克运动以及 CAS 为例,《奥林匹克宪章》第 59 条规定,CAS 对"在奥林匹克运动会举办时发生的或与奥林匹克运动会有关的任何争议"拥有排他性的管辖权。此外,《奥林匹克宪章》有关报名规则规定:全部报名必须使用 IOC 执行委员会批准的专用报名表,而在该报名表中设计有体育从业人员(包括运动员、教练员、训练员、官员等)必须同意将相关争议提交 CAS 独家仲裁的声明条款,而拒绝使用该报名表申请参赛的人员将被拒绝参加奥运会。进一步讲,2003 年通过的《奥运会仲裁规则》确立了 CAS 奥运特设仲裁庭的强制性管辖权。换言之,只要争议涉及奥运会并发生在"奥运会期间或奥运会开幕前十日",即便没有报名表,也应当由 CAS 奥运会特设仲裁庭行使仲裁管辖权。由此,当事人在选择仲裁管辖权方面的意思自治被排除,或者说被强行拟制。

3.司法合作方面的应对建议

这里的司法合作,主要包括两方面的内容:一方面是中国司法机关对 CAS 冬奥会特设仲裁庭所作仲裁裁决的承认与执行;另一方面则是中国司法机关对 CAS 特设仲裁机制的特别安排的尊重,这里主要是不对 CAS 特设仲裁庭在冬奥会期间所作仲裁裁决行使撤销或不予执行的司法审查管辖权。[①] 此外,在司法合作过程中,中国司法机关尤其还需要慎用国内法中的"公共秩序"保留制度。所谓公共秩序,是指由法律、法规为维护公共生活所必要的秩序所做之规定。国际私法上同样存在"公共秩序"问题,其是拒绝外国法的适

---

① 这里有一个国际仲裁中的核心问题,就是如何认定仲裁裁决的国籍或籍属问题。由于我国长期以来在立法或司法解释乃至大部分司法实践中采取的是隐性的仲裁机构标准,即哪一个国家的仲裁机构作出的仲裁裁决,就属于该国仲裁裁决,从而由该国独占撤销或不予执行的司法审查权。但在国际仲裁实践中,仲裁地是主要的判断仲裁裁决籍属的标准。CAS 冬奥会特设仲裁庭在北京 2022 年冬奥会期间事实仲裁地是中国,名义仲裁地是瑞士,仲裁庭所属仲裁机构所在的国家则是瑞士。因此我国司法机关对该类仲裁裁决的籍属的认定就非常重要。中国的司法合作需要在这方面进行礼让和尊重,将 CAS 冬奥会特设仲裁庭裁决认定为瑞士国仲裁裁决,从而不行使撤销或不予执行的司法审查权,而只存在承认与执行与否的司法审查权。参见刘想树主编:《国际体育仲裁研究》,法律出版社 2010 年版,第 357 页。

用、拒绝承认与执行外国法院判决和仲裁裁决的正当理由。[1] 国际体育仲裁领域的公共秩序是指法院对仲裁裁决进行司法审查时,发现该裁决违反法院所在国家的公共秩序,可以拒绝承认和执行该仲裁裁决,仲裁地所在国家的法院还可以将该仲裁裁决予以撤销。然而,公共秩序的定义究竟为何没有统一规定,各国法院仅仅从该国的法律、文化等方面个性化地下定义或不穷尽列举。瑞士联邦最高法庭曾就公共秩序作出定义:违反公共秩序是指违反一般法律原则、基本法律秩序以及在瑞士国内得到公认的法律价值等。公共秩序可以分为实体性和程序性公共秩序,实体性公共秩序包括但不限于有约必守原则、禁止权利滥用原则以及诚信原则等。

瑞士联邦最高法庭在处理以违反实体性公共秩序为由而上诉的体育仲裁案件中,有着不同寻常且可资借鉴的做法。第一,在判例中发展实体性公共秩序的基本内容,赋予其在体育领域新的含义。第二,个案分析确保体育纪律处罚的合理性,明确体育主管部门各类决定是否构成对实体公共秩序的违反。第三,充分考虑国际体育协会与运动员之间地位的不平等性,保障运动员的基本权益。第四,充分尊重体育行业的专业性、自治性以及国际性,不轻易对体育仲裁裁决进行司法审查并严格限制司法审查之标准与方式。

目前我国业已建立专门的竞技体育仲裁机制,[2]中国法院在承认和执行外国体育仲裁裁决时仍然不可避免地会涉及司法审查问题。[3] 前已述及,一方面,目前我国无法通过《纽约公约》调整外国体育仲裁裁决,但若今后在立法上有所突破,即采取前文所言的包括撤回保留、确立体育纪律处罚和体育管理等纠纷的可仲裁性在内的各种措施,我国法院便可依据《纽约公约》第5条第2款第d项有关公共政策的规定来审查外国体育仲裁裁决。《纽约公约》规定,违反公共秩序包括"腐败、贿赂、欺诈以及类似的严重情形"。另一方面,鉴于我国体育赛事纠纷日益增多且体育行业具有独特属性,应当积极推进构建

---

① 熊瑛子:《论国际体育仲裁司法审查中的实体性公共秩序》,载《体育科学》2014年第12期。

② 我国正在修订《仲裁法》,《体育法》业已修订完毕。与两部法律相关的一个重要问题就是我国要不要规定专门的竞技体育仲裁机制,以及在两法之间如何分配、如何具体构造体育仲裁机制。参见李智、刘永平:《我国〈体育法〉修订进程中体育仲裁制度的构建与完善》,载《北京体育大学学报》2021年第11期。

③ 石现明:《承认与执行国际体育仲裁裁决相关法律问题研究》,载《体育科学》2008年第6期。

独立的体育仲裁制度以期妥善解决体育纪律处罚(如兴奋剂)、体育管理类(如参赛资格)特殊纠纷。此外,须精准定位人民法院在体育仲裁中所扮演的角色。人民法院应当遵循以下规则:第一,应当充分尊重仲裁机构所做之裁决,坚持有限审查;为维护仲裁"一裁终局"之效力,仅规定"体育仲裁出现重大程序错误或严重违反公共秩序"为撤销事由。第二,考虑到体育行业中双方当事人(国际体育协会与运动员)所固有的不平等关系(力量对比上的不平等,而非法律地位的不平等),人民法院在对体育仲裁裁决进行司法审查时应当权衡体育行业自治与司法干预的界限。第三,立法上应当防止公共秩序适用的泛化,仅仅对侵犯我国最基本社会利益的仲裁裁决予以撤销。第四,在构建起我国体育仲裁制度后,应该借鉴 CAS 长期实践所发展的体育仲裁之特殊规则,丰富体育仲裁专属规则并协调国内体育仲裁与国际体育仲裁的发展。

4.外交抵制方面的应对建议

为反击极少数无原则、无操守、无底线的国家将体育运动政治化的图谋,可以"纯洁体育"为主题,依托奥委会采取一揽子措施进行有效的反抵制。具体建议:

(1)将冬奥会主题口号调整为"一起向未来,体育更纯洁",相应的英文表达为"Together for a Shared Future,Together for a Purer Sport"。这一口号与原有口号相对仗,有力回应、否定和批判了以部分国家为代表的不得人心的、丑陋的外交抵制。调整后的口号更有助于呼吁其他国家重温奥林匹克运动会"政治不干涉体育""体育即和平"的初心,聚焦竞技体育本身,享受纯粹体育带来的快乐,抛弃政治单边主义。

(2)推动纯洁体育进入奥林匹克格言。政治不干涉体育是奥林匹克运动的一项宗旨,但纵观奥林匹克运动的发展史,政治总是倾向于对体育进行渗透和干涉,扭曲了政治与体育各自的本质。鉴于当前和未来政治介入体育的种种乱象,借鉴日本东京奥运会调整奥林匹克格言的经验,建议由中国奥委会联合其他友善正直的 NOCs 向 IOC 提议,在现有奥林匹克格言基础上增加关键词"更纯洁",更新后的奥林匹克格言为"更高、更快、更强、更团结、更纯洁"。近年来,腐败问题、兴奋剂问题及政治干涉问题是奥林匹克运动面临的巨大挑战,"更纯洁"这一关键词进入格言具有重大意义,它向世界展示了以 IOC 为核心的全球体育治理体系和以《奥林匹克宪章》为基础的全球体育治理秩序,以及以《奥林匹克宪章》宗旨为原则为基础的国际体育关系基本准则向腐败问题、兴奋剂问题和政治干涉问题坚决说"不"的决心和斗争到底的态度。

（3）依托 IOC 提议推行"纯洁体育"行动，多措并举保障体育运动去政治化。这些具体举措包括但不限于：第一，中国 NOCs 应向 IOC 建议并依托IOC 立即向各国 NOCs 发起《"纯洁体育"宣言》的倡议行动，由各国 NOCs明确表态并签署《宣言》，巩固友华国，团结中立国，震慑观望国，孤立捣乱国。

第二，依托 IOC 向各 NOCs、各参赛代表团、各参赛运动员发放《"纯洁体育"承诺书》，或者在相关章程、报名表等正式文件中嵌入"纯洁体育"条款，要求其明确签署并承诺在奥林匹克运动中不得存在政治偏见，不得滥行种族歧视。

第三，依托 IOC 制定并实施"反纯洁体育"的制裁措施，将其嵌入各体育组织的纪律处罚种类之中，并通过 CAS 予以强制实施。

建立反纯洁体育的"劣迹人员名单"，将在奥林匹克赛场内外、具有种族歧视和其他政治干涉严重言行的运动员、裁判员、代表团成员、体育仲裁员，以及其他奥林匹克运动相关参与人员列入劣迹人员名单，配套取消资格、驱逐出奥林匹克赛事、禁止接触奥林匹克运动等处罚或制裁措施。

5.兴奋剂入刑方面的应对建议

兴奋剂入刑对我国举办冬奥会的影响，只有通过对我国刑法在时空适用上作暂时的抑制，予以消除。正如有文献指出的："协调与礼让似乎是北京别无选择，但并非不是上佳选择的对治方案。"[①]

第一，借鉴外交人员豁免权理论与实践，由国家主席颁布专门主席令，设置冬奥会特定时空内的豁免区，对冬奥会参赛和参与人员赋予《刑法》第 355条（兴奋剂入刑条款）的适用豁免权。但豁免权的享有应严格限定主体、时间、空间、功能和效果。

对于豁免权主体，可由各 NOCs 和 IOC 提供人员清单。对于豁免权适用时限，应仅限于冬奥会举办期间及前后特定时限内，与冬奥会举办期限同步。对于豁免权适用空间，应仅限于国奥村、竞技场馆和冬奥会赛事举办相关场地。对于豁免权适用的功能，仅限于体育竞技范围内，不能在体育竞技目的之外适用。对于豁免权适用的效果，应以不损害国家主权、安全和发展利益，不损害国家公共安全为限度。

第二，由全国人大常委会签署命令，在上述条件限定内，暂停《刑法》第

---

① 张春良：《论北京奥运会仲裁的法律问题》，载《体育科学》2007 年第 9 期。

355条相关兴奋剂违法犯罪条款在"冬奥会"期间内的适用，让其法律效力暂时"休眠"。

第三，配套跟进国家引渡等措施，对于相关主体国籍国对涉嫌兴奋剂犯罪的本国自然人、法人负责人提供引渡便利。

6.网络安全方面的应对建议

为积极维护冬奥会期间的网络安全、数据安全，建议建构冬奥会网络防护盾，其具体方案如下：

（1）在冬奥组委会牵头下，建立跨部门的网络安全指挥协调机制，统一指挥，加强协调，专项问题专项解决，集中全部火力攻坚克难，联合多个网络安全、数据安全厂商、服务机构做好冬奥会网络安全、数据安全监测、防御措施。

（2）重视威胁情报监测预警。事前预防是把握整个局势最关键环节。东京奥运会曾针对性开展信息内容安全审计、病毒攻击监测、网络攻击监测等几方面的安全建设，并对网内所在 USB 接口实行接入限制，形成全局态势监控视图，这是数据监测的重要支撑。

（3）制定应急处置预案，加强攻防沙盘演练。为确保突发网络安全事件时的应急处置及恢复，制定事前专门的应急预案，并按照预案进行演练，磨合应急指挥协调机制和工作流程，储备应急资源和防护手段，做好各项应急恢复准备，从而确保一旦突发网络安全事件，能够在第一时间反应、果断妥善处置。

（4）做好奥运举办城市网络安全保障工作。将网络安全保障范围全面覆盖奥运会涉及单元，数据分析部门对业务日志进行用户分布分析，通过获取用户访问 IP 地址所在的城市地区，进行分布统计，为各领域网络安全保驾护航。

面对全球网络安全新危机，唯有提高警惕，提升防护能力，才能解决可能遇到的网络安全难题，应对可能的网络攻击新态势，实现奥运会重要基础设施的安全运转，最终维护国家网络安全和数据安全。

7.知识产权方面的应对建议

面对全媒体时代的冲击与挑战，如何构建冬季奥运会的版权治理体系，本书认为有如下建议：

（1）建立技术支撑体系。首先，可以建设侵权智能检测系统，以此实现对侵权链接的在线识别、实时监测、源头追溯。通过大数据分析，锁定创建侵权链接的用户，确定侵权链接所在平台，对多次形成侵权链接的用户在赛期内予以作品发布限制，对频繁出现侵权链接的平台予以警示。其次，把握人工判断基本要求，提升人工判断专业能力，建立智能检测与人工判断衔接机制，以缓解技术能力限制带来的侵权判定精确度问题,减少"误杀"行为。最后,实现智能检测系统与执法维权指导管理系统对接,通过侵权链接检测的启动与推送,对确定侵权的用户开展执法维权。

(2)建立有效的平台监管体系。首先,利用政府引导作用和行业规范作用培养平台自觉治理意识,推动各平台自主建立有效的平台监管体系,力求在冬奥会开办前推动形成良好的版权治理生态系统。其次,建立常规化的平台监管体系,对冬奥会期间出现的侵权问题开展常规应对。如由平台利用监管优势倡导平台用户自觉遵守平台自律公约,利用现有技术手段对严重侵权用户实施封号、限流等措施并屏蔽侵权内容,从根源上减少侵权视频、侵权链接流出。最后,建立冬奥会期间针对性的监管措施,如在赛前组织各平台成立专项工作小组,主动防范预警,进行全平台排查,屏蔽、下线未经授权的相关内容和链接;在赛中对平台内相关内容进行严格监控和审核,并建立沟通绿色通道,及时有效地处理被投诉举报的盗版链接。

(3)建构快速维权体系。一方面,版权执法必须提高精准度。重点打击直播平台未经授权在网络平台集中批量上传、传播奥运会赛事节目的行为,严厉整治网站、APP等未经授权非法转播奥运会赛事节目的行为等。另一方面,鼓励各类知识产权保护咨询专家,特别是侵权判定咨询专家充分发挥作用,开展线上侵权判定咨询工作。此外,加强版权行政执法机关与人民法院的沟通协作,做好行政执法和司法裁判的有效衔接。